GOLDMANN

Buch

Während seiner Hypnosetherapie an Charles Roberts stieß der Arzt
Eugene Jussek auf die geistige Existenz einer vaterähnlichen Figur,
die sich Yan Su Lu nannte. Er hatte den Eindruck, daß es sich dabei
um einen wichtigen Aspekt von Charles' Seele handeln könnte, und
nahm daher mit diesem »Lehrer« selbst Kontakt auf. Der Prozeß, der
sich in der Folge entwickelte, eröffnete ungeahnte Perspektiven:
Welch ungeheurer Trost könnte den Menschen aus der Gewißheit
erwachsen, daß tief in ihrem Inneren ein Freund und Ratgeber existiert? Was könnte geschehen, wenn wir alle in der Lage wären,
Weisheit und größeres geistiges Wissen durch die enge Verbundenheit mit einem höher entwickelten Bewußtsein zu erlangen? Was
wäre, wenn die in manchen Religionen verbreitete Vorstellung eines
persönlichen Schutzengels in einer psychoanalytischen Sitzung bewiesen werden könnte? Ist die Stimme dieses weiseren Selbst das,
was wir Gewissen nennen?

Autor

Eugene G. Jussek promovierte in Frankfurt zum Doktor der Medizin. Er wurde von dem prominenten Jung-Schüler, dem Psychologen Professor Dr. Dr. med. h. c. Gustav Schmaltz in Psychosomatik
geschult und in die analytische Psychologie eingeführt. Nach seiner
Facharztanerkennung ergänzte Jussek seine Studien in den USA.
Während seiner Hypnoseausbildung arbeitete er mit namhaften Lehrern wie u. a. dem bedeutenden Hypnosearzt William S. Kroger. Als
Pionier für biologische Heilmethoden erwarb sich Jussek internatio-
nale Anerkennung.

Eugene G. JUSSEK

Begegnungen mit dem Weisen in uns

*Gespräche mit Yan Su Lu –
überarbeitete und
erweiterte Ausgabe*

Aus dem Amerikanischen übertragen von
Helmut Gerstberger und Waltraud Götting

GOLDMANN VERLAG

Dieses Buch ist eine überarbeitete und gekürzte Fassung der beiden Bände »*Begegnung mit dem Weisen in uns*« (Originaltitel: Conversations With Yan Su Lu; bisher unter der Titelnummer 11765 lieferbar) und »*Das Perlennetz*« (Originaltitel: The Web of Pearls; bisher Titelnummer 11810)

Mit Dank für Maya und Nicole.
Ohne ihre Hilfe wäre dieses Buch nicht entstanden.
Mein Dank geht auch an Charles Roberts, seine Frau Dorothee Roberts und an ihre Tochter Jennifer für ihre Mitarbeit und liebevolle Unterstützung.

Der Goldmann Verlag
ist ein Unternehmen der Verlagsgruppe Bertelsmann

Made in Germany · 6/92 · 1. Auflage
© 1984 und 1987 by Eugene G. Jussek
© der deutschsprachigen Ausgabe 1992 by
Wilhelm Goldmann Verlag, München
Umschlaggestaltung: Design Team München
Umschlagillustration: Kjersten Jeppesen
Satz: Uhl + Massopust, Aalen
Druck: Elsnerdruck, Berlin
Verlagsnummer: 12178
DvW · Herstellung: Heidrun Nowrot
ISBN 3-442-12178-7

Inhalt

DRITTER TEIL
Weitere Gespräche mit Yan Su Lu

In jedem von uns ist auch ein anderer, den wir nicht kennen. Er spricht zu uns durch den Traum und teilt uns mit, wie anders *er* uns sieht, als wie *wir* uns sehen. Wenn wir uns daher in einer unlösbaren schwierigen Lage befinden, so kann der fremde andere uns unter Umständen ein Licht aufstecken, welches wie nichts geeignet ist, unsere Einstellung von Grund auf zu verändern, nämlich eben jene Einstellung, die uns in die schwierige Lage hineingeführt hat.

Der Patient und ich wenden uns gemeinsam an den zwei Millionen Jahre alten Mann, der in uns allen ist. In der letzten Analyse rühren die meisten unserer Schwierigkeiten daher, daß wir den Kontakt zu unseren Instinkten, zu der uralten, unvergessenen Weisheit, die in jedem von uns gespeichert ist, verloren haben.

C. G. Jung
aus: *Psychologische Betrachtungen*

Vorwort

»Begegnungen mit dem Weisen in uns« von Dr. Eugene G. Jussek ist ein außergewöhnliches und besonderes Buch. Es verrät mit jeder Zeile, daß es von einem Wissenschaftler und Arzt verfaßt wurde, der sich durch besonders profundes Wissen auszeichnet, einen analytischen und kritischen Verstand besitzt und darüber hinaus auf eine langjährige klinische Erfahrung in Deutschland und in den Vereinigten Staaten zurückgreifen kann.

Dr. Jussek wandte im Rahmen seiner ärztlichen Praxis schon einige Zeit hypnotische Regression und Hypnotherapie an, als er völlig unerwartet auf einige bemerkenswerte Phänomene stieß, die bei den wissenschaftlich orientierten Institutionen der Humanmedizin allenfalls ein skeptisches Stirnrunzeln hervorgerufen hätten. Anstatt die neu gewonnenen Erkenntnisse zu verwerfen, setzte Dr. Jussek die Arbeit fort und besaß den Mut, seine Entdeckungen der Welt mitzuteilen.

Dr. Jussek ist ein umsichtiger und kritischer Forscher, der seine Ergebnisse gründlich prüft und der auch nicht zögert, eine weite Reise zu unternehmen, um die erhaltenen Daten und Fakten zu verifizieren – oder gegebenenfalls zu verwerfen. Er läßt uns in diesem Buch einen Aspekt unserer Existenz wiederentdecken, dessen sich die meisten Menschen gar nicht oder nur am Rande bewußt sind – obwohl wir uns alle auf demselben Weg der spirituellen Entwicklung befinden. Für den spirituell bewußten Leser wird Dr. Jusseks Bericht von der Begegnung mit Yan Su Lu plausibel und glaubhaft klingen, während ihn andere – aufgrund ihrer eigenen Vorurteile – ablehnen werden.

Ich kann nur bestätigen, daß ich den größten Teil dieses Buches – besonders die Kapitel über Sterben, Selbstmord und Schutzengel – durch meine eigenen Forschungen über das Leben nach dem Tod bestätigt fand; zudem bin ich – im Zusammenhang mit meinen eigenen Forschungen während der letzten zwei Jahrzehnte – vielen der von Dr. Jussek angesprochenen und ausgezeichnet kommentierten Phänomene selbst begegnet.

Unsere geistigen Lehrer sind stets bei uns; sie führen uns vom Augenblick der Geburt an durch unser Leben und durch den Übergang, den wir Tod nennen, in unsere nächste Inkarnation. Allerdings können sie unseren freien Willen – das kostbarste Geschenk des Schöpfers an die Menschen – nicht beeinflussen. Wir sind also voll verantwortlich für die Entscheidungen, die wir treffen, für unser Handeln, unsere Worte und unsere Gedanken. »Was ihr säet, das werdet ihr ernten« ist eine der absoluten Wahrheiten, die wir akzeptieren müssen.

Darüber hinaus befaßt sich dieses Buch in äußerst ansprechender Weise mit der Frage nach dem Sinn des Lebens. Auch ich bin der Überzeugung, daß dieser Sinn nur darin bestehen kann, ein Gleichgewicht zwischen den mentalen, den physischen und den spirituellen Aspekten unseres irdischen Daseins zu finden – oder, wie ich es formulieren möchte: »in Harmonie mit den physischen, emotionalen, intellektuellen und spirituellen Quadranten zu leben« –, um auf diese Weise in unserer spirituellen Evolution Christus nachzueifern.

Akzeptieren wir die Liebe, wie Jesus sie lehrte, als unsere Lebensbasis und gewinnen damit Toleranz, Verständnis und Sensibilität für unsere Mitmenschen, dann sind wir alle in der Lage, eine Aufgeschlossenheit und Erweiterung unseres Bewußtseins zu erreichen, die uns nicht nur dieses Buch näherbringen wird, sondern uns auch die Existenz unserer geistigen Lehrer und Führer erkennen läßt – unabhängig davon, ob diese nun aus uns selbst sprechen oder von außen an uns herantreten.

Ich möchte an dieser Stelle dafür danken, daß ich das Vorwort für dieses bemerkenswerte Buch schreiben und es auf diese Weise in all seiner Tiefe kennenlernen durfte.

Elisabeth Kübler-Ross

Einführung

Frage: Was geschah nach dem Tod mit Ihrer Seele?

Antwort: Mein wunderbarer Freund begegnete mir. Ich kenne seinen Namen nicht. Er ist ohne Alter. Unmittelbar nach dem Tod sprachen wir über meine Erfahrungen mit jenem Leben und die Lehren, die daraus zu ziehen waren.

Frage: Haben Sie ihn nach Gott befragt?

Antwort: Es ist immer das gleiche: Gott ist unendlich.

Mein Patient war in tiefer Hypnose, und er sprach mit ruhiger und sachlicher Stimme über seinen Tod nach einem Leben, das er als Mädchen in Mexiko vor Hunderten von Jahren gelebt hatte. Über mehrere Wochen hinweg hatte ich Charles Roberts, einen meiner Patienten, auf der Suche nach den Wurzeln seiner gegenwärtigen Probleme durch hypnotische Regression in eine ganze Reihe intensiv erlebter früherer Leben zurückgeführt.

Im Verlauf unserer Bemühungen durchlebte ich gemeinsam mit Charles Roberts ein ganzes Spektrum tiefster Emotionen: Schmerz und Glück, Qual und Trauer. Und in jedem Leben, an das er sich erinnerte, hatte er bereitwillig und ohne zu zögern und beinahe mit einem Gefühl der Erleichterung von seinem Tod erzählt. Jedesmal, wenn er sich von einigen seiner oft schmerzlichen Erinnerungen befreit hatte, pflegte sich der Tonfall seiner Stimme zu ändern, und er erzählte von seinen tröstlichen Begegnungen jenseits des Todes mit dieser außergewöhnlichen Person, die er seinen Freund und Lehrer nannte.

Seit mehr als 20 Jahren wende ich in meiner Praxis Hypnose als Therapieform an, und ich bin so leicht durch nichts in dieser Welt – oder jenseits davon – zu überraschen, denn schon des öfteren bin ich außergewöhnlichen Phänomenen begegnet. Doch die Beharrlichkeit, mit welcher Charles im Zustand der Trance an der Existenz eines persönlichen Lehrers festhielt, der jedesmal, wenn er starb, auf ihn wartete, um ihm zu helfen, war auch für mich etwas Neues und Faszinierendes.

Die Idee an sich war mir allerdings nicht neu. Schon seit langem hatte ich mir Gedanken gemacht über die ungeklärten Rätsel des menschlichen Bewußtseins, über die Existenz einer Seele, die Einzigartigkeit des Individuums, die Möglichkeit eines Lebens nach dem Tod, über die freundliche und tröstliche Erscheinung aus Licht, von der diejenigen berichteten, die den klinischen Tod überlebt hatten. Besonders hatten mich – im Zusammenhang mit der Theorie der Reinkarnation – die Interimszeiten interessiert, die zwischen zwei Leben lagen.

Die Tatsache, daß Charles immer wieder auf die Existenz seines körperlosen Lehrers zu sprechen kam, faszinierte mich und weckte meine Neugier, bis ich mich schließlich in einer denkbar bizarren und befremdlichen Situation befand: Ich führte eine Reihe von philosophischen Gesprächen mit diesem »Freund und Lehrer« – einem ehrwürdigen alten Chinesen, der sich Yan Su Lu nannte und Charles als Medium benutzte, um sich mitzuteilen.

Diese Gepräche zogen sich über fast zwei Jahre hin, bis ich mehrere Notizbücher mit den Aufzeichnungen von Yan Su Lus Lehren und Ansichten gefüllt hatte. Einerseits bin ich wie jeder Mensch sehr interessiert und empfänglich für alles, was mit den Religionsphilosophien verschiedener Kulturen zu tun hat, während ich mich andererseits, als Arzt, verpflichtet fühle, Material, welches durch Hypnose an mich herangetragen wird, mit Vorsicht zu betrachten.

Die Landschaften des Geistes und der Seele besitzen ihre eigene Topographie, und die Ursprünge des daraus bezogenen Wissens lassen sich nicht unter gängigen Kategorien zusammenfassen. Von ganzem Herzen stimme ich mit Robert Ornstein, dem Erneuerer der transpersonalen Forschung, überein, der davon überzeugt ist, daß wir in einer Zeit leben, in der sich »eine neue und erweiterte Auffassung des Menschen von sich selbst zu entwickeln beginnt; ein Selbstverständnis, das viele Fähigkeiten jenseits der als gegeben angenommenen Grenzen beinhaltet.«

Genau aus diesem Grunde dürfen wir nicht aufhören, Fragen zu stellen – immer wieder von neuem –, und scheinbar unerklärliche Phänomene können eine prosaische Erklärung finden. Paranormale Erlebnisse sollten mit kühlem Kopf betrachtet werden, doch keinesfalls darf spirituelle Intuition gänzlich von einer rein wissenschaftlichen Betrachtungsweise unterdrückt und erstickt werden.

Unter diesem Vorbehalt scheint es mir gerechtfertigt, den Fall Charles Roberts und meine Gespräche mit Yan Su Lu zu veröffentlichen sowie die Umstände, die dazu geführt haben, sie darzulegen. Ich gehe davon aus, daß der Leser selbst entscheiden wird, was davon für seine geistige Entwicklung wichtig und was unwichtig ist, denn wir alle sind unvollkommene Wanderer auf dem langen und steinigen Weg der Evolution.

ERSTER TEIL

Der Weg zu Yan Su Lu

Zur Geschichte meiner Person

Der Vater meiner Mutter, Georg, lag im Sterben. Er war immer ein starker und gesunder Mann gewesen, aber jetzt beteten Nonnen in schwarzen Gewändern an der Seite seines Bettes. Ab und zu hörte ich ihn unter Schmerzen laut aufschreien.

Ich war zehn Jahre alt, und es war das erste Mal, daß der Tod so nahe zu mir kam. Plötzlich – während ich meinen Großvater ansah – verlor sein Gesicht allen Ausdruck; es war, als ob es sich in Stein verwandelt hätte. – Es war immer noch ein schönes Gesicht, aber die Person, die mein Großvater gewesen war, existierte nicht mehr.

Das muß es sein, dachte ich – Tod. Ich fühlte eine furchtbare Angst in mir. Ich war nicht in der Lage zu verstehen, was sich in diesem Augenblick ereignet hatte.

Später wurde mein Großvater umgekleidet, und die Bettwäsche wurde gewechselt. Meine Mutter schloß seine Augenlider und faltete seine Hände. Der Raum war so still, wie ich es niemals früher erlebt hatte. Dann kamen Männer, alle in Schwarz gekleidet, und trugen meinen Großvater aus dem Zimmer.

Ich erinnere mich deutlich an den grauen Tag, als ich mit meiner Familie auf dem Friedhof stand. Immer wieder mußte ich in das tiefe Loch vor uns schauen, während der Priester eine Rede hielt.

Dann wurde der Sarg an Seilen in die Erde gelassen, die mir dunkel und schwer erschien. Mein Großvater war beerdigt. Nie wieder werde ich den Menschen sehen können, den ich so sehr geliebt hatte. Dieser Gedanke durchzuckte meinen Körper wie ein elektrischer Schock, und ich weinte.

Später fragte ich meine Mutter, was das alles für einen Sinn hatte und was nun wirklich mit meinem Großvater geschehen wäre. »Ich bin sicher, daß er jetzt im Himmel ist«, antwortete sie. »Er war ein guter Mann. Auch du bist gläubig erzogen worden, und auch du hast beten gelernt. Wenn deine Zeit kommt, wirst auch du in den Himmel kommen.« »Aber was geschieht mit den Menschen, die nicht so gut sind?« wollte ich wissen. »Gehen diese Unglücklichen in die Hölle und bleiben für immer dort? Unser Priester hat das doch gesagt.«

Meine Mutter war in Gedanken versunken, und sie antwortete nicht. Ich gelobte mir damals, nicht zu ruhen, bis ich eine Antwort auf diese Frage bekommen würde...

Ich kann die vielen Zufälle, die mir im Laufe meines Lebens zustießen, nicht beiseite schieben. Oftmals nahmen dadurch die Ereignisse einen anderen Verlauf und lenkten mein Leben in neue Bahnen; so faszinierte mich zum Beispiel in meiner Jugend das Erlernen besonderer Fähigkeiten, die sich dann Jahre später als entscheidend für mein Wohlergehen oder gar als lebenswichtig herausstellten.

Obwohl das Milieu meiner Kindheit als konservativ bezeichnet werden muß, förderte es doch intellektuelle Neugier und Entdeckungsfreude, und ich erinnere mich, daß mein Geist stets nach neuem Verständnis strebte. Sehr früh im Leben entwickelte ich mich zu einem unersättlichen Leser. Während der ersten Jahre am Johann-Wolfgang-Goethe-Gymnasium in meiner Heimatstadt Frankfurt verschlang ich die Berichte über die außergewöhnlichen Kräfte tibetanischer Lamas und indischer Yogis. Die Bücher von Madame Alexandra David-Neel schlugen mich in ihren Bann. Sie schrieb über ihr Leben in Tibet und ihre Ausbildung bei den heiligen Männern des Landes.

Ich las Dokumentationen über tibetanische Mönche, die in

der Lage waren, im Körper außergewöhnliche Wärme zu erzeugen. Sie wickelten sich in nasse Tücher, legten sich auf zugefrorene Seen und trockneten die Tücher durch innere Wärmeregulation vollständig aus. Diese Übung, die Tumo genannt wird, ist ein Beweis für die Fähigkeit des Geistes, das autonome Nervensystem zu kontrollieren.*

Ich beschloß, diese Fähigkeit selbst zu erlernen. Während ich meditierte, stellte ich mir im Inneren meines Körpers ein brennendes Feuer vor. Durch bestimmte Atemtechniken fachte ich die Hitze an, wobei ich meine Lungen als Blasebalg benutzte. Über Monate hinweg beschäftigte ich mich damit, und ich machte Fortschritte, bis es mir an der Zeit schien, mich einer kritischen Probe zu unterziehen. Ich war 14 und hatte großes Vertrauen in meine Fähigkeiten, jeder Herausforderung gewachsen zu sein.

In jenem bitterkalten Winter schwamm ich quer durch den Main und zurück, ohne daß mir die Kälte etwas anhaben konnte. Es funktionierte! Danach hielt ich – immer wenn ich mich in den Alpen befand – Ausschau nach Gebirgsseen, suchte eine Stelle, an der der See nicht ganz zugefroren war, zog meine Kleider aus und tauchte bis zum Hals ins Wasser.

Mein Körper war zunehmend besser in der Lage, willkürlich Wärme zu erzeugen. Ich testete dies dadurch, daß ich es von Mal zu Mal länger im eiskalten Wasser aushielt. Daß mir

---

* »Die moderne Wissenschaft hat inzwischen dieses altergebrachte Wissen der Yogaadepten bestätigen können. So weiß man jetzt, daß zahlreiche unwillkürliche Prozesse, nicht nur die Körpertemperatur, sondern auch Herzfrequenz, Kreislauf, Sauerstoffaufnahme, Verdauungsorgane usw. zu beeinflussen sind (Untersuchungen von Elmer Green von der Menninger Klinik an Swami Rama). Später wurde dieses Wissen ein Bestandteil meiner ärztlichen Praxis. Tumo ist eine Version des autogenen Trainings, wie es von Schultz in Berlin entwickelt wurde. Die progressive Entspannungstechnik von Jacobson hat große Ähnlichkeit mit der Schultzschen Methode. Auch die Gedankenkontrolltechnik von Silva ist in diesem Zusammenhang zu erwähnen.

diese Technik eines Tages das Leben retten würde, konnte ich damals noch nicht ahnen. Auch war es mir keineswegs klar, wie tiefgreifend diese geheimnisvolle Verbindung zwischen Geist und Körper schließlich mein Leben bestimmen würde.

Ich wuchs in einer traditionellen Familie auf. Meine Mutter war eine starke und sehr schöne Frau, die ich anbetete. Meine Kindheit verlief in sehr ordentlichen und geregelten Bahnen: Kirche, Familie und Schule.

Mein Vater war Bankier, der dank seiner politischen Weitsicht vielen jüdischen Kollegen die Flucht ins Ausland ermöglichte und – aufgrund seines tief verwurzelten Katholizismus – selbst angesichts der sich anbahnenden Schwierigkeiten nie den Mut verlor. Als eines von vier Kindern hatte er bereits mit zwölf Jahren seiner verwitweten Mutter geholfen, die Familie zu ernähren. Der Herdeninstinkt, mit dem er sich um jedes Familienmitglied sorgte, ging ihm nie verloren, und er kümmerte sich mit Rat und Tat um eine stetig wachsende Familie Hilfebedürftiger und Ratsuchender.

Ich war ein begeisterter Sportler – besonders interessierten mich Judo, Boxen und Leichtathletik –, und ich erinnere mich, daß ich mit der Boxstaffel der Universität Frankfurt an den deutschen Hochschulmeisterschaften in Innsbruck teilnahm. Die Erinnerung daran ist besonders lebendig geblieben, da mich diese Stadt in den Bergen schon immer fasziniert hatte, und ich – sooft sich die Gelegenheit bot – zum Schilaufen hingefahren war. Damals, als ich mich mit den anderen Boxern maß, konnte ich nicht ahnen, daß viele Jahre vergehen würden, ehe ich diesen wunderschönen Ort wiedersehen würde – Jahre, in denen das Gefüge und die Ordnung der Welt zusammenbrachen.

Der Krieg, der über Europa hinwegtobte, stürzte uns alle in einen Abgrund. Ich mußte zum Militär, obwohl ich nie Soldat sein wollte. Ich war davon überzeugt, daß der Krieg nichts als Elend bringen würde und niemals zum Frieden führen konnte; denn wie kann aus Mord und Zerstörung Friede entstehen? Ich war verzweifelt und unglücklich.

Mit der Fernmelde- und Aufklärungseinheit einer berittenen Artilleriedivision der Wehrmacht kam ich nach Rußland. Als vorgeschobener Beobachter war ich im Einsatz an der Front. Eine meiner Aufgaben war auch die Installation und Unterhaltung der telefonischen Verbindungen zwischen unserer Batterie und der Infanterie, von der das Leben meiner Kameraden abhing. Oft arbeiteten wir unter stärkstem Artilleriebeschuß, da unser Ausfall die Funktionsfähigkeit unserer Batterie unterbrochen hätte. Wie ein Kaninchen sprang ich von einem Granattrichter in den anderen – von Deckung zu Deckung, um dem Tod zu entgehen. Daß ich überlebte, war einem Instinkt zu verdanken, der nichts mit Intelligenz zu tun hatte. Vielleicht auch einem Schutzengel.

Während des ersten Winters in Rußland kam kein Nachschub. Wir erhielten keine Winterkleidung. Viele Soldaten litten an schweren Erfrierungen, die Amputationen notwendig machten. Manche erfroren auch einfach. Nachts schliefen wir oft im Schnee oder in verfallenen Hütten, nur in dünne Zeltplanen gehüllt, oder hielten bei 30 Grad bis 40 Grad minus Wache. Ich selbst wurde von größerem Leid verschont, da ich mit Hilfe des Tumo meinen Körper warm halten konnte.

Je länger das sinnlose Dahinschlachten von Menschen andauerte, desto beharrlicher meldete sich meine innere Stimme. Ich konnte nicht einsehen, warum ich diese harmlosen Menschen töten sollte, die ich in ihren Dörfern und auf ihren Feldern beobachten konnte. Hilflos mußte ich mit ansehen, wie um mich herum Hunderte von Menschen starben – in Sekundenbruchteilen. Und ihre zerfetzten Körper lagen im Schnee wie weggeworfene Kleidungsstücke. Andere hatten weniger Glück: Schreiend und wimmernd lagen sie in ihrem Blut und Schmutz – außer sich vor Schmerz und Entsetzen, bis der Tod sie endlich von ihren Qualen befreite. Sie waren fast noch Kinder – wie ich selbst –, gute und weniger gute. Nachts, wenn wir etwas Ruhe hatten, verlangte ich nach einer Erklärung für all das, was ich hier mit ansehen mußte. Ich bezweifelte die Existenz eines Gottes, der es zuließ, daß eine ganze Generation junger Männer in diesem Elend zugrunde ging. Ich hatte Mitleid mit den russischen Bauern, deren Felder und Existenz zerstört wurden und deren Familien oft umkamen. Trotzdem versteckte mich eine alte Frau in ihrer Kate und rettete mein Leben. Warum tat sie das? Schließlich war ich doch der Feind. Was war der Grund ihres Verhaltens?

Die Ansätze meiner heutigen Überzeugung begannen in mir zu keimen. Das Leben ist ein heiliges Gut, dem mit Ehrfurcht begegnet werden muß. Jedes Wesen ist in seiner Art einmalig, kein Fingerabdruck gleicht dem anderen. Wie verletzbar sind doch des Menschen Geist und Körper! Und hier, in den unendlichen Weiten Rußlands, fielen sie wie Grashalme unter der Sense des großen Schnitters. Eine große Liebe erfüllte mich für all diese Seelen, die so plötzlich und gewaltsam aus dem Leben scheiden mußten. Was geschah mit ihnen, fragte ich mich, mit ihrem Leben, das kaum begonnen hatte. Und welches Schicksal erwartete diejenigen, die diese Massaker überleben durften?

Ich wurde in ein Erste-Hilfe-Auffanglager des Sanitätskorps versetzt, das aus ein paar Hütten, direkt hinter der Front, bestand. Es fehlte an schmerzstillenden Mitteln, an Blutplasma, Antiseptika und an Licht. Wir trennten die Toten von den Lebenden, verarzteten, so gut es ging, was von ihnen übriggeblieben war, und luden sie auf Panjeschlitten, die sie – wenn sie durchkamen – zum Feldlazarett brachten.

Ich erlebte die Agonie, hörte die Schreie, das Wimmern und Stöhnen, und ich hörte die Stille. Es war so wenig, was ich tun konnte. Ich betete, und ich sprach mit ihnen – sooft es mir möglich war. Ich gab ihnen meine Kraft, meinen Körper, meine Seele – und es half. Ich fühlte und sah, daß ich mit meiner Stimme Kraft vermitteln und ihre Schmerzen erträglicher machen konnte.

Unsere Kompanie marschierte weiter nach Obojan, einer kleinen Stadt nördlich von Charkow. Der Winter hatte uns in seinem eisigen Griff. Die russischen Armeen hatten uns eingekesselt. Es kamen keine Lebensmittel mehr durch. Was mit Napoleon geschehen war, geschah nun mit uns. Wir waren abgeschnitten. Die meisten unserer Pferde waren verendet, und wir hatten ihr Fleisch gegessen. Ich arbeitete im Keller einer zerstörten Schule und assistierte einem Chirurgen bei Kerzenlicht.

Es schien mir unvorstellbar, wie ich diesem Alptraum je entkommen sollte. Es gab keinen Grund, aus dem ich gegen Menschen kämpfen sollte, die eigentlich meine Brüder waren, keine Entschuldigung dafür, daß ich tagaus, tagein Frauen und Kinder zugrunde gehen sah – und keinen Ausweg aus dieser Situation. Doch tief im Herzen wußte ich, daß ich all dem entkommen würde. Und zu meiner Überraschung wurde ich von der Front abberufen, um mein Medizinstudium zu beenden. Meine Kameraden marschierten weiter nach Osten, nachdem die russische Umklammerung durchbrochen war, und in Stalingrad stellten sie sich zu ihrem letzten Gefecht. Der Umstand, daß ich überlebt hatte, war für mich etwas, das mir sehr zu denken gab.

Im Verlauf meines Medizinstudiums erforschte ich die Ideen der westlichen Denker und geistigen Lehrer. Ich nahm die Herausforderung des griechischen Philosophen Heraklit an, der aus dem 6. Jahrhundert v. Chr. zu mir sprach: »Die Grenzen der Seele sind unerforschbar, selbst wenn man auf der Suche danach jeden Weg beschritte...« Den Widerhall dieser Worte fand ich bei C. G. Jung, der schrieb: »Niemand kann sagen, wo der Mensch endet, das ist das Schöne dabei.

Das Unbewußte des Menschen reicht Gott weiß wohin.« Dort werden wir unsere Entdeckungen machen.

Obwohl ich als Wissenschaftler ausgebildet wurde, kann ich nicht erklären, was Bewußtsein ist. Die Wissenschaft beweist lediglich kleine Bruchstücke jenes erstaunlichen Energiegefüges, das wir als Bewußtsein bezeichnen. Bewußtsein ist für uns nicht sichtbar – lediglich seine Auswirkungen sind erkennbar. Manche glauben, es manifestiere sich aus einem Teil des Gehirns; doch beweist dies, daß die Bewußtseinsfunktion ausschließlich eine reine Gehirnfunktion ist – oder ist das Bewußtsein vielleicht mehr etwas, das durch das Gehirn wirkt?

Früher betrachtete man die Naturwissenschaft und die Philosophie nicht in dem Maße voneinander getrennt, wie das heute der Fall ist. Heraklit, der altgriechische Philosoph, schrieb vor 2500 Jahren: »Die Bewegung des Universums folgt nicht den Gesetzen der Zeit, sondern den Gesetzen des Denkens.« In unserem Jahrhundert griff der englische Wissenschaftler Sir James Jeans diesen Gedanken wieder auf: »Es entsteht allmählich der Eindruck, als hätte das Universum mehr Ähnlichkeit mit einem großen Gedanken als mit einer Maschine.« Die Arbeit des australischen Neurophysiologen und Nobelpreisträgers Sir John Eccles läßt vermuten, daß es eine nichtmaterielle Energie (Gedanken-Bewußtsein) ist, die die Gehirntätigkeit auslöst. Dies legt den Schluß nahe, daß dieses Gedanken-Bewußtsein unabhängig vom Gehirn im physischen Sinn existiert; das letztere sei lediglich der Empfänger und nicht der Urheber oder Schöpfer von Gedanken. Eccles ist nicht der einzige prominente Wissenschaftler, der diese Meinung vertritt. Die Bedeutung von Eccles' Experiment besteht darin, daß es eine Brücke zwischen der wissenschaftlichen und der philosophischen Betrachtung schlägt. Obwohl durch eine beträchtliche Zeitspanne voneinander getrennt, gingen sowohl Sir James Jeans als auch Sir John

Eccles gleichermaßen das Wagnis ein, das Leben nicht allein vom naturwissenschaftlichen Standpunkt aus zu betrachten, sondern darüber hinaus mit Hilfe der Kraft der Intuition unter der Oberfläche unserer Welt eine verborgene, umfassende Realität zu suchen.

Wenn wir nicht lernen, die uns eigenen Fähigkeiten, sowohl die intellektuellen als auch die intuitiven, zu ihrem vollen Potential zu entwickeln, werden wir nicht in der Lage sein, den Sinn des Lebens zu erfassen.

Meine klinische Ausbildung begann ich als Assistenzarzt am Pathologischen Institut der Johann-Wolfgang-Goethe-Universität in Frankfurt am Main. Pathologie interessierte mich am meisten. Es schien mir wichtig, die pathologischen Veränderungen der menschlichen Organe zu beobachten und sie unter dem Mikroskop zu studieren. Das Fortschreiten einer Krankheit auf diese Weise zu beobachten, hinterläßt einen bleibenden Eindruck. Während dieser Zeit setzte ich mich auch mit den zellpathologischen Aspekten der Medizin auseinander, wie sie von Virchow und seinen Zeitgenossen entwickelt wurden.

Von der Pathologie kam ich zur Chirurgie. Ich wollte in der Lage sein, kleinere und mittlere chirurgische Eingriffe vornehmen zu können, und bin immer noch der Ansicht, daß jeder Arzt wissen sollte, wie – falls notwendig – eine Blinddarmoperation durchzuführen ist.

In den folgenden Jahren spezialisierte ich mich an der Medizinischen Klinik der Universität Frankfurt auf das Gebiet der Inneren Medizin. Während dieser Jahre hatte ich außerdem das Glück, eine freundschaftliche und fruchtbare Beziehung zu einem meiner außerplanmäßigen Lehrer pflegen zu dürfen, Prof. Dr. Dr. med. h. c. Gustav Schmaltz. Er war ein Schüler von C. G. Jung und einer der ganz Großen auf dem Gebiet der Tiefenpsychologie. Unter seiner Führung wandte ich mich dem Studium psychosomatischer Krankheiten zu, studierte die seelischen Krankheitsursachen – und unterzog mich im Rahmen meiner Ausbildung auch selbst einer Psychoanalyse. Mein Universitätsdiplom endete mit der Bemerkung: – »und er befaßte sich vorzüglich mit der psychischen Genese innerer Krankheiten.«

Nach meiner Facharztanerkennung stand ich vor der Wahl, eine Universitätslaufbahn einzuschlagen oder eine Privatpraxis zu eröffnen. Nach reiflicher Überlegung tat ich keines von beidem. Vielmehr interessierten mich die Fortschritte der amerikanischen Medizin. Nach Absolvierung der in den USA vorgeschriebenen zusätzlichen Assistenzzeit legte ich dort mein medizinisches Staatsexamen ab und ließ mich in Südkalifornien nieder. Im Vergleich mit den eisigen russischen Wintern des Zweiten Weltkriegs erschienen mir das milde Klima, der blaue Himmel und das Meer in Kalifornien wie ein Paradies. Ich blieb jedoch immer in Kontakt mit der Medizin meines Heimatlandes, da ich der Ansicht bin, daß die besten therapeutischen Möglichkeiten nur wahrgenommen werden können, wenn ein freier internationaler Erfahrungsaustausch aller Ärzte stattfindet.

Meine Ausbildung und meine Überzeugung von einer psychosomatischen Krankheitsgenese waren nicht nur hilfreiche Instrumentarien in meiner Therapie, sie ermöglichten mir darüber hinaus ein viel engeres Verhältnis zu meinen Patienten.

Die moderne Medizin kommt immer eindeutiger zu der Überzeugung, daß emotionaler Streß die primäre Ursache von Erkrankungen ist. Erfreulicherweise finden dabei die Vorstellungen der großen Mediziner des Altertums erneute Beachtung und erfahren unter der Bezeichnung »Ganzheitsmedizin« eine Renaissance. Körper, Geist und Seele werden wieder als eine Einheit betrachtet. Es beginnt sich allmählich eine dynamische Betrachtungsweise durchzusetzen, die bei der Diagnose und Therapie auch die subtilen elektromagnetischen Felder und Impulse, die dem menschlichen Körper eigen sind, berücksichtigt.

Das Studium der Akupunktur eröffnete mir zahlreiche neuartige Perspektiven, inwieweit der menschliche Körper unter dem Einfluß dieser unsichtbaren, doch nichtsdestoweniger wirksamen elektromagnetischen Energiefelder steht. In meinem Streben, ein tieferes Verständnis der komplexen menschlichen Natur zu erreichen, nahm ich auch die Hypnose in mein therapeutisches Konzept auf und wagte mich in die verflochtenen Welten des menschlichen Geistes.

Obwohl die Hypnose bereits seit Jahrhunderten bei uns bekannt ist, wird sie von manchen noch immer als Verfahren betrachtet, mittels dessen man sich während des Schlafes den freien Willen einer Person gefügig machen kann. Zwar leitet sich das Wort »Hypnose« vom griechischen Wort »hypnos«, der Schlaf, ab, doch hat Hypnose mit Schlaf nicht das Geringste zu tun. Die hypnotisierte Person schläft keineswegs; vielmehr befindet sie sich in einem Bewußtseinszustand erhöhter Wachsamkeit und Konzentration. Eine Einengung des peripheren Bewußtseins ist sowohl dem Schlaf- als auch dem Hypnosezustand eigen, während das fokale Bewußtsein lediglich unter Hypnose intensiviert ist und im Schlafzustand gänzlich ausfällt. Der Alpharhythmus des EEG (Aufzeichnung der Aktionsströme des Gehirns) zeigt während der Hypnose wesentlich geringere Schwankungen als während des Schlafes.

Je nach Grad des von der Versuchsperson erreichten Trancezustands spricht man von einem leichten, mittleren oder tiefen Hypnosestadium. Es können mehrere Trancephasen beobachtet werden, doch ist es äußerst schwierig, die einzelnen Phasen voneinander abzugrenzen. Die Tiefe der Trance hängt primär von der Motivation und der Ansprechbarkeit der Versuchsperson ab. In leichter Trance beobachten wir eine vollkommene Entspannung. Im mittleren Stadium werden die Schmerzzentren erreicht, und Hypnose kann zur Anästhesie herangezogen werden. Es können Persönlichkeitsveränderungen auftreten, und der Patient ist für posthypnotische Suggestionen empfänglich. Im Stadium einer tiefen Trance sind sogar größere operative Eingriffe möglich. Der Patient scheint zu schlafen – seine Herzfrequenz und seine Atmung sind verlangsamt, die Blutgerinnung wird beeinflußt –, doch er reagiert auf Anweisungen des Therapeuten und ist in der Lage, die Augen zu öffnen. In diesem Stadium der Hypnose ist eine vollkommene Anästhesie durchführbar.

In tiefer Trance ist eine Altersregression möglich. Während der Regression führt der Therapeut den Hypnotisierten in frühere Stufen seines Lebens zurück. Häufig ist dabei festzustellen, daß der Patient den suggerierten Lebensabschnitt nicht erneut durchlebt, sondern ihn vielmehr neu inszeniert. Er kann mit einem Schauspieler verglichen werden, der seine eigene Rolle spielt. Dies kann von großem Nutzen sein, da der Patient willentlich in einen Zeitabschnitt seines Lebens zurückkehrt, in dem er unter Umständen eine falsche Entscheidung getroffen hat, die er im Verlauf der Hypnose revidieren kann. Auf diesem Weg ist es möglich, eine für ihn tragbare Lösung zu finden oder ein besseres Verständnis seines eigenen Ichs zu erlangen.

Bei der eigentlichen Revivikation allerdings befindet sich der Patient in einem wesentlich tieferen Trancezustand. Dabei kann man nicht mehr von einer Inszenierung des Vergangenen sprechen, sondern die Vergangenheit wird zur Gegenwart: Dies war auch bei Charles der Fall.

An dieser Stelle möchte ich betonen, daß Hypnose per se keine Therapie bedeutet. Sie kann aber das Klima einer Heilung begünstigen. In der modernen Medizin hat sich die

Hypnose zu einem anerkannten therapeutischen Mittel neben anderen entwickelt.

Alles in allem wurde in der westlichen Welt von Hypnose nur sporadisch und in begrenztem Umfang Gebrauch gemacht. Die bekannte amerikanische Psychologin Barbara Brown stellt hierzu fest: »Es scheint, als fürchte die traditionelle Medizin die potentiellen Kräfte des Geistes. Berichte aus der Sowjetunion enthüllen jedoch, daß dort die Hypnose von Tausenden entsprechend ausgebildeter Psychologen angewandt wird. Für zahlreiche Krankheiten wurden emotionale Ursachen entdeckt, die tief im Unterbewußtsein wurzeln. Mit Hilfe der therapeutischen Anwendung der Hypnose können positive Gedankenstrukturen entwickelt werden.«

Es erscheint immer offenkundiger, daß das komplexe menschliche Wesen, das wir als Mann oder als Frau bezeichnen, auf vielen Ebenen in der Lage ist, sich selbst zu heilen. Dieses Streben muß jedoch nach innen gerichtet sein – davon bin ich überzeugt; ebenso wie ich davon überzeugt bin, daß der Apostel Lukas recht hatte, als er sagte: »Ihr sollt auch nicht sagen, sieh hier! und sieh dort!, denn wahrlich, ich sage Euch, das Reich Gottes ist in Euch.«

Auf der Suche nach den Grenzen der Seele

In den Jahren meiner ärztlichen Praxis konnte ich bei meinen Patienten die verschiedensten Bewußtseinsstufen beobachten. Die Anwendung der Hypnose hat viele meiner Regressionspatienten offenbar in frühere Leben zurückgeführt – jenseits ihrer gegenwärtigen Existenz. Diese Methode hat sich zu einem zentralen Element der Forschung der Krankheitsursachen entwickelt. Immer wieder verblüfften mich die schier endlosen Ebenen der menschlichen Wahrnehmung, und ich bin davon überzeugt, daß wir die Pforten, die zu einem umfassenden Verständnis des menschlichen Bewußtseins führen, erst einen Spaltbreit aufgestoßen haben. Die Wissenschaft wartet mit immer neuen Theorien über die Funktion des Gehirns auf, doch niemand findet eine adäquate Erklärung für den im menschlichen Geist tief verwurzelten Glauben an die Unsterblichkeit der Seele.

Fallstudien von offenkundigen Reinkarnationen stapelten sich in meinen Unterlagen, und in Verbindung mit hypnotischer Regression drängten sich zahlreiche Fragen auf. Was geschieht nach dem physischen Tod? Was ist das wirkliche Ich? Was ist Persönlichkeit?

Ich gehörte zu jenen, die an die Wiedergeburt der Seele glaubten, obwohl meine Schul- und Universitätsausbildung einer solchen Theorie eigentlich widersprochen haben. Doch irgendwo in den Tiefen meines Bewußtseins schien dieser Glaube schon immer gegenwärtig. Es gab viele Situationen in meinem Leben, in welchen ich von diesem Glauben Gebrauch machte.

Eines Abends, gegen Ende des Zweiten Weltkriegs – ich arbeitete in einem Kriegslazarett –, war ich alleine mit einem 17jährigen Jungen, der beim Rückzug der deutschen Armeen ein Bein verloren hatte. Die Wunde hatte sich entzündet, Penizillin stand uns noch nicht zur Verfügung. Die Infektion hatte sich ausgebreitet, und der Junge befand sich in einem kritischen Zustand. Es war Heiligabend. Ich saß auf seiner Bettkante und tupfte ihm den Schweiß von seinem bleichen, kindlichen Gesicht. Plötzlich öffnete er die Augen. In seinem Blick lagen unendliches Vertrauen und eine Intensität, die ich nie vergessen werde. Es war, als würde seine Seele mit meiner verschmelzen. »Ich werde sterben«, sagte er. »Ich weiß es. Sag mir . . . sag mir die Wahrheit. Was geschieht mit mir, mit der Person, die ich war? Ich war so jung, und es gibt so vieles, von dem ich nichts weiß. Bleibt meine Seele am Leben, wenn ich tot bin? Sucht sie sich einen neuen Körper? Was wird aus meiner Familie?« Ich starrte durchs Fenster in den tiefblauen Nachthimmel. »Ja«, hörte ich mich antworten. »Ich bin sicher, du wirst die Gelegenheit erhalten, alles zu lernen, was für dich wichtig ist. Ich glaube, daß die Seele immer wieder zurückkehrt, um Erfahrungen zu machen und zu lernen.« Ein Lächeln verwandelte das Gesicht meines jungen Freundes, und die Seele, von der wir soeben gesprochen hatten, entwich lautlos und ließ ihre tote Hülle zurück. Ich öffnete das Fenster und sah zu den Sternen empor. Sie hatten in den eisigen Nächten Rußlands auf mich herabgelächelt und mich einen alles umfassenden, über das Schicksal des einzelnen hinausgehenden Frieden gelehrt. Diesen Frieden fühlte ich nun, als ich auf den Jungen hinabsah, der davon geträumt hatte, eines Tages ein Mann zu werden, und der ohne Bitterkeit aus diesem Leben geschieden war, weil er wußte, daß dies nicht das Ende war.

In den folgenden Jahren fand ein Wandel meines eigenen Bewußtseins statt.

Schon immer hatte mich die Möglichkeit fasziniert, daß es körperliche und geistige Übungen gibt, die den Blick in eine erweiterte Realität erlauben. Paul Brunton beschreibt anläßlich seiner Begegnung mit dem Weisen Ramana Maharshi ein bewußtseinserweiterndes Erlebnis dieser Art: »Ich weiß nur, daß ein steter Strom der Ruhe und Gelassenheit an mir vorüberzufließen scheint, daß ein unendlicher Friede in alle Bereiche meines Wesens dringt und daß mein von Gedanken gemartertes Hirn endlich an einem Punkt der Ruhe anzukommen scheint.«

Auf meiner Suche nach einer Erklärung für ein derartiges Erlebnis fiel mir nach dem Krieg das Buch Yoganandas in die Hände: *Autobiographie eines Yogi*. Ich fand Antworten auf viele meiner Fragen und folgte seiner Lehre, die für meine Entwicklung entscheidend wurde.

Viele Jahre später brachte mich eine Reihe eigenartiger Geschehen mit dem bedeutenden geistigen Lehrer Sathya Sai Baba in Südindien zusammen. Die Begegnung mit ihm war ein Ereignis, das ich nicht mit logischem Denken erklären kann.

Ich machte eine ähnliche Erfahrung wie Carl Friedrich von Weizsäcker, als er vor das Grab des Ramana Maharshi trat und in seinem Innersten feststellte: »Ich wußte im Blitz, ja, das ist es. Eigentlich waren schon alle Fragen beantwortet... Das Wissen war da, und in einer halben Stunde war alles geschehen... Ich war jetzt ein völlig anderer geworden: der, der ich immer gewesen war.«

Ob und inwieweit der Mensch sich an frühere Existenzen zu erinnern vermag, ist ein interessantes und umstrittenes Gebiet. Es schien mir daher angebracht, die verschiedenen Theorien zu beleuchten, die eine Erklärung für die Erinnerung in Hypnose an offenbar frühere Leben zum Ziel hatten. Vielleicht sind solche Erinnerungen nur ein Ausschnitt aus einer unerschöpflichen Bilderflut des menschlichen Unterbewußtseins, die mit Hilfe der Hypnose sozusagen angezapft werden kann. Vielleicht inszeniert die Seele selbst eine Art Psychodrama und verarbeitet – unter dem Deckmantel der Erinnerung an frühere Leben – ihre eigenen Probleme. Nicht selten bringen solche Erlebnisse den Ursprung von Problemen an die Oberfläche und somit auf eine dem Bewußtsein des Patienten zugänglichere Ebene. Des öfteren habe ich nach einer sinnvollen und erfolgreichen Regression beträchtliche körperliche und geistige Heilungserfolge feststellen können.

Nach der landläufigen Vorstellung ist die Theorie der Reinkarnation ein Element der östlichen Religionsphilosophie, obwohl auch westliche Philosophen die Möglichkeit der Weiterentwicklung durch Wiedergeburt seit Jahrhunderten in Betracht zogen.* In einem Bericht der Yale Review entdeckte ich eine bemerkenswerte Erklärung für die Unsterblichkeit:

»Da den meisten von uns beigebracht wurde, daß wir das Leben nur mit Hilfe des Körpers erfahren können, identifizieren wir inzwischen das Leben mit dem Körper.

Aus diesem Grund erscheint uns der Verfall des Körpers gleichbedeutend mit dem Ende. Den meisten Menschen fällt es schwer, diese Vorstellung aufzugeben, da sie zu sehr in der philosophischen Vorstellung befangen sind, die Seele gehöre in das Reich der Emotion oder gar in das der Phantasie und Materie sei die einzige Realität. Diese Vorstellung beinhaltet scheinbar Logik, Sicherheit und den Weg zum materiellen Erfolg. Doch sowohl die Philosophen wie auch die Naturwissenschaftler erklären, daß das Universum nicht allein aus Materie besteht, sondern daß darüber hinaus eine andere Realität existiert und daß Materie nicht notwendigerweise Materie sein muß, obwohl wir sie als solche wahrnehmen.

Wenn wir annehmen, daß es die Seele ist, die Leben in den Körper haucht, und nicht umgekehrt der Körper Leben entstehen läßt, dann müssen wir auch einen Schritt weitergehen und daraus schließen, daß die Seele ohne den Körper existieren kann und bereits existiert, ehe sie in ihre gegenwärtige Hülle eintrat, und daß sie möglicherweise darüber hinaus schon mehrere solcher Leben geführt hat. Die moderne Wissenschaft hat herausgefunden, daß die Gesamtsumme der Materie und der Energie konstant bleibt. Wenn das Universum seine niedrigste Manifesta-

---

* Plato, Voltaire, Goethe, Emerson, Nietzsche, Lessing, Carlyle, Schiller, Schopenhauer, Blake und viele andere.

tion, nämlich die Materie, konstant bewahrt, könnte man daraus nicht folgern, daß es seine höchstentwickelte Manifestation, das menschliche Bewußtsein, ebenfalls konstant bewahrt?«

Aber warum erinnern wir uns dann nicht an frühere Leben? Es wäre für viele wahrscheinlich verwirrend, ja sogar in vieler Hinsicht gefährlich, und würde vermutlich den Prozeß unserer Evolution behindern. Die Erinnerung an eine derartige Erfahrung könnte ein Subsystem aktivieren und die Persönlichkeit eines solchen Menschen in negativer Weise beeinflussen.

Allzuoft besteht die Gefahr, daß sich ein Patient auf eine in sein Gedächtnis zurückgerufene dramatische Begebenheit aus einem früheren Leben fixiert und in der Folge von Personen und Beziehungen heimgesucht wird, die nur in seiner Vorstellung existieren.

Hieraus können konfliktreiche Situationen und ernsthafte Probleme für die realen und aktuellen Beziehungen erwachsen. Trotzdem kommt es vor, daß Erinnerungen an frühere Existenzen als Manipulationsmittel benutzt werden. Aus guten Gründen bleiben für die meisten von uns Erinnerungen an frühere Leben verborgen. Wir brauchen uns nicht mit einer eventuellen Schuld oder mit problematischen Beziehungen auseinanderzusetzen; wir können unser Augenmerk auf das Heute richten, auf ein friedliches Zusammenleben und ein freundliches Wohlwollen.

Ich bin jedoch davon überzeugt, daß Regression – vorausgesetzt, sie wird mit der richtigen Zielsetzung angewandt – in der Lage ist, die Therapie zu beschleunigen, das Spektrum des menschlichen Wissens zu erweitern und Fragen zur Interaktion der Menschen, ihrer Motivationen und Lebensziele zu beantworten.

Nun möchte ich Ihnen Charles Roberts vorstellen. An-

hand seiner Geschichte werden die erstaunlichen Möglichkeiten einer Regression in frühere Existenzen deutlich. Wir
werden Charles in zwei seiner früheren Leben begleiten, die
offenbar bei der Entwicklung des Charles Roberts von heute
mitgewirkt haben. Wir werden dem »Weisen in ihm« begegnen, der möglicherweise mit dem »Weisen in uns allen«
verwandt ist.

Das Rätsel um Charles Roberts

Ich lernte Charles Roberts rein zufällig kennen. Im Herbst
1977 stand Maya, meine Frau, am Ladentisch einer Buchhandlung in Los Angeles und wartete darauf, bedient zu
werden. Eine Kundin sprach über ein Buch, das sie soeben
gelesen hatte: *A Matter of Immortality* (Die unsterbliche Seele)
von Jess Stearn. In ihrer Begeisterung wandte sie sich an
Maya und schwärmte von dem Hypnoseexperiment, das in
diesem Buch beschrieben wird. Maya war darüber sehr erfreut und erwiderte, es sei ihr Mann gewesen, der die Hypnose durchgeführt habe, die Jess Stearn seiner Geschichte des
bekannten Mediums Maria Moreno zugrunde gelegt hatte.
Die Frau kaufte fünf weitere Exemplare und eilte davon, um
ihren Freundinnen zu berichten.

Daraufhin trat eine sehr hübsche junge Dame an den Ladentisch. Sie hatte das Gespräch mit angehört und fragte
Maya, was sie von Hypnose hielte. Zögernd erkundigte sie
sich, ob ich auch Regressionen durchführe und ob es sehr
lange Wartezeiten in meiner Praxis gäbe. Sie berichtete weiter, daß ihr Mann wegen seiner ihm selbst unverständlichen
Verhaltensweisen eine Hypnosetherapie ausprobiert hatte,
jedoch ohne Erfolg. Vielleicht war hypnotische Regression
der richtige Weg, verschüttete Erlebnisse der Vergangenheit

an die Oberfläche des Bewußtseins zu bringen – Erlebnisse in der Kindheit oder in einem früheren Leben, fügte sie hinzu.

Maya zeigte Verständnis für die Probleme dieser attraktiven jungen Frau und gab ihr meine Telefonnummer. Einige Wochen später rief mich ihr Mann in meiner Praxis an, und ich erinnere mich, am nächsten Morgen meine Frau über den Frühstückstisch hinweg scherzhaft gefragt zu haben: »Seit wann bringst du mir von deinem Einkaufsbummel Patienten mit nach Hause?«

Eine Woche danach begegnete ich Charles Roberts das erste Mal. Der Mann, der an jenem Novembertag des Jahres 1977 in meine Praxis kam, schien in keiner Weise etwas Besonderes zu sein oder sich auf den ersten Blick von meinen übrigen Patienten zu unterscheiden. Er war damals 37, dunkelhaarig, gutaussehend und gab sich selbstbewußt. Aus seiner Lebensgeschichte ging hervor, daß sein Vater schottischer und seine Mutter mexikanischer Abstammung war. Er stammte aus einer einfachen Arbeiterfamilie in Los Angeles. Nach drei Jahren verließ er vorzeitig das College, da ihm die technische Ausbildung zu einseitig und restriktiv erschien. Sein wirkliches Interesse, so sagte er, galt der Musik, und er schlug sich mehr schlecht als recht als Sänger durch.

Nach seiner Heirat im Jahre 1965 benötigte er ein geregeltes Einkommen und nahm einen Job bei einer großen Brauerei an. 1974 unternahm er eine vierwöchige Reise nach Europa und besuchte Österreich, die Schweiz und Deutschland. England, Irland und China, drei Länder, die für den Fortgang der hier berichteten Geschichte von Bedeutung sind, hat er nie in seinem Leben gesehen.

Bei unserem ersten Treffen erfuhr ich, daß Charles vor allem wegen seiner unkontrollierbaren aggressiven Gemütsausbrüche bei mir Hilfe suchte, die für seine Ehe und seinen Arbeitsplatz zu einer ständigen Gefahr geworden waren. Frühere Versuche, dieses Problem mit Hilfe von Hypnose zu lösen, waren gescheitert, und er bezweifelte, daß ich ihm helfen konnte, doch er war bereit, einen weiteren Versuch zu wagen.

Es überraschte mich nicht wenig, daß sich Charles unmittelbar zu Beginn der ersten Hypnosesitzung in ein früheres Leben begab und die Erfahrungen seiner jetzigen Existenz einfach übersprang. Normalerweise liegt es mir fern, einen Patienten in eine solche Situation zu führen, doch er war plötzlich mittendrin: in seinem stürmischen Leben als irischer Rebell im Jahre 1723. In unverkennbarem irischen Dialekt berichtete er mir von den letzten qualvollen Stunden seines Todeskampfes in jenem Leben.

Nachträglich bedaure ich, daß ich diese erste Sitzung nicht auf Band aufgenommen habe. Jede Beschreibung, die ich von Charles' Bericht über sein Leben in Irland zu liefern vermag, kann nur einen schwachen Abklatsch der Intensität seiner Erzählung wiedergeben. Selten in meinem Leben hat mich irgend etwas derart ergriffen wie Charles' in tiefer Trance gegebene detaillierte Beschreibung über die Umstände, unter denen er von englischen Soldaten auf der Folterbank zu Tode gemartert wurde. Aus seiner Stimme klangen der Haß und der Zorn eines unsagbar gequälten Menschen.

Über meine Reaktion auf diese Sitzung schrieb Maya in ihren persönlichen Aufzeichnungen: »Eugene war erschüttert, als er nach Hause kam. Mehrere Stunden sagte er kein Wort. Als er endlich wieder sprach, erwähnte er nur, daß Charles offenbar direkt in ein früheres Leben hinabgetaucht war. Angesichts der Hoffnungslosigkeit dieses Lebens und des unbeschreiblich grausamen Todeskampfes, der ihm ein Ende gesetzt hatte, überlegte Eugene, ob er Charles je wieder in Hypnose versetzen sollte.«

Doch Charles selbst bestand darauf, die Hypnosetherapie fortzusetzen. Was immer mit ihm während unserer ersten Sitzung geschehen war, es hatte das emotionale Chaos in ihm zum Teil zu besänftigen vermocht. Auch seine Frau bemerkte nahezu von einem Tag auf den anderen eine Veränderung zum Guten.

Ich arbeitete also weiterhin mit ihm und vermied in der folgenden Zeit vorsichtshalber, in sein irisches Leben vorzustoßen, sondern versuchte seine Aufmerksamkeit auf eventuelle andere frühere Leben zu richten, die sein Unterbewußtsein zu erkunden bereit war.* In den darauffolgenden Wochen lernte ich mehrere von Charles' früheren Inkarnationen kennen: sein Leben als Aliena, ein 17jähriges mexikanisch-indianisches Mädchen (ohne Jahresangaben), sein Leben als Chang Lu, ein Aufseher in einem Priesterhaus im China des Jahres 1422, sein Leben als Jonathan Mikter, ein deutscher Bergbauer (ohne Jahresangabe), sein Leben als Octavian, ein römischer Legionär im Jahre 23 nach Christus, und sein Leben als Ranta, ein Wissenschaftler in Atlantis.

Die für mich interessantesten dieser früheren Leben waren jedoch das des Iren Colin O'Brian und das eines Mannes namens James Stewart, eines Bankiers im England des 19. Jahrhunderts; denn ihre Existenz verlor sich nicht so weit im Dunkel der Geschichte wie die anderen, und es war möglich, diesbezüglich Nachforschungen anzustellen.

Durch die Sitzungen mit James Stewart bekam ich einen Einblick in die Vielschichtigkeit von Charles Roberts' Unterbewußtsein. Bei diesen Gesprächen berichtete er in ziemlich arroganter Weise von seinem Leben als englischer Gentleman.

Doch war er überhaupt ein Gentleman? Oder steckte mehr hinter der Geschichte dieses Bankierssohnes, der sich keine Gelegenheit hatte entgehen lassen, die Privilegien seines

---

* Jedesmal wenn ich Charles im späteren Verlauf der Therapie sein Martyrium in Irland durchleben ließ, achtete ich darauf, daß er es objektiver und möglichst emotionslos betrachten konnte, ohne die Qual der Folter durchleben zu müssen.

Standes zu seinem Vorteil zu nutzen? Diese Persönlichkeit steckte voller Widersprüche, denen ich durch eigene Nachforschungen auf den Grund zu gehen beabsichtigte – ein Vorhaben, welches ich im darauffolgenden Jahr in die Tat umsetzen konnte, als ich nach England und Irland fuhr, um nach den Spuren von James Stewarts und Colin O'Brians Leben zu suchen.

Im folgenden gebe ich die vollständigen Aufzeichnungen der ersten Sitzung mit Colin O'Brian und die einer späteren Sitzung mit James Stewart wieder. Darüber hinaus soll von den interessanten Entdeckungen berichtet werden, die ich in England und Irland auf den Spuren von James Stewart und Colin O'Brian machte.

Erste Hypnotische Regression (3. 7. 1977): Leben in Irland

. . . Ja?

Frage: Wie heißen Sie?

Antwort: Cook. Cowell-Cowen?

F: Können Sie das bitte buchstabieren?

A: O-B-r-i-a-n.

F: Ist das Ihr vollständiger Name?

A: Colin. C-o-l-i-n. Colin O'Brian.

F: Wie alt sind Sie?

A: Ich bin 19, Sir.

F: Und wo befinden Sie sich gerade?

A: Bei der Scheune.

F: Leben Sie in einem Dorf? Und wie heißt es?

A: Donegal.

F: Wie bitte?

A: Donegal.

F: Können Sie das buchstabieren?

A: D-o-n-e-g-a-l.

F: Und wo liegt das?

A: In Irland.

F: In der Nähe von Dublin?

A: Es ist ziemlich weit von Dublin.

F: Liegt es auf derselben Seite wie Dublin?

A: An der abseitigen Küste.

F: An der Westküste also?

A: Ja.

F: Was tun Sie gerade?

A: Ich verstecke mich in einer Scheune vor den verdammten Briten.

F: In einer Scheune? Und warum nennen Sie sie »verdammte Briten«?

A: Sie sind seit Tagen hinter mir her.

F: Weshalb?

A: Weil ich ein paar ihrer Soldaten getötet habe. Ich stehe auf ihrer Fahndungsliste ganz oben.

F: Welchen Beruf haben Sie?

A: Eigentlich bin ich Bauer, doch wer kann unter solchen Umständen schon davon leben...

F: Was tun Sie sonst noch?

A: Ich tue meine Pflicht.

F: Und was ist Ihre Pflicht?

A: Diese gottverdammten Briten töten.

F: Sie sind erst neunzehn und geben sich mit einem solch blutigen Geschäft ab?

A: Ich bin nicht der einzige.

F: Wer ist sonst noch auf Ihrer Seite?

A: Viele... wir müssen dieses Land von den Briten befreien. Sie nehmen uns alles – auch das, was wir zum Leben brauchen. In Irland herrscht Armut und Hunger. Das kann nicht so weitergehen! Wir müssen sie davonjagen – und zwar bald. Sie haben Verderben über dieses

Land gebracht, und solange nicht der letzte Engländer von unserer Insel vertrieben ist, werden wir mit leeren Händen dastehen. Dieser Aufgabe widme ich meine ganze Kraft.

F: Wie sieht Ihr Kampf aus?

A: Wir haben eine Bürgerwehr. Wir haben uns überall organisiert: von Amargh bis Dublin.

F: Sind Sie einer der Anführer des Widerstands?

A: Ja.

F: So jung – gerade erst 19 –, und trotzdem waren Sie bereits einer der Anführer...

A: Was soll das heißen: ich *war*?

F: Wann sind Sie geboren?

A: 1704.

F: Und wo gingen Sie zur Schule?

A: Ich bin nie in meinem Leben zur Schule gegangen.

F: Leben Ihre Eltern noch?

A: Sie sind seit Jahren tot... Die armen Teufel! Mutter schuftete sich zu Tode... Sie war erst 34...

F: Weshalb mußten sie so hart arbeiten? Waren sie Sklaven?

A: Sie versuchten nur, ihr Land zu behalten. Sie versuchten, ihr eigenes Land nicht zu verlieren – trotz der irrsinnigen Steuern...

F: Wie alt war Ihr Vater, als er starb?

A: Er war noch jung. Er war 38, als sie ihn umbrachten.

F: Haben Sie Geschwister?

A: Einer meiner Brüder lebt noch. Die Briten jagten ihn vor Jahren davon... Hab' nichts mehr von ihm gehört – seitdem...

F: Sie waren also ein Rebell...

A: Ich *bin* ein Rebell! Ich bin einer der Aufständischen.*

F: Sind Sie bekannt?

A: (lacht)... Das kann man wohl sagen... (lacht erneut)... Ich habe in jedem Haus der Stadt Unterschlupf gefunden... (ernsthaft): Aber sie bekommen Schwierigkeiten..., große Schwierigkeiten, wenn sie mich verstecken. Und sie haben schon genug Probleme...

F: Können Sie mir eine wichtige Schlacht nennen?

A: Das sind Scharmützel, Mann! Scharmützel und keine Schlachten. Und jedes davon ist wichtig...

F: Können Sie mir den Namen Ihres militärischen Führers nennen?

A: Da gibt es mehrere... Sullivan zum Beispiel. Sully, er kommt und bringt uns die Einsatzbefehle.

F: Er kommt und bringt Ihnen die Einsatzbefehle? Haben Sie ein Hauptquartier?

A: In Dublin, ja. Oder Tully zum Beispiel. Andy – Andy Tully.

F: Auch einer Ihrer Anführer?

A: Ja... oder Michael...

F: Versuchen Sie sich bitte an ein wichtiges Gefecht zu erinnern. In welchem Jahr fand es statt?

A: 1723.

F: Haben Sie gesiegt?

A: Wir haben viele Leute verloren, damals... Viele gute Männer... und Frauen... und auch Kinder... zu viele... Aber wir werden siegen! Wir werden siegen, denn Gott ist auf unserer Seite. Wir stehen in seiner

---

* Als ich Charles in der Vergangenheitsform fragte: »Sie waren also ein Rebell?«, korrigierte er mich lautstark und in einem Tonfall, als hätte ich ihn beleidigt: »Ich *bin* ein Rebell!« Dieser Umstand weist erneut auf seine emotionale Verstrickung in einen längst vergangenen zeitlichen Bezugsrahmen und auf seine ehemalige Existenz als irischer Rebell hin. Bei der Revivikation wird die Vergangenheit zu gegenwärtig Erlebtem.

Gunst, Mann, und wir werden diese verdammten Briten aus dem Land jagen.

F: Wie lange dauert Ihr Freiheitskampf schon?

A: Wir kämpfen seit Jahren. Seit vielen, vielen Jahren. Wir wollen unsere Unabhängigkeit von England. Wir wollen in Frieden gelassen werden – sonst nichts. Ich bin ein friedliebender Mensch, aber ich kann mich einfach nicht mehr mit diesen Zuständen abfinden. Die Briten haben meinen Vater getötet! Die Briten haben meine Brüder getötet! Und ich zweifle nicht daran, daß sie auch mich töten werden, doch wie könnte ich ohne Freiheit leben?

F: Seit wann kämpfen Sie gegen die Engländer?

A: Solange ich zurückdenken kann, Sir.

F: Sind Sie jemals verwundet worden?

A: Oft.

F: Waren Sie im Gefängnis?

A: Oft.

F: Und wo?

A: Dieses Jahr zum Beispiel im Pfahllager.*

F: Wie und an welchem Körperteil wurden Sie verwundet?

A: Ich wurde dreimal von einer Kugel getroffen, Sir. Zweimal im Arm und einmal im Bein. Von den zahllosen Prügelstrafen ganz zu schweigen...

F: Und wie steht es mit Krankheiten?

A: Es gibt ansteckende Krankheiten bei uns... Epidemien, die wir nicht loswerden. Den Briten ist das egal. Ihnen wäre es wahrscheinlich am liebsten, wenn wir alle draufgingen – würde ihnen 'ne Menge Munition sparen...

F: Wie lange waren Sie im Gefängnis?

A: Die längste Zeit bisher waren drei Monate. Man konnte mir nichts beweisen – bis heute...

---

* Die Übersetzung des von Charles gebrauchten Wortes »stockades« lautet »Estakade«. Es handelt sich um ein Fort mit hölzerner Einpfählung.

F: Was wollen sie von Ihnen?

A: Vor allem wollen sie natürlich die Versammlungsorte der Widerstandsbewegung herausbekommen. Aber auch von wem wir unsere Befehle erhalten und wer den Widerstand organisiert. Aber von mir werden sie nichts erfahren!

F: Halten Sie auch Reden?

A: Es braucht nicht viele Reden, die Männer in Harnisch zu bringen.

F: Nein?

A: Nicht bei diesen Verhältnissen... Sie lassen uns nicht in Ruhe. Die Steuern sind so hoch, daß nichts mehr übrigbleibt, sie behandeln uns schlimmer als Tiere. Sie spukken uns an, wenn wir vorübergehen, und sie treten nach uns, wenn wir in ihre Nähe kommen. Sie nehmen einem Mann jeden Funken Selbstachtung. Sie nehmen unsere Frauen nach Belieben. Sie quälen und verrohen unsere Kinder. Ich bin nicht länger bereit, dies hinzunehmen, und ich werde jeden gottverdammten Briten töten – das schwöre ich...

F: Sind Sie verheiratet?

A: Nein... Dafür habe ich keine Zeit, Mann. Keine Zeit für so etwas...

F: Sind Sie hauptsächlich in dieser Gegend aktiv gewesen?

A: Ich bin bis nach Dublin gekommen... Ich habe die Organisation in kleineren Ortschaften übernommen und die Männer davon überzeugt, daß sie nach den Waffen greifen und sich uns anschließen müssen.

F: Was für Waffen haben Sie?

A: Flinten... Schwerter... Mistgabeln... Steine... Was immer uns in die Hände kommt... Wir sind schlecht ausgerüstet, und Bauern sind keine geborenen Krieger. Es ist schier unmöglich, aus ihnen einigermaßen passable Soldaten zu machen, aber bei Gott, das werden wir auch schaffen. Ich selbst werde das möglicherweise nicht mehr erleben, aber wir werden es schaffen. Und wir werden die verfluchten Engländer zum Teufel jagen!

F: Glauben Sie an Gott? Gehen Sie in die Kirche?

A: Ja, ich glaube an Gott. Aber ich habe seit Jahren keinen Fuß mehr in eine Kirche gesetzt, und bei Gott, dabei wird es auch bleiben!

F: Was haben Sie gegen die Kirche?

A: Alles, was sie dem Volk zu sagen haben, ist: Verbündet euch mit den Engländern. Von ihren Kanzeln predigen sie, daß das – d-a-s – der Ratschlag Gottes sei! Ich verfluche den Tag, an dem sie auch unsere Kirchen übernommen haben.

F: Erzählen Sie mir etwas über die Farbe Grün.

A: Ja, Mann! Mein Wort... Ich trage ein Armband, ein grünes Armband. Es bedeutet, daß ich einer von denen bin, die kämpfen... Auf der Straße kann ich es natürlich nicht offen zeigen, aber ich trage es tagaus, tagein unter meinem Rock.

F: Wo verstecken Sie sich zur Zeit?

A: Unter unserem Haus – seit einiger Zeit schon.

F: Im Keller?

A: Nein, Mann. Unter dem Haus. Ich hab' mir ein Versteck gegraben...

F: Und wie essen Sie?

A: Freunde bringen mir Essen. Wenn die Briten wüßten, wo ich mich verstecke, wäre ich längst wieder im Pfahllager. Ich kann von Glück sagen, daß ich noch lebe. Und Gott sei mein Zeuge; solange ich noch einen Tropfen Blut in meinen Adern habe, werde ich diese verfluchten Engländer jagen und töten...

F: Atmen Sie jetzt langsam und regelmäßig... Sie sehen das jetzt alles ohne Haß... Sie sind jetzt tot... Können Sie mir sagen, wo Ihr Körper sich befindet?

A: Im Gefangenenlager.

F: Wie alt waren Sie?

A: 20.

F: Können Sie mir sagen, auf welche Weise Sie starben?

A: Man hat mich auf eine Maschine geschnallt..., die meine Glieder streckte... Die Arme, die Beine, den Kopf..., eins nach dem anderen. Zuerst rissen sie mir den linken Arm aus, dann den rechten. Das linke Bein (atmet schwer), das linke Knie... und dann das rechte... Ich war bei Bewußtsein, und sie gossen mir Wasser ins Gesicht... Und dann das Schwert... Sie stachen auf mich ein, bis ich starb... starb...

F: Was geschah mit Ihrem Körper? Hat man Sie begraben?

A: Sie haben meine Leiche in den Fluß geworfen.

F: Sie wurden also nicht begraben?

A: Nein.

F: Entspannen Sie sich jetzt. Atmen Sie langsam ein... und aus. Ihre Gedanken lösen sich... Sie fühlen einen großen Frieden... Sie sind ganz ruhig jetzt... Sie kehren langsam wieder in Ihr gegenwärtiges Leben zurück. Wenn ich bis 15 gezählt habe, beginnen Sie zu erwachen. Eins... zwei... drei... usw.

(Nachdem der Patient die Regression in sein Leben als irischer Rebell beendet hatte, verschwand der irische Akzent aus seiner Stimme.)

Zweite Hypnotische Regression (29. 11. 1977): Northampton

F: Wie heißen Sie?

A: James.

F: Und Ihr Nachname?

A: Stewart.

F: Stewart?

A: Stewart.

F: Wo leben Sie jetzt?

A: York. Yorkshire?... Yorkshire Road.

F: Welche Nummer?

A: Yorkshire 17.

F: Wo ist das?

A: In Northampton.

F: Und wo liegt Northampton?

A: In Großbritannien.

F: Wie weit ist es nach London?

A: Drei Tage.

F: Drei was?

A: Eine Reise von drei Tagen.

F: Wann sind Sie geboren?

A: 1801, glaube ich.

F: Haben Sie einen zweiten Vornamen?

A: Edward.

F: Erinnern Sie sich an den Namen Ihres Vaters?

A: William. William, Edward. William Edward.

F: Und der Name Ihrer Mutter?

A: Alice? Ich glaube, Alice.

F: Was macht Ihr Vater?

A: Er besitzt eine Bank.

F: Er ist Bankier?

A: Ja.

F: Und Ihr Beruf?

A: Ich gehe zur Schule.

F: Wissen Sie den Namen Ihrer Schule?

A: Gray... Cra... Kreton. Creat. Craiton?

F: Können Sie ihn buchstabieren?

A: C-r-e-i-g-h-t-o-n.

F: Wie alt sind Sie?

A: Ich bin zwölf.

F: Wie lang gehen Sie schon auf diese Schule?

A: Ich war auch an der Draidon-Schule.

F: Leben Sie bei Ihren Eltern?

A: Ich lebe in der Schule. Zu weit.

F: Ist Ihre Schule in Northampton?

A: Am Rande der Stadt. Zu weit zum Laufen.

F: Was haben Sie gemacht, ehe Sie zur Schule gingen?

A: Ich war zu Hause – die meiste Zeit.

F: Hatten Sie ein großes Haus?

A: Ja, sehr groß...

F: Was ist Ihre Mutter für eine Frau?

A: Sie ist sehr klein. Sehr zierlich und kränklich. Mum ist immer krank.

F: Ist sie bettlägerig?

A: Ja.

F: Und wie heißt ihr Arzt?

A: Dr. Williamson.

F: Waren Sie auch oft krank, als Sie noch klein waren?

A: Ja.

F: Was fehlte Ihnen?

A: Erkältung.

F: Erkältung?

A: Immer!

F: Welche Medizin bekamen Sie gegen die Erkältung?

A: Irgendwas zum Trinken.

F: Von Dr. Williamson?

A: Williams.

F: Sie gehen also jetzt zur Schule? Wann haben Sie die Schule verlassen?

A: Ich habe die Schule nicht verlassen.

F: Sie sind 16. Gehen Sie noch immer zur Schule?

A: Ja.

F: Und jetzt sind Sie 17. Sind Sie noch immer an der Schule?

A: Nein.

F: Was machen Sie jetzt?

A: Ich habe meine Ausbildung für einige Zeit unterbrochen, um mich von dem ganzen akademischen Kram etwas abzulenken. Überhaupt – das Studium! Es hängt mir allmählich zum Halse raus.

F: Aha. Und was machen Sie jetzt?

A: Ich werde eine Reise nach London unternehmen.

F: Waren Sie schon einmal dort?

A: Als ich noch klein war.

F: Und wie kommen Sie da hin?

A: Wir haben unsere eigenen Pferde und eine Kutsche.

F: Wie viele Pferde?

A: Für eine so weite Reise wie nach London nehmen wir immer vier Pferde.

F: Wie lange fährt man nach London?

A: Normalerweise drei Tage. Wenn es nicht unbedingt notwendig ist, sollen die Pferde auch nicht überanstrengt werden.

F: Und wo schlafen Sie unterwegs?

A: In Gasthäusern.

F: Erinnern Sie sich an die Namen dieser Gasthäuser?

A: Irgendwelche Gasthäuser. Ich kann mich nicht an die Namen erinnern. Ein kleines Dorf außerhalb der Stadt.

F: Und wo werden Sie die nächste Nacht verbringen?

A: Das hängt von den Pferden ab. Vielleicht fahren wir durch...

F: Okay, ich zähle jetzt bis drei, und Sie befinden sich in London. Eins, zwei, drei. Sie sind jetzt in London. Was sehen Sie?

A: Ah, phantastisch! Eine phantastische Stadt!

F: Wo wohnen Sie da?

A: Almae...? All Men's Club. Mein Vater ist Mitglied.

F: Das muß ein bekannter Club sein.

A: Weiß nicht, ob er bekannt ist.

F: Können Sie mir noch einen Club nennen, der jetzt populär ist?

A: Landmmm. Irgend etwas mit... Land...

F: Versuchen Sie zu buchstabieren.

A: Land. L-and. Lan... London... Der London Club.

F: In welcher Straße liegt er?

A: Keine Ahnung.

F: Kennen Sie auch noch andere Lokalitäten?

A: Im Laufe der Zeit bestimmt...

F: Was haben Sie vor?

A: Wie ich schon sagte, habe ich vor, etwas Zerstreuung zu finden, mich zu amüsieren...

F: Wie zum Beispiel?

A: Ich werde natürlich ins Theater gehen, ein bißchen einkaufen, mich umsehen...
die Ladies bewundern – das kommt natürlich an erster Stelle.

F: Haben Sie eine Freundin?

A: Nein, Frauen liegen mir nicht besonders...

F: Spielen Sie?

A: Roulette.

F: Gehen Sie manchmal in ein Bordell?

A: (kichernd) Ja.

F: Wegen des Sex?

A: Natürlich.

F: Haben Sie dort eine ganz bestimmte Frau? Jemanden, den Sie besonders mögen?

A: Ich ziehe die Abwechslung vor – danke...

F: Wer herrscht zur Zeit über England?

A: Lassen Sie mich mal überlegen... Wir haben einen König – soviel steht fest. Edward, glaube ich. Aber zur Zeit ist es Victoria.

F: Welchen Beruf möchten Sie einmal ausüben?

A: Mein Vater möchte, daß ich einmal die Bank übernehme, aber ich glaube, das ist nicht nach meinem Geschmack. Ich weiß nicht, was ich mal machen werde...

F: Wie heißt die Bank Ihres Vaters? Und in welcher Straße liegt sie?

A: Canterby...

F: Canterby Street oder Canterby Bank?

A: Canterby Street. Savings Bank.

F: Ist es weit von Zuhause?

A: Zwei Straßenblocks etwa.

F: Wir zählen jetzt von eins bis drei, und Sie befinden sich in der Bank. Eins – zwei – drei. Sie sind jetzt in der Bank. Sie arbeiten hier. In welcher Funktion?

A: Ich bin Hilfskassierer... Und ich hasse diese Arbeit!

F: Haben Sie hier auch Freunde?

A: Nein! Ich kann diese Leute nicht ausstehen. Ich werde hier so bald wie möglich verschwinden...

F: Haben Sie das getan?

A: Wie bitte?

F: Ich zähle jetzt von eins bis drei, und Sie sind nicht mehr in der Bank. Eins – zwei – drei. Sie sind jetzt 25. Was machen Sie zur Zeit?

A: Nichts.

F: Bekommen Sie Geld von Ihrem Vater?

A: So ist es.

F: Hatten Sie mit Ihrem Vater deshalb keine Auseinandersetzungen? Weil Sie nicht arbeiten...

A: Ja. Natürlich.

F: Sie haben also Ihr Zuhause verlassen?

A: Nur vorübergehend.

F: Ich zähle jetzt von eins bis drei, Sie sind 30. Was machen Sie jetzt?

A: Ich bin wieder in der Bank.

F: In welcher Funktion arbeiten Sie jetzt hier?

A: Ich habe die Bank übernommen – anstelle meines verstorbenen Vaters.

F: Wann ist er gestorben? Wie alt war er?

A: Er war 64.

F: Waren Sie bei ihm? Wie ist er gestorben?

A: Ja, ich war bei ihm. Er hat seinem Herzen zuviel zugemutet. Überarbeitung – armer Mann.

F: Und nun sind Sie der Bankier?

A: Nun ja ... Ich versuche, mich nicht in die Position meines Vaters drängen zu lassen. Diese Art von Leben füllt mich nicht aus, und ich habe einen Geschäftsführer angestellt, der sich um die Geschäfte kümmert.

F: Sind Sie beliebt?

A: Natürlich nicht.

F: Nein?

A: Nein, nicht im geringsten. Ich kann diese Leute nicht ausstehen.

F: Waren Sie in der Armee?

A: Ich hatte die Gelegenheit, mich – sagen wir mal – freizukaufen. Mein Vater kümmerte sich darum. Wer um alles in der Welt möchte schon nach Indien! Du lieber Himmel!

F: Weshalb Indien?

A: Weil dort die meisten meiner Bekannten schließlich endeten, die zur Armee gingen.

F: Verstehe. Ich zähle jetzt wieder von eins bis drei. Sie sind dann 40. Eins – zwei – drei. Sie sind jetzt 40 Jahre alt. Was machen Sie inzwischen?

A: Mittlerweile bin ich in den Geschäften der Bank stärker engagiert. Ich habe mich auf Kapitalanlagen spezialisiert.

F: Verdienen Sie viel?

A: Ja. Grundbesitz. Land.

F: Haben Sie ein Hobby?

A: Nein.

F: Was machen Sie mit dem Geld?

A: Reinvestieren.

F: Sind Sie verheiratet?

A: Nein. Ich finde keine passende Frau für mich.

F: Weshalb nicht?

A: Sie müssen wissen, daß ich sehr reich bin. Jede Frau würde mich wegen meines Geldes heiraten, und das kann ich nicht akzeptieren.

F: Sind Sie gläubig? Glauben Sie an Gott?

A: Nein – gewiß nicht.

F: Wir wollen jetzt in der Zeit noch weiter vorrücken – zu dem Tag, an dem Sie sterben. Wie alt sind Sie?

A: Ich glaube ... glaube, ich bin 59.

F: Sind Sie sehr krank?

A: Ja.

F: Wissen Sie, was Ihnen fehlt?

A: Nein. Diese dummen Ärzte haben keine Ahnung.

F: Haben Sie Fieber? Ist Ihnen heiß?

A: Kalt! Mir ist schrecklich kalt.

F: Wer behandelt Sie?

A: Dr. Levitt.

F: Bekommen Sie Spritzen? Medikamente?

A: Nein, ich bekomme Kräutertees.

F: Helfen die Ihnen?

A: Nein.

F: Sie liegen im Sterben. Wissen Sie, wann Sie gestorben sind? Die Jahreszeit?

A: Es war sehr kalt. Im Winter. 61, glaube ich. 1861.

F: Wo wurden Sie begraben?

A: Auf einem kleinen Friedhof.

F: Wissen Sie den Namen?

A: Der Name einer Kirche ...

F: Einer protestantischen Kirche? Erinnern Sie sich an den Namen?

A: Es war eine anglikanische Kirche. St. Jimes.

F: St. James?

A: Ja, St. Jimes (Jiles).

F: Würden Sie sagen, daß Sie im Leben glücklich waren?

A: Nein – ganz bestimmt nicht.

F: Erinnern Sie sich daran, was Sie im Augenblick Ihres Todes gefühlt haben?

A: Ich war von einer ungeheuren Angst erfüllt.

F: Weshalb?

A: Ich war kein gläubiger Mensch, Sir.

F: Haben Sie an ein Leben nach dem Tode geglaubt?

A: Ganz bestimmt nicht.

F: Haben Sie die Erfahrung gemacht, daß Ihre Seele nach Ihrem Tod weiterlebte?

A: Nachdem ich meinen Körper verlassen hatte, war das erste, was mir auffiel, daß mein Tod niemandem das geringste auszumachen schien. Ich hatte Angst und sträubte mich, zu dem Licht zu gehen, das mich rief. Ich ging in die entgegengesetzte Richtung, denn ich wollte den Bereich meines alten Lebens nicht verlassen. Sehr bald bemerkte ich, daß ich mich außerhalb meines Körpers befand und keinen Kontakt mehr mit den Lebenden aufnehmen konnte ... Eine furchtbare Erfahrung ... Ich lief durch die Stadt, verkroch mich in meinem Haus und unternahm auch größere Ausflüge ... Die Vermögensverwalter lebten nun in meinem Haus ...; keine Möglichkeit, Kontakt aufzunehmen ..., obwohl ich sie genau beobachten kann: – Ich habe meinen eigenen Leib, Sir. Für mich ist es wie ein Körper. Ich sehe ganz gut aus. Ich bin jung ...

F: Wie lange existierten Sie als Seele?

A: Es ist ziemlich schwierig, das in Tagen auszudrücken ... Dieser Zustand war ermüdend und langweilig für mich, vor allem weil ich keinen Kontakt mit den Lebenden fand. Offenbar hat es mit dem Leben und dem Tod eine ganz andere Bewandtnis, als ich geglaubt hatte. Ich kam zu dem Entschluß, mich dieser Person anzuvertrauen, die sich als ein Freund bezeichnete, und wir hatten eine lange Unterhaltung. Er versicherte mir, daß ich nichts zu befürchten hätte und daß ich mich in einem Übergangsstadium befände.

F: Haben Sie in Ihrer Existenz als Seele Ihre Eltern wiedergefunden?

A: Während der Übergangszeit hatte ich kurz meine Mutter getroffen. Mein Vater besuchte mich dann später. Er war kein gläubiger Mensch gewesen. Vor lauter Arbeit hatte er nie Zeit gefunden. Aber wir waren überzeugt, daß wir wieder zusammen reinkarnieren würden, um zu lernen, besser miteinander auszukommen.

F: Sind Sie später auch noch anderen begegnet?

A: Doch – ja. Vielen. Schulfreunden... Andrew. Ich erkannte sie wieder... Viele, viele...

F: Okay. Sie müssen sich jetzt ausspannen. Wenn Sie den Wunsch verspüren, wieder aufzuwachen, werden Sie sich wieder in Ihrer gegenwärtigen Existenz befinden. Ich werde nun von eins bis drei zählen, und Sie werden Ihre Augen öffnen und sich frisch und ausgeruht fühlen. Sie werden als Charles Roberts aufwachen.

Eins, zwei, drei...

Auf der Suche nach James Stewart und Colin O'Brian

Es war im Sommer des Jahres 1978. Maya und Nicole hatten offenbar nicht die geringste Lust, an jenem grauen, verregneten Tag London zu verlassen und Phantomen aus Charles' Vergangenheit nachzujagen. Wir nahmen den Zug nach

Northampton; etwa 70 Meilen nördlich von London. Es sah ganz und gar nicht so aus, als befänden wir uns auf der Traumreise, wie wir sie uns immer vorgestellt hatten. Konkrete Pläne zu schmieden hatte keinen Zweck, denn wer konnte schon wissen, wohin uns unsere Nachforschungen verschlagen würden. Das triste Wetter blieb nicht ohne Wirkung auf unsere Gemütsverfassung. Northampton machte einen öden, trostlosen Eindruck, und ich bezweifelte, daß uns hier irgend etwas von Interesse erwarten konnte. Ich hatte nie angenommen, daß es besonders einfach sein würde – daß wir nur ein Taxi in die Yorkshire Road 17 zu nehmen brauchten und ein mitteilsamer Nachfahre James Stewarts uns erwarten und nur darauf brennen würde zu bestätigen, daß alles, was Charles in Hypnose erzählt hatte, der Wahrheit entsprach.

Northampton ist eine Stadt der Lederwarenindustrie und ein Zentrum für Viehzüchter. Es fand gerade eine Lederwarenmesse statt, und die Stadt schien aus allen Nähten zu platzen. Wir versuchten es bei verschiedenen Hotels, ehe wir ein Zimmer bekamen. Sogleich nahmen wir uns ein Taxi zum Rathaus und ließen uns auf dem Weg dorthin an der St.-James-Kirche vorbeifahren. Aufgrund der ersten Erkundigungen in London wußten wir, daß es in Northampton eine St.-James-Kirche gab – genau wie Charles gesagt hatte. Sogar die Sonne brach kurz durch die dichte Wolkendecke, als wir bei der Kirche ankamen. Ich wußte sofort, daß es die falsche Kirche war. Die St.-James-Kirche war eine unförmige, überdimensionale Anhäufung von Steinen, nicht älter als 60 oder höchstens 80 Jahre, und es war weit und breit kein Friedhof zu entdecken – nur ein unscheinbarer Park, der zudem verschlossen war. Auch die Kirche war verschlossen.

Zu unserer Enttäuschung war auch das Rathaus geschlossen, und da es erst nach der Mittagspause wieder öffnen würde, bezahlten wir das Taxi und machten uns daran, Northampton zu Fuß kennenzulernen. Irgendeine Spur mußte doch zu finden sein. Maya vertraute ihren Fähigkeiten der außersinnlichen Wahrnehmung (ASW) und war überzeugt, wir würden wie von selbst auf die Orte stoßen, die Charles beschrieben hatte. Es war ein langer Spaziergang durch die Stadt; vorbei an Lederwarengeschäften, einem Museum des Lederhandwerks und einem größeren Platz, auf dem ein Rindermarkt stattfand. Jenseits des Museums, beinahe schon am Rande der Stadt, stießen wir auf eine ziemlich stattliche, prachtvoll gebaute Kirche, die All Saints hieß. Obwohl sie auch einen Friedhof besaß, wußte ich sogleich, daß es nicht die von Charles erwähnte Kirche war. Wir gingen also weiter und stießen am Ende einer Seitengasse auf einen grünen Platz, der wie ein verwilderter Park aussah. Und inmitten dieser wuchernden grünen Pracht stand die St.-Giles-Kirche, etliche Jahrhunderte alt und von einem Friedhof umgeben. Alles stimmte genau mit dem Bild überein, welches Charles uns von der Kirche und dem Friedhof in seiner unmittelbaren Nachbarschaft vermittelt hatte – obwohl der Name nicht stimmte.

Auf unserem Weg zurück zum Rathaus kamen wir an einem Beerdigungsinstitut vorbei. Nicole bestand darauf, hineinzugehen. Sie dachte, vielleicht könnte uns hier jemand bei unserer Suche behilflich sein. Offenbar waren wir für die Leute dort zunächst eine herbe Enttäuschung, da wir niemanden zu beerdigen hatten und lediglich eine Auskunft wollten. Einer der Angestellten erbot sich, etwas von seiner Zeit zu opfern und uns behilflich zu sein. Wir erkundigten uns nach der Yorkshire Road, doch er sagte, eine Straße mit diesem Namen gäbe es nicht – allenfalls eine York Road. Wir fragten, ob es noch eine zweite St.-James-Kirche gab – eine mit Friedhof. Seine Antwort brachte in mir sämtliche Kirchturmglocken Northamptons zum Läuten: Es gibt nur eine St.-James-Kirche in der Stadt, doch da sie keinen eigenen Friedhof hat, werden die Leute, die in diesem Kirchensprengel sterben, seit jeher in St. Giles beerdigt. Doch als er »St. James« sagte, sprach er es wie »St. Jimes« aus; und es klang wie »St. Giles«. Auch Charles hatte »St. Jimes« gesagt. Wäre es denkbar, daß er eigentlich »St. Giles« gesagt hatte?

So schnell es die Höflichkeit erlaubte, verließen wir das Beerdigungsinstitut und gingen zurück zur St.-Giles-Kirche. Es war durchaus möglich, daß sie vor 150 Jahren die beliebteste Kirche der Stadt war. Wir betraten den von einem hohen, eisernen Gitterzaun umgebenen Friedhof und mußten feststellen, daß die alten Grabsteine keine Gräber mehr bezeichneten, sondern in einer Ecke des Friedhofs zu einem Mahnmal zusammengestellt waren. Es gab eine ganze Menge alter Inschriften, und sie waren alle gut lesbar. Es hatte inzwischen zu regnen begonnen, und da die Namen auf den Steinen im Laufe der Zeit sehr stark verwittert waren, hatten wir nasse Füße, noch ehe wir einen Bruchteil der Inschriften entziffert hatten. Die Kirche war noch immer verschlossen.

Wir machten uns auf die Suche nach der York Road, und es stellte sich heraus, daß sie direkt um die Ecke von St. Giles lag – genau wie Charles die Lage seines Elternhauses beschrieben hatte... Die Häuser in der Straße waren sehr alt; manche davon alt genug, um Charles' Geburtshaus sein zu können. Die Gegend erweckte den Eindruck, als wäre sie vor Jahrhunderten eine bevorzugte Wohngegend des privilegierten Bürgertums von Northampton gewesen. Mehrere Häuser, darunter auch die Nummer 17, waren zwar abgerissen und von Backsteingebäuden ersetzt worden, doch die alten Häuser, die noch standen, hatten sehr viel Ähnlichkeit mit der von Charles während der Hypnosesitzung gegebenen Beschreibung seines Elternhauses.

Maya und ich hatten allmählich den Eindruck, als würde sich alles zu einem passenden Bild zusammenfügen. Wir nahmen ein Taxi zum Rathaus, doch wir mußten feststellen, daß das Einwohnerregister nur 50 Jahre zurückreichte. So wie es aussah, war das Bestattungsunternehmen noch die ergiebigste Informationsquelle, und wir fuhren zu dem Bestattungsinstitut zurück. Mehrere Leichenwagen standen vor dem Eingang, und drinnen herrschte rege Betriebsamkeit. »Das Geschäft scheint zu blühen«, begrüßte ich den in feierliches Schwarz gekleideten Herrn, und er erwiderte aufgeräumt: »O ja. In dieser Jahreszeit sterben sie wie die Fliegen. Leider bin ich nicht der Besitzer, ich bin nur ein Mitarbeiter.« Für weitere Auskünfte über das Sterberegister der Gemeinde verwies er uns an den Vikar von St. Giles und erbot sich, für uns beim Pfarramt anzurufen.

An diesem Punkt unterlief uns ein schwerer strategischer Fehler, denn wir rechneten nicht mit einer möglichen Reaktion auf unsere Nachforschungen. Wie es schien, war der Vikar im Urlaub, und der hilfsbereite Herr vom Bestattungsinstitut erklärte dem stellvertretenden Seelsorger der Gemeinde den Grund unseres Besuches – und unser Interesse an Reinkarnation. Dem geistlichen Herrn am anderen Ende der Leitung verschlug es die Sprache, und er weigerte sich, den Vikar damit zu behelligen. Wir dachten, er würde eventuell seine Meinung ändern, wenn wir ihm einen persönlichen Besuch abstatteten. Offenbar hielt er uns für Abgesandte des Höllenfürsten, denn als wir bei ihm zu Hause ankamen, weigerte sich seine hochschwangere Frau, uns einzulassen. Sie knallte vor unserer Nase die Tür ins Schloß und stammelte nur: »Nein! Nein!«

Ich bedauerte unsere schon fast an Dummheit grenzende Ehrlichkeit und versuchte gegen ein flaues Gefühl in der Magengegend anzukämpfen, das mich bei der Vorstellung befiel, man könnte uns kurzerhand die Einsicht in die Sterberegister verwehren, um deretwegen wir so weit gereist waren. Wir hatten bereits zu viele ermutigende Spuren entdeckt, um jetzt aufzugeben, und ich beschloß, die Leiter der kirchlichen Hierarchie zu erklimmen, bis ich jemanden finden würde, der bereit war, mir zu helfen. Später dann betrachtete ich diese Episode unserer Reise als einen Prüfstein für meinen Glauben und die Durchführbarkeit des gesamten Projekts. Als ich das Büro des Bischofs anrief und erfuhr, daß auch er im Urlaub sei, hatte ich allerdings vorübergehend den Eindruck, daß man uns am liebsten wieder auf dem Rückweg nach London sehen würde.

Wir versuchten es erneut bei unserem Freund im Bestattungsinstitut und fragten ihn direkt und ohne Umschweife um seinen Rat. »Sie müssen sich direkt an die Abtei wenden«, sagte er. »Dort führt man ein vollständiges Sterberegister von ganz Canterbury.«

Die Delapre-Abtei, jahrhundertelang ein Nonnenkloster, war inzwischen zu einer öffentlichen Einrichtung säkularisiert worden. Sie lag in einem weitläufigen Park vor den Toren der Stadt und erweckte ganz den Eindruck, als sei sie der geeignetste Ort, historische Archive zu beherbergen. Wir hatten eine Liste mit überprüfbaren Einzelheiten aus James Stewarts Leben in Northampton angefertigt – vorausgesetzt natürlich, dieser Mann hatte überhaupt je existiert.

Wir suchten nach einem Bankier, der wahrscheinlich im Jahre 1861 gestorben war – vermutlich an Lungenentzündung – und der entweder in St. James (St. Jimes) oder in einer anderen Kirche des Viertels, die Charles nicht mit Namen genannt hatte, begraben lag. Beide Kirchen müßten ganz in der Nähe von Charles' Elternhaus liegen. Während seiner Kindheit war er von einem Dr. Williamson und auf seinem Sterbebett von einem Dr. Levitt behandelt worden. Die Bank, die er von seinem Vater geerbt hatte, war höchstens zwei Blocks von seinem Wohnsitz entfernt gewesen, und als Junge hatte er die Great Creighton-Schule besucht.

Mit Hilfe der freundlichen Historiker der Abtei entdeckten wir gleich zwei Adreßbücher aus jener Zeit: das Slater's Commercial Directory von 1862 und das Mercer & Crokker's Historical Directory von 1871. Fast auf Anhieb fand ich unter der Rubrik »Schulen und Bildungsanstalten« die Great Creighton-Schule aufgeführt. Sie lag in einem kleinen Dorf namens Spratton, etwas außerhalb der Stadt. (Charles hatte einmal gesagt, daß er Internatsschüler gewesen war und daß der Schulweg zu weit gewesen sei, um ihn jeden Tag zu Fuß zu gehen. Außerdem erwähnte er noch eine zweite Schule, deren Name so ähnlich klang wie Dryton oder Dreyton und die nur ein paar Straßen von der York Road lag.) Im Adreßbuch fanden wir eine Dryden-Schule, die tatsächlich ganz in der Nähe der York Road gelegen hatte. Sie war 1710 gegründet worden, und in dem Gebäude war inzwischen das Museum für Lederhandwerk untergebracht, das wir bereits an unserem ersten Tag in Northampton gesehen hatten. Auch die Great Creighton-Schule existierte inzwischen nicht mehr.

Darüber hinaus entdeckten wir einen Hinweis auf die Savings Bank am St. Giles Square, ganz in der Nähe der York Road. Auch sie existierte nicht mehr. Bis zu diesem Punkt waren Charles' Angaben richtig – wenn man die Yorkshire Road von damals als die York Road von heute gelten ließ. Sowohl die zweite Schule wie auch die Bank lagen innerhalb der von Charles angegebenen Entfernung vom Haus seiner Eltern. Er hatte gesagt, die Bank sei in der Canterbury Street gewesen, doch während der vergangenen 150 Jahre waren die Straßennamen des öfteren geändert worden, und ein vollständiges Verzeichnis der Straßen im 19. Jahrhundert gab es nicht mehr. Im heutigen Northampton jedoch gibt es keine Canterbury Street, und in den Adreßbüchern fanden wir auch niemanden mit dem Namen Stewart, der damals Bankier gewesen war.

Unter der Rubrik »Ärzte« entdeckten wir einen Dr. William Williams, der 1862 noch am Leben war. Ein Dr. Flewitt wurde ebenfalls erwähnt. Bedenkt man, daß unter Hypnose oft eine Unklarheit der in Erinnerung gerufenen Namen

beobachtet wird, ist es durchaus denkbar, daß wir Charles'
Dr. Williamson und Dr. Levitt entdeckt hatten.

Wir wühlten uns durch ganze Stöße von Tauf- und Sterbe-
registern des Kirchensprengels von St. Giles und stellten fest,
daß Dr. Flewitt 1871 und ein Dr. Kerr Williams 1791 auf dem
Friedhof von St. Giles begraben wurden.

Wie eine kalte Dusche wirkte auf uns die Seite 068G des
Sterberegisters von St. Giles: Am 14. Juni 1861 war ein junger Mann namens John Stewart an Lungenentzündung verstorben. Er hatte in der St. Giles Street 29 gewohnt, nur einen
Steinwurf weit entfernt von der York Road 17, doch er war
kein Bankier, sondern Geselle in einer Drahtfabrik gewesen.
Wir hatten also unseren Mann namens Stewart gefunden, der
1861 an Lungenentzündung gestorben war, doch es war der
falsche. Ein anderer mit diesem Namen war in den Sterbere-
gistern von 1861 nicht erwähnt, und ähnlich klingende Namen, wie zum Beispiel Steward oder Stuart, sind in diesem
Teil Englands äußerst selten.

Trotzdem waren wir inzwischen davon überzeugt, daß
Charles' Bewußtsein in irgendeiner Weise Zugang zu den
baulichen Gegebenheiten und den Bewohnern von Northampton während der Mitte des letzten Jahrhunderts haben
mußte. Da Charles Roberts ganz gewiß kein Historiker war,
schien die Annahme, er habe Nachforschungen über die
sozialen und politischen Verhältnisse im England des
19. Jahrhunderts – insbesondere in Northampton – angestellt, reichlich an den Haaren herbeigezogen. Und selbst
wenn er die Geschichte der Stadt studiert hatte, warum hatte
er uns dann nicht die richtigen Namen der beiden Ärzte
angegeben oder uns zumindest mit einem tatsächlich existierenden Bankier hinters Licht zu führen versucht? Die
Register, die wir in der Abtei einsahen, waren endlose, in
winziger Handschrift verfaßte Namenslisten, die in keiner
Bibliothek der Welt auflagen und nirgendwo sonst als hier in

Northampton einzusehen waren. Vor einem Jahrhundert hatte Northampton etwa 50 000 Einwohner, und es erscheint mir äußerst unwahrscheinlich, daß Charles sämtliche Einzelheiten, die er uns mitgeteilt hatte, erfunden haben konnte.

Obwohl sich bei weitem nicht alles zu einem lückenlosen Bild zusammenfügte, erfüllte mich die Tatsache, daß Charles mit dem Leben der Stadt in jener Zeit offensichtlich vertraut war, mit Befriedigung. Besonders der Umstand, daß Northampton im 19. Jahrhundert im ganzen Lande wegen seiner Brauerei bekannt war und daß Charles in seinem gegenwärtigen Leben für eine große Brauerei arbeitete, erregte meine Neugier.

Wieder zurück in London, versuchten wir einen Einblick in die Lebensgewohnheiten der Menschen jener Stadt während des letzten Jahrhunderts zu bekommen; mit der Absicht, eventuell einige Angaben aus Charles' recht hedonistischer Jugendzeit bestätigt zu finden. Wir machten einen »London Club« ausfindig – Charles hatte einen Club dieses Namens erwähnt –, der 1768 gegründet worden war. Charles hatte auch von einem »All Men's Club« gesprochen, doch nachdem ich mir das Band noch einmal angehört hatte, schien es mir auch möglich, daß er »Almack's Club« gesagt hatte. Beide Clubs waren damals beliebte Männerclubs. Mitglied des »Almack's Club« konnte man nur durch Wahl und einen jährlichen Mitgliedsbeitrag werden. Dieser Club, der sich durch eine erlesene Mitgliederschaft auszeichnete, protegierte kulturelle Projekte, veranstaltete Dichterlesungen und dergleichen, doch auch dem Glücksspiel frönte man in seinen Räumen. Zu dieser Zeit war Victoria Königin von England. Der Thronfolger Edward war damals noch ein Kind.

Ermutigt durch die Authentizität von Charles' Angaben bezüglich seiner Londoner Jahre und bestärkt durch eine Reihe von Übereinstimmungen und Berührungspunkten mit den in Northampton recherchierten Fakten, beschlossen wir, unsere Reise nach Irland fortzusetzen und zu versuchen, etwas aus dem Leben des Colin O'Brian aus Donegal in Erfahrung zu bringen.

In Irland erwarteten uns größere Schwierigkeiten als in England, denn Colin O'Brian hatte vor 250 Jahren gelebt, und er war kein seßhafter und ehrenwerter Bürger gewesen. Da es zahllose Zusammenstöße zwischen den Rebellen und den Engländern gegeben hatte, sind bei weitem nicht alle dieser Scharmützel historisch belegt. Colins Schilderung der sozialen, wirtschaftlichen und politischen Lage Irlands stimmte allerdings mit der Geschichte überein.

Während seiner ersten Sitzung hatte Charles von einer vagen Erinnerung an etwas Grünes an seinem Arm erzählt. Er hatte dem nie eine besondere Bedeutung beigemessen, und da in seiner gegenwärtigen Familie keine irische Abstammung nachweisbar war, gab es für ihn auch keinen Grund zu wissen, daß Grün die Nationalfarbe Irlands ist. Erst später, während einer seiner Sitzungen als Colin O'Brian, erwähnte er, daß er das grüne Band mit Stolz getragen hatte.

Unsere Möglichkeiten, die Existenz Colins zu beweisen, waren also äußerst begrenzt. In seinem Bericht entdeckten wir allerdings zahlreiche Übereinstimmungen mit den geschichtlichen Tatsachen; insbesondere der Haß der irischen Bevölkerung gegenüber der britischen Besatzung und die Anwendung der berüchtigten Streckbank als Folterwerkzeug sind historisch nachgewiesen. Donegal, Colins Heimatstadt, war in jenen Tagen ein kleiner Seehafen gewesen, ein relativ wichtiges Marktstädtchen mit Poststation und Distriktverwaltung. Es bestand aus drei Straßen, 177 Häusern und einem Marktplatz. Damals waren katholische Messen verboten und der Besuch anglikanischer Gotteshäuser war Pflicht. Es war die Zeit der Priesterverfolgungen und der gewaltsamen Steuereintreibung. Die Machthaber finanzierten ihre Extravaganzen mit dem Geld, das sie der geknechteten Bevölkerung abpreßten. In der »Hearth Money Roll«, einem Steuerregister des Jahres 1665, entdeckten wir einen gewissen Edmund O'Bryan aus Duntarson Fawthen, Sprengel 2 der Donegal County. Dieser Eigenname war in jener Zeit nicht sehr verbreitet. Register, die über das Jahr 1665 hinausgingen, waren in Donegal nicht mehr aufzufinden.

Der Freund im Jenseits

So sehr sich die verschiedenen Reinkarnationen, an die sich Charles erinnerte, voneinander unterschieden, eines hatten sie gemeinsam: die Begegnung mit einem »Freund und Lehrer« nach dem Tod. James Stewart aus Northampton hatte Angst vor dem Tod. Das mexikanische Mädchen und der alte Chinese akzeptierten und verstanden den Tod. Colin O'Brian war voll des Zorns, als er starb, und Bitterkeit gegenüber den kirchlichen und weltlichen Herrschern erfüllte ihn. Der deutsche Bergbauer hatte in dieser Hinsicht keine erkennbaren Glaubensinhalte geäußert. Doch allen begegnete beim Übergang von diesem in ein nächstes Leben ein geheimnisvoller Begleiter.

Mir waren die medizinischen Studien über Visionen auf dem Sterbebett bekannt, in welchen die Patienten von einem Geistwesen bzw. einer Gestalt aus Licht berichteten, die sie bereits erwartete und mit ihnen über ihr vergangenes Leben sprach.* Im Falle von Dr. George Ritchie liegt uns ein au-

* Vgl. hierzu die Veröffentlichungen von Dr. Raymond Moody, Dr. George Ritchie, Dr. Karlis Osis und Dr. Michael Sabom.

thentischer Bericht vor, in welchem er seinen klinischen Tod und seine gleichzeitige Begegnung mit einem geistigen Lehrer, den er Jesus nannte, beschreibt.

Ich erinnere mich lebhaft an eine Unterhaltung, die ich seinerzeit mit dem berühmten und verehrten Professor Dr. Paul Niehans in den Straßen von Clarens, in der Schweiz, führte, während wir auf dem Weg zu seinem Labor waren. Wir hatten über die Frischzellentherapie gesprochen, mit der er sich damals beschäftigte. Ich selbst hatte auf diesem Gebiet gearbeitet, und unser Gespräch kreiste inzwischen um den Begriff Bewußtsein in der Materie und im Geist, in Steinen und in Zellen, im Leben und im Tod und auch jenseits davon ... Dr. Niehans blieb abrupt stehen, um einen Gedanken zu verfolgen. Sein Blick kehrte zurück, und er sah mich aus seinen blauen Augen durchdringend an. »Ich kannte einen Mann«, erzählte er, »der klinisch bereits tot war. Mit Hilfe von Herzmassage und künstlicher Beatmung wurde er wieder ins Leben gerufen. Später berichtete er uns, daß er sich – während er ›tot‹ war – durch einen Tunnel bewegt hätte. Er bewegte sich frei und völlig ohne Atembeschwerden. Im Tunnel war es dunkel, nur ganz am Ende sah er ein Licht. Er näherte sich diesem Licht, und dann – so sagte er – ergriff ihn jemand am Hals, und er erwachte wieder ... Eine ganz ähnliche Geschichte erzählte mir mein Vater«, fuhr Niehans fort. »Er arbeitete damals als Chefarzt der Chirurgie in Bern. Einer seiner Patienten fiel in Koma, und man hielt ihn für tot, doch sofort eingeleitete Wiederbelebungsversuche waren erfolgreich. Auch dieser Mann berichtete, daß er durch einen dunklen Tunnel auf ein helles Licht zugegangen war. Andere Schatten begleiteten ihn auf seinem Weg. Als er das Licht fast erreicht hatte, wachte er auf.« Niehans lächelte. »Sterben kann schwierig sein. Aber ich bin mir sicher, der Tod ist einfach. Und das Leben ...« – sein Blick verlor sich wieder in der Ferne – »das Leben ist eine Kunst.«

Unsere Diskussion wandte sich den Gedanken C. G. Jungs zu, der annahm, daß ein Teil unserer Psyche höchstwahrscheinlich über den Tod hinaus und unbeeinflußt von Zeit und Raum weiterexistiert. Jung führte Beispiele von totalem Schock ins Feld; Fälle, in denen die Funktion der Großhirnrinde völlig zum Erliegen gekommen war und bei denen – trotz der totalen Bewußtlosigkeit – lebhafte Traumerfahrungen festgestellt wurden.

Offenbar – so überlegten wir – waren diese Patienten nicht tatsächlich tot gewesen. Eine Vielzahl ungelöster Fragen zu dieser komplexen Problematik drängten sich uns auf. Welche Bewandtnis haben die Träume, die wir kurz vor dem Erwachen haben? Welche Rolle spielt das Licht, das wir nach einem tiefen Schlaf durch die geschlossenen Lider wahrnehmen, ehe wir die Augen öffnen?

Viele Jahre sind seit diesem Gespräch mit Dr. Niehans vergangen. Die heftige Kontroverse bezüglich Körper, Geist und Seele hat mittlerweile an Vehemenz noch zugenommen und die Experten auf dem Gebiet der Medizin und Psychologie in zwei Lager gespalten. In jene, die von der Abspaltung des Bewußtseins und Loslösung der Seele überzeugt sind und dieses Konzept und Denkmodell auch in verschiedener Weise anwenden: als Hilfsmittel bei der Psychoanalyse, bei der Therapie von Krankheiten, bei der Erforschung verschiedener Energieströme des Körpers und des Geistes sowie der Energiefelder, die den Organen des menschlichen Körpers zugesprochen werden.

Andrija Puharich, ein Neurologe von bestechender Intelligenz, beschreibt in einem seiner Bücher ein mobiles Bewußtseinszentrum, das – wie er annimmt – unabhängig vom Körper existiert.

Die andere und bei weitem größere Gruppe behauptet, es gäbe bisher keinerlei stichhaltige Beweise für die Loslösung und Weiterexistenz der Seele, und sämtliche bisher präsentierten diesbezüglichen Erlebnisse seien mit Hilfe der medizinischen und psychologischen Terminologie erklärbar. Dessen ungeachtet haben sich mittlerweile selbst führende medizinische Fachzeitschriften dieser Problematik angenommen, die zur Zeit meines Gespräches mit Niehans tunlichst vermieden wurde. Erst kürzlich erschien im »Journal of Nervous and Mental Diseases« ein Bericht über Erfahrungen an der Schwelle des Todes. Diese Diskussion über die Loslösung des Bewußtseins vom Körper ist Ausdruck einer Revolutionierung rigider Denkprozesse. Ich selbst bin der festen Überzeugung, daß wir bei dieser Revolution nichts zu verlieren haben – außer den Mauern unseres eigenen Denkgefängnisses.

Ich stimme mit Johann Wolfgang von Goethe überein, der schreibt: »Ich bin mir sicher, daß die Seele weiterlebt und bis in die Ewigkeit fortbestehen wird. Sie ist wie die Sonne, die für unsere Augen am Abend unterzugehen scheint, in Wirklichkeit jedoch ihr Licht nur woanders verströmt.«

Während ich die Sitzungsprotokolle von Charles' früheren Reinkarnationen studierte, gewann ich allmählich den Eindruck, daß er nicht nur das von Moody und anderen erwähnte »Lichtwesen«, sondern etwas anderes beschrieb. Offenbar existierte ein Wesen, welches ein beständiges und sehr persönliches Interesse an Charles' geistiger Entwicklung besaß.

An dieser Stelle soll die letzte Passage der ersten Sitzung mit James Stewart aus Northampton wiedergegeben werden, in der er über den Tod spricht:

F: Erinnern Sie sich an Ihr Begräbnis?
A: Als die Zeit meines Todes gekommen war, war ich von einer ungeheuren Angst erfüllt.
F: Weshalb?
A: Ich war kein gläubiger Mensch, Sir.

F: Haben Sie an ein Leben nach dem Tod geglaubt?

A: Ganz bestimmt nicht.

F: Haben Sie die Erfahrung gemacht, daß Ihre Seele nach Ihrem Tod weiterlebt? Können Sie mir etwas über Ihre Existenz als Seele erzählen?

A: Nachdem ich meinen Körper verlassen hatte, war das erste, was mir auffiel, daß mein Tod niemandem das geringste auszumachen schien. Ich hatte ungeheure Angst und sträubte mich, zu dem Licht zu gehen, das mich rief. Ich ging in die entgegengesetzte Richtung, denn ich wollte den Bereich meines alten Lebens nicht verlassen. Sehr bald bemerkte ich, daß ich mich tatsächlich außerhalb meines Körpers befand und keinen Kontakt mehr mit den Lebenden aufnehmen konnte... Eine furchtbare Erfahrung... Ich lief durch die Stadt, verkroch mich in meinem Haus und unternahm auch größere Ausflüge. Die Vermögensverwalter lebten nun in meinem Haus...; keine Möglichkeit, Kontakt aufzunehmen..., obwohl ich sie genau beobachten kann.

F: Wie lange existierten Sie als Seele?

A: Es ist ziemlich schwierig, das in Tagen auszudrücken... Dieser Zustand war ermüdend und auch langweilig für mich; vor allem weil ich keinen Kontakt mit den Lebenden aufnehmen konnte. Offenbar hat es mit dem Tod eine ganz andere Bewandtnis, als ich geglaubt hatte. Ich kam zu dem Entschluß, mich diesem Wesen anzuvertrauen, das sich als ein Freund bezeichnete, und wir hatten eine lange Unterhaltung und diskutierten über das Leben nach dem Tod. Es versicherte mir, daß ich nichts zu befürchten hätte und daß ich mich lediglich in einem Übergangsstadium befände...

In diesem Zusammenhang hatte Charles zum ersten Mal diesen Freund im Jenseits erwähnt. Auch während zweier späterer Regressionen in seine Existenz in Northampton erwähnte er diesen Freund. Als Charles sein Leben als deutscher Bauer noch einmal durchlebte, fragte ich ihn, ob er jemanden erkennen konnte, der ihn im Jenseits erwartete. »Ja«, antwortete er.

F: Wer erwartet Sie?
A: Ein helles Licht erwartet mich, und man sagt mir, ich brauche keine Angst zu haben, denn es wird für mich gesorgt werden.
F: Wer sagt Ihnen das?
A: Ein Freund.
F: Wie heißt er?
A: Ich weiß es nicht.

Sowohl James Stewart als auch der deutsche Bergbauer sprachen von einem »Licht«, das sie rief. Doch der geheimnisvolle Freund schien unabhängig von diesem Licht zu existieren. Im folgenden zitiere ich weitere Passagen aus den verschiedenen Regressionsprotokollen:

Existenz als mexikanisches Mädchen:

F: Was geschah nach Ihrem Tod mit Ihrer Seele?
A: Ich begegnete meinem wunderbaren Freund. Seinen Namen kenne ich nicht, und er ist ohne Alter. Nicht in allen meinen Leben ist er gegenwärtig – aber in den meisten. Er half mir bei meiner geistigen Entwicklung.
F: Was hat Sie dieser Freund gelehrt?
A: Unmittelbar nach dem Tod, während des Übergangsstadiums, sprach er über meine Erfahrungen in jenem Leben, über die Lehren, die daraus zu ziehen sind – auch über das Karma, das entstanden war, die Fehler, die gemacht wurden.

Inkarnation im China des 15. Jahrhunderts:

F: Was geschah nach dem Tod mit Ihrer Seele?
A: Mein Körper wurde verbrannt.
F: Haben Sie das beobachtet?
A: Ich hatte nicht die Absicht zu bleiben ... (an dieser Stelle
   bleiben einige Worte der Tonbandaufzeichnung völlig
   unverständlich) ... zu meinem Freund und Lehrer.
F: Ist er so etwas wie ein Führer, der Sie durch alle Ihre
   Leben begleitet?
A: Durch frühere Leben hat er mich begleitet.
F: Als Freund und Lehrer?
A: Als Lehrer.
F: Aber nicht in Gestalt einer physischen Existenz?
A: Nein.
F: In Gestalt einer geistigen Existenz?
A: Ja.

In einem anderen Gespräch mit Charles' chinesischer Reinkarnation:

A: Nach meinem Tod begegnete ich meinem Freund und
   Lehrer.
F: Kennen Sie seinen Namen? Den Namen dieses Freundes?
A: Wir gebrauchen keine Namen.
F: Wie sah er aus?
A: Er ist sehr weise, doch nicht alt.
F: Sie sprechen von der geistigen Existenz eines Freundes?
A: Ja.
F: Er existierte ebenfalls im Jenseits?
A: Ja.

Inzwischen hatte das Bild dieses Freundes und Helfers in den Regressionen derart an Konsistenz gewonnen, daß ich begann, mit meinen Fragen explizit nach dieser Person zu forschen. Ich hatte den Eindruck, daß es sich dabei um einen wichtigen Aspekt von Charles' Unterbewußtsein handelte, und ich hatte die Absicht, mit diesem Lehrer selbst Kontakt aufzunehmen. Diese Vorstellung eröffnete mir neue und ungeahnte Perspektiven: Welch wundervoller Trost könnte den Menschen aus der Gewißheit erwachsen, daß tief in ihrem Inneren ein Freund und Ratgeber existiert? Was könnte geschehen, wenn wir alle in der Lage wären, größeres geistiges Wissen durch die enge Verbundenheit mit einem höher entwickelten Bewußtsein zu erlangen? Was wäre, wenn die in manchen Religionen verbreitete Vorstellung eines persönlichen Schutzengels in einer psychoanalytischen Sitzung bewiesen werden könnte? Könnte das, was wir Gewissen nennen, die Stimme dieses weiseren und klügeren Selbst in uns allen sein?

Am 3. Januar 1978 war meiner Suche nach diesem geheimnisvollen Ratgeber von Charles der erste kleine Erfolg beschert. Ich sprach mit Colin O'Brian und hatte ihn bis zum Zeitpunkt seines Todes geführt.

F: Sie befinden sich jetzt auf der anderen Seite, im Jenseits. Sind Sie nach diesem Übergang jemandem begegnet?
A: Ja.
F: Wem?
A: Einem Freund.
F: Hat dieser Freund einen Namen?
A: Nein, er ist ein Freund.
F: Spricht er mit Ihnen?
A: Ja.
F: Können Sie ihn klar erkennen?
A: Ja.

F: Wie sieht er aus?

A: *Asiatisch.*

F: Können Sie ihn nach seinem Namen fragen?

A: Er nennt keine Namen.

Ich war enttäuscht, obwohl ich dieser geheimnisvollen Person immerhin so nahe gekommen war, daß ich wußte, wie sie aussah. Ich war entschlossen, Charles' Freund und Ratgeber aus seinem geheimnisvollen Dunkel zu lösen, und ich hatte die Absicht, dies in der nächsten Sitzung zu tun, der ich bereits ungeduldig entgegenfieberte.

Würde ich mich in einer ähnlichen Situation wiederfinden wie seinerzeit C. G. Jung, als er seinen indischen Freund nach dem Namen seines Gurus fragte und dieser indische Freund prompt erwiderte: »O ja, es ist Chankaracharya.«

»Der Deuter der Veden? Der bereits seit Jahrhunderten tot ist?« fragte Jung.

»Genau der«, nickte sein Freund.

Jung verstand sehr gut. Schließlich hatte er ein ganzes Buch geschrieben, das ihm von A bis Z von seinem eigenen geistigen Lehrer diktiert worden war, den er liebevoll Philemon nannte.

Das Buch kam erst im Jahre 1925 zur Veröffentlichung. Es trug den Titel »Septem Sermones ad Mortuos« (Die sieben Predigten an die Toten). Bis zu seinem Tod blieb Jungs Autorenschaft anonym. Der Inhalt des Buches löste heftige Kritik aus, und Jungs Anhänger befürchteten, es könne seinem Ansehen schaden. Das Buch wurde »Basilides, dem Gnostiker aus Alexandria« zugeschrieben – Alexandria, die Stadt, in der sich der Osten und der Westen berühren. Erst nach Jungs Tod wurde bekannt, daß er der Verfasser des Buches war. Jung hatte Philemon in seinen Memoiren erwähnt. Er hatte Philemon auch gezeichnet. Die Zeichnung findet sich in seinem »Roten Buch« und in »Erinnerungen, Gedanken und Träume«. Philemons Existenz schien für Jung durchaus real. Er genoß die Gespräche mit ihm und empfand eine unergründliche Tiefe an Verstehen, während sie gemeinsam im Garten spazierengingen (vgl. Jungs Autobiographie). Jung berichtete: »Philemon war eine Kraft, die über mir stand – ein Wesen, das nicht ich selbst war. Ich war mir darüber völlig im klaren, daß er es war, der sprach – nicht ich.«

Yan Su Lu gibt sich zu erkennen

Während ich mich auf die nächste Sitzung mit Charles vorbereitete, dachte ich darüber nach, wie seltsam sich unsere Beziehung doch entwickelt hatte. Mittlerweile war ich es, der ungeduldig auf ihn wartete und eine Menge Fragen hatte, die beantwortet werden wollten. Wenn diese eigenständige Person, dieses Geistwesen, das als Charles' Lehrer und Ratgeber in Aktion trat, tatsächlich existierte, war dann diese Freundschaft während eines Lebens oder über mehrere Reinkarnationen hinweg entstanden? Welche Beziehungen hatten sie zueinander gehabt? Oder hatten sie sich in ihrer materiellen Existenz gar nicht gekannt? Konnte dieser Freund und Ratgeber auf ihn auch in diesem, im gegenwärtigen Leben Einfluß nehmen?

Charles hatte sich verspätet. Er würde wahrscheinlich müde sein. Vielleicht sollte ich die Sitzung verschieben? Obwohl sich sein früheres aggressives Verhalten bereits gebessert hatte, war er noch immer ein überempfindlicher und schwieriger Patient, der leicht zu verletzen war. Ich hatte recht: Er war müde, als er kam. Er ließ sich in den Sessel sinken und schloß die Augen. Er hatte feingeschnittene Gesichtszüge, dunkle Augen, einen sensiblen Mund und schwarzes Kraushaar. Seine wohlklingende, oft in einen leichten Singsang fallende Stimme hatte er wohl seiner lateinamerikanischen Herkunft zu verdanken. Ich kam auf Musik zu sprechen, und er fühlte sich allmählich besser. Wir konnten mit der Sitzung beginnen und die Hypnose einleiten.

»Hören Sie, Freund und Ratgeber von Charles? Wer sind Sie?« begann ich. »Sind Sie bereit, zu uns zu kommen? Vielleicht würde es Charles helfen, wenn Sie mir über Ihre Freundschaft zu ihm erzählten?«

Charles war inzwischen in hypnotische Trance gefallen. Entspannt lag er im Sessel. Plötzlich fuhr er mit einem Ruck auf und saß völlig gerade, mit hocherhobenem Kopf. Er schien hagerer und auch älter. Er faltete die Hände in seinem Schoß. Sein Gesichtsausdruck hatte plötzlich etwas Fremdes, beinahe Orientalisches, und die Muskeln in seinem Gesicht zuckten heftig. Offenbar stand er unter einer ungeheuren Anspannung. Seine Lippen bemühten sich, Worte zu formen, doch es wollte ihnen nicht gelingen. Eine Stimme brach hervor – zunächst kaum hörbar, doch dann klarer. Es war die Stimme eines Erwachsenen; eine Stimme mit fremdartigem Klang – etwas rauh und doch sanft.

»Ich bin Yan Su Lu.« Ich traute meinen Ohren nicht und fragte erneut: »Wer sind Sie?« Die Antwort: »Ich heiße Yan Su Lu. Ich bin derjenige, den Charles seinen Freund und Lehrer nennt. Wir sind viele; ich bin nicht allein. Ich stehe Charles seit langem zur Seite und helfe ihm bei seinen Übergängen aus dem irdischen Leben zurechtzukommen und sich einzugewöhnen.« Die Stimme hatte einen chinesischen Akzent, und ein Lächeln, eine nahezu alles umfassende Zufriedenheit, schien in ihr mitzuschwingen.

Im Verlauf des Gesprächs mit Yan Su Lu erfuhr ich, daß er die Absicht hatte, der westlichen Welt die östliche Philosophie nahezubringen. Natürlich hatte ich etwas Derartiges nicht erwartet. Ich hatte sogar vergessen, diese erste Sitzung auf Band aufzunehmen. Ich beendete die Hypnose und fragte Charles, ob er wisse, was in dieser Sitzung geschehen war. Er schüttelte den Kopf. Ich fragte, ob er bereit sei, die Sitzungen fortzusetzen. Zunächst schien er nicht gerade begeistert, doch als ich ihm sagte, daß ich an dem Phänomen des Yan Su Lu persönlich sehr interessiert sei und unter allen Umständen wissen wollte, was dahintersteckte, stimmte er schließlich zu.

So nahm also meine Bekanntschaft mit Yan Su Lu ihren Anfang, und unsere Reise in die neu entdeckten Bereiche von Charles' Bewußtsein begann. Im folgenden werde ich die Niederschrift der Tonbandaufzeichnungen von unseren ersten Gesprächen wiedergeben, in deren Verlauf sich Yan Su Lu zu erkennen gibt und sein Verhältnis zu Charles schildert. Die Aufnahme entstand am 28. Februar 1978.

Erste Sitzung

F: Ich möchte Kontakt mit Ihrem Mentor und Lehrer aufnehmen.

A: Yan Su Lu.

F: Ihr Name ist Yan Su Lu?

A: Ja.

F: Aus welchem Land stammen Sie?

A: Ich habe die Persönlichkeit meiner letzten Inkarnation übernommen. Damals war ich Chinese.

F: Wann haben Sie gelebt?

A: Mein letztes Erdendasein fand im Jahre 1232 statt.

F: Wo lebten Sie damals?

A: In China.

F: Können Sie uns etwas über dieses Leben erzählen?

A: Ich lebte in dieser Inkarnation nur eine kurze Zeitspanne, denn ich hatte nur noch eine Lektion zu bewältigen, und nach 14 Jahren eurer Zeitrechnung war mein irdisches Dasein vollendet. Das bedeutet nicht, daß ich nicht mehr zurückzukehren bräuchte, denn es gibt noch viel zu tun; allerdings ist es keine Form der Existenz mehr, wie ihr sie kennt.

F: Sie sind jetzt so etwas wie ein geistiger Lehrer im Jenseits, um uns im Diesseits zu helfen?

A: Im Augenblick ja... Es ist unsere Absicht, die Führung und Unterweisung von Charles zu fördern.

F: In welcher Beziehung stehen Sie zu Charles?

A: Im Augenblick genügt es, wenn Sie mich seinen Freund und Lehrer nennen.

F: In welcher Weise ist er fähig, von Ihnen zu lernen?

A: Es ist nicht ganz einfach mit seiner augenblicklichen Persönlichkeit, denn ihm stehen viele, sehr viele Entwicklungsmöglichkeiten offen. Wenn er sich mehr Zeit auf meditativem Gebiet zugestehen würde, wären wir eher in der Lage, seine Energien zu nutzen und seine geistige Erkenntnisfähigkeit zu verbessern. Wir können jedoch nicht ständig bei ihm sein, und das Beste, das uns zu tun bleibt, ist, für ihn da zu sein, wenn er durch sporadische Meditation mit uns Kontakt sucht. Wir benutzen auch die Bahnen seines Unterbewußtseins und schicken ihm in den Perioden des Schlafs unsere Gedanken. Dies ist für uns eine äußerst wichtige Methode, mit unseren Gedanken und Vorstellungen den Weg in sein Bewußtsein zu finden.

F: Während des Schlafs? Nehmen Sie mit Charles im Traum Verbindung auf?

A: Nicht so sehr im Traum als vielmehr im Schlafstudium.

F: Was verstehen Sie unter Schlafstudium?

A: Das ist ein Zustand, in welchem die Energie sehr stark,

aber nicht völlig reduziert ist. Der Körper und der Geist strahlen nur sehr wenig Energie aus.

In diesem Zustand ist das Unterbewußtsein äußerst aufnahmefähig und für Inspirationen aus dem Jenseits sensibilisiert.

F: Mit anderen Worten: Sie sagen also, im Schlafstadium ist die Wahrnehmungsfähigkeit der fünf Sinne eingeschränkt, und dem Unterbewußtsein steht somit mehr Energie zur Verfügung, um die Verbindung mit Ihnen aufzunehmen?

A: Richtig.

F: Was ist der Unterschied zwischen der Ebene des Unterbewußten und der Ebene des Überbewußten?

A: Diese Definitionen sind hier nicht anwendbar, doch wenn ich Ihre Gedanken richtig interpretiere, zielen Sie auf die Frage ab: Wo ist das spirituelle Bewußtsein lokalisiert? – Ist das richtig?

F: Ja, denn ich glaube, das spirituelle Bewußtsein ist das gleiche wie das Überbewußte oder das göttliche Bewußtsein.

A: Die Menschen haben viele Namen dafür, doch für unsere Zwecke würde ich die Terminologie spirituelles Bewußtsein oder Gott-Bewußtsein vorschlagen. Es ist nicht im Bereich des Gehirns lokalisiert, sondern in den geistigen und psychischen Zentren der Körper.

F: Können Sie uns sagen, welche Art von Körper Sie jetzt haben?

A: Das wäre extrem schwierig zu erklären, denn Sie haben die Energieform, die ich im Augenblick besitze, noch nie gesehen.

F: Können Sie sie beschreiben?

A: Lassen Sie es mich so ausdrücken: Wenn Sie oder Charles sich das Potential, das in Ihnen ist, nutzbar machen würden, könnten Sie mit Hilfe des psychischen Auges einen strahlenden Energiekörper wahrnehmen, der in seiner äußeren Form gar nicht so sehr anders ist als Ihr physischer Körper, den Sie sich allerdings eher wie ein sich ständig in Bewegung befindendes Gebilde vorstellen müssen... Wie kann ich Ihnen das erklären...

F: Ist es eine Kugel?

A: Nein. Es ist zwar rund, aber keine Kugel.

F: Und es verändert seine Form andauernd?

A: Es ist ständig in Bewegung... Während ich mich zum Beispiel auf die augenblickliche Ebene herabgebracht habe, um eine Kommunikation durch Charles zu ermöglichen, war eine permanente Veränderung meines Energiekörpers nötig. Würde nicht ich auf diese Weise mit Ihnen in Verbindung treten, sondern Sie würden anstatt dessen beginnen, mich mit Hilfe Ihrer psychischen Sinne wahrzunehmen, dann würden Sie einen kleineren Körper sehen, als es Ihr eigener physischer Körper ist, einen Körper, der transparent ist – doch andererseits auch wiederum nicht...

F: Hat dieser Körper auch ein Gewicht?

A: Er ist ohne Gewicht.

F: Yan Su Lu, wir würden gerne wissen, warum Sie ausgerechnet diesen Zeitpunkt gewählt haben, mit Charles in Verbindung zu treten. Ist es möglich, daß Charles' Regressionen in seine früheren Leben Ihre Kontaktaufnahme mit ihm erleichterten, oder sind es unsere eigenen Energien, die Ihre Kommunikation ermöglichen?

A: Es gibt keine Zufälle. Daß Sie, Dorothy und Charles sich kennengelernt haben, ist schon seit langem geplant. Es war eine vorgegebene Struktur, ein Plan, der sich erfüllen mußte. Das Streben, ihn zu erfüllen – in Charles, in Dorothy und in Ihnen selbst – war so stark, daß jeder einzelne von Ihnen die Notwendigkeit dieser Kontaktaufnahme begriffen hat.

F: Danke, Yan Su Lu. Ich möchte Sie gerne fragen...

A: Darf ich Sie unterbrechen? Entschuldigen Sie. Ich hoffe, Sie verstehen. Ich spreche nicht davon, daß dies alles durch äußere Einflußnahme angeordnet wurde. Dem ist nicht so. Jeder einzelne von Ihnen hat bisher ganz allein über sein Leben verfügt.

F: Welche Beziehungen hatten Sie mit Charles in seinen früheren Leben?

A: Ich war einer von vielen Lehrern, die in früheren Inkarnationen um ihn waren.

F: Waren Sie jemals in physischer Gestalt, also im Diesseits Charles' Lehrer, oder waren Sie schon immer der Lehrer seiner Seele?

A: Ein Lehrer der Seele.

F: Auf der anderen Ebene – im Jenseits?

A: Ja.

F: Wenn er in seine Existenz als Seele – zwischen seinen verschiedenen physischen Inkarnationen – eintrat?

A: Das ist richtig.

F: Waren Sie immer bei ihm, wenn er starb?

A: Bei seinem Übergang vom Physischen zum Geistigen waren ich und auch andere stets bei ihm.

F: Sie erwähnen »andere«. Können Sie mir mehr darüber erzählen? Sind es ebenfalls Lehrer – oder sind es Verwandte?

A: Ich spreche von Lehrern. Sie müssen wissen, daß jeder einzelne von Ihnen mehr als nur einen Lehrer hat.

F: Mehr als einen?

A: Ja. Die Anzahl der Lehrer entspricht dem Bedürfnis nach geistiger Hilfe.

F: Auf welchem Gebiet liegen Charles' beste Fähigkeiten in seinem gegenwärtigen Leben und welchen Beruf sollte er ausüben?

A: Wir sind alle an seiner geistigen Entwicklung interessiert.

Was er in seiner jetzigen körperlichen Existenz zu tun gedenkt, liegt ganz bei ihm.

F: Haben Sie Charles auch schon in früheren Leben geholfen?

A: Wir waren auch früher bei ihm, doch noch nie so nahe wie in diesem Leben. Es ist das erste Mal, daß Charles eine Bewußtseinsebene erreicht hat, auf der er Botschaften wie diese empfangen kann. Bisher waren wir im Geiste bei ihm und haben mit ihm auch telepathischen Kontakt aufgenommen, doch noch nie auf diese Art und Weise.

F: Kennen Sie Charles' weitere Zukunft?

A: Es ist nicht nötig, jetzt von seinem Schicksal zu sprechen, doch es ist bekannt.

F: Sind Sie eine unabhängige und eigenständige Person, die sich durch Charles vermittelt, indem Sie seine Stimmbänder gebrauchen?

A: Ja. So ist es.

F: Yan Su Lu, Sie sind offenbar ein geistiger Lehrer. Haben Sie sich in irgendeiner Ihrer eigenen Inkarnationen bereits mit dieser Aufgabe beschäftigt?

A: Viele, sehr viele Lebensspannen habe ich mich damit befaßt. Das letzte Mal während meiner letzten Inkarnation in China.

F: In welcher Eigenschaft?

A: Ich war in der Lage, meine spirituellen Fähigkeiten in solchem Umfang zu gebrauchen, daß ich auch in meiner physischen Existenz Phänomene – so würden Sie es wohl nennen – wie Telepathie, Heilen und Hellsehen beherrschte.

F: Leben Sie jetzt in einem sogenannten Astralkörper?

A: In Ihrer Sprache gibt es viele Bezeichnungen dafür, doch gänzlich begreifen kann man ihn erst, wenn man ihn gesehen hat. Da sich im Sprachgebrauch »Astralleib«

durchgesetzt hat, können wir bei dieser Bezeichnung bleiben.

F: Erinnern Sie sich an alle Ihre Leben im Diesseits und an alle Ihre Existenzen als Seele?

A: Wenn man einmal einen Punkt der Evolution erreicht hat, an dem keine Inkarnationen mehr nötig sind, besitzt man auch das ganze Wissen. Das heißt, man erinnert sich an alle Existenzen, die man durchlebt hat. Das mag Ihnen als eine überwältigende oder gar erdrückende Erfahrung erscheinen, doch glauben Sie mir, das ist es nicht. Gedanken können ohne zeitliche Begrenzung gespeichert werden. Den Gedanken sind keine Grenzen gesetzt. Durch Denken rufen Sie die Erinnerung ab. Und ganz besonders erinnern Sie sich an die wichtigsten Aspekte Ihrer Inkarnation. Sie sind in der Lage, den roten Faden Ihres Karmas, der sich durch alle Ihre Existenzen zieht, zu verfolgen. Die progressive Entwicklung der Seele wird in diesem Stadium der Evolution bewußt erfahren, und die Erinnerungen an Ihre sämtliche Leben werden zu einer relativ einfachen Angelegenheit.

F: Es wäre für Sie also ein Leichtes, uns zum Beispiel von dem Leben im Diesseits zu berichten, das Sie vor der chinesischen Inkarnation lebten?

A: Diese Inkarnation umfaßte nur eine kurze Lebensspanne. Ich vollzog den Übergang im Jahre 1215 Ihrer Zeitrechnung. Ich war damals zwölf Jahre alt und besaß den Körper eines Mannes, doch zugleich den einer Frau. Mit anderen Worten: Ich hatte den Punkt erreicht, an dem meine gesamte Existenz im Gleichgewicht war. Ich besaß männliche und weibliche Eigenschaften, und ich war kein normales menschliches Wesen mehr. Dieses Stadium hatte ich bereits hinter mir gelassen. Es handelte sich nur mehr um eine kurze körperliche Existenz, die mir Gelegenheit gab, das Gleichgewicht zu verstehen, welches ab einem bestimmten Zeitpunkt für uns alle so wichtig ist. Ich lebte auch nicht mehr in der Welt der normalen Menschen, sondern in der Einsamkeit der Berge. Es bestand kein Bedürfnis mehr nach engen Beziehungen, wie sie zwischen Kindern und Eltern üblich sind. Die Seelen, die mich geboren hatten, waren Missionsseelen, deren Hauptaufgabe es war, mir in dieser Inkarnation zur Seite zu stehen. Ich widmete mich also während meines ganzen Lebens ausschließlich meiner geistigen Entwicklung. Als ich ein Jahr alt war, hatte ich bereits die Entwicklungsstufe eines Zehn- oder Zwölfjährigen erreicht. Die evolutionären Phasen meines Lebens gehorchten nicht der Norm, sondern den Erfordernissen meines geistigen Wachstums. Ich hatte mich für ein Leben in Asien entschieden, denn ich hatte zuvor noch nicht sehr oft in einer solchen Inkarnation gelebt. Die Seelen, die ausgewählt waren, mich zu führen, hatten im Bereich der chinesischen Kultur, besonders in der Philosophie, auch noch andere Aufgaben zu bewältigen. Aus diesem Grund wurde mir begreiflich gemacht, daß dies die beste aller Möglichkeiten war.

F: Yan Su Lu, Sie sagten, daß Ihre Eltern Missionsseelen waren. Können Sie uns diesen Ausdruck näher erklären?

A: Gern. Es handelt sich um Seelen, die in die irdische Existenz geboren werden, um eine bestimmte Mission zu erfüllen. Sie tun dies aus freiem Entschluß und nicht, weil sie auf dieser Erde noch an ein Karma gebunden wären. In meinem Fall waren sie da, um mich zu gebären und mir, wie ich bereits erwähnte, in diesem Leben Hilfe zu leisten.

F: Wenn Sie sich mit anderen geistigen Lehrern vergleichen würden, auf welcher Stufe der Entwicklung stehen Sie?

A: Dies ist insofern eine schwer zu beantwortende Frage, als das Ego meine Antwort möglicherweise falsch interpre-

tieren könnte. Würde ich mich als einen sehr weit entwickelten geistigen Lehrer bezeichnen, hätte das sicherlich den Beigeschmack eines deformierten Egos. Würde
ich mich andererseits auf einer niedrigeren Stufe der geistigen Evolution definieren, hätte das möglicherweise ein
Schwinden des Glaubens und der Zuversicht zur Folge.
Sagen wir also, ich bewege mich irgendwo in der Mitte.

F: Wurden Sie oder werden Sie auf anderen Planeten oder
Sonnensystemen wiedergeboren?

A: Mein Schicksal wird auch das eure sein. Die Existenz ist
nicht allein auf diesen Planeten beschränkt. Hat man
einmal den Punkt der Balance und eine Ebene der Rei-
fung erreicht, gilt es, andere Erfahrungen zu machen,
andere Aufgaben zu bewältigen – unter Umständen auch
in anderen Galaxien. Das Universum ist unendlich. Es
gibt eine unendliche Vielzahl von Möglichkeiten des
Wachsens und des Erfahrens. Im Universum gibt es keinen Stillstand. Man entwickelt sich nicht, um dann ste-
henzubleiben. Dies ist nicht möglich. Es lag nicht in der
Absicht des Vaters. Wir lernen und entwickeln uns ständig – ohne Unterlaß.

Es war eine lange und ermüdende Sitzung. Charles wirkte
erschöpft. Ehe ich Charles aus der Hypnose erweckte, fragte
ich Yan Su Lu, ob er von nun an Charles immer zur Seite
stehen würde. Er antwortete, ohne zu zögern:

A: Solange er den Weg der geistigen Erkenntnis nicht verläßt, werden wir ihn mit all unserer Kraft unterstützen.
Doch muß sein Verlangen groß und stetig sein...

F: Ist es so, daß Meditation sein Verlangen steigert?

A: Ja, sehr.

Yan Su Lu verabschiedete sich und wünschte mir einen guten Abend. Charles zeigte keinerlei Interesse, sich die Sitzung anzuhören, die wir auf Band mitgeschnitten hatten. Dies war mir recht, denn ich hatte den Entschluß gefaßt, ihn lieber nicht mit verwirrenden Details zu belasten, solange ich nicht selbst mehr über das Phänomen Yan Su Lu herausgefunden hatte. Zu diesem Zeitpunkt schien es mir ausreichend, wenn er erfuhr, daß wir offenbar auf eine seiner Subpersönlichkeiten gestoßen waren, die die Aufgabe hatte, sein Freund und Lehrer zu sein.

Yan Su Lu schien mit absoluter Gewißheit an ein Leben nach dem Tod zu glauben, und wenn er tatsächlich – wie er behauptete – aus dem Jenseits sprach, mußte er es ja schließlich wissen. Seine Ausführungen über transzendentale Dimensionen hatten in mir eine Vielzahl von Fragen aufgeworfen; vor allem interessierte mich, aus welcher Quelle seine Lehren letztlich stammten. Ich rief mir ins Gedächtnis, was Plato dazu gesagt hatte: »Nicht alle Seelen erinnern sich mit Klarheit an die Dinge der jenseitigen Welt; sie werden nur undeutlich, wie durch einen Schleier wahrgenommen. Und es gibt nur wenige, die sich den Bildern hingeben und in ihnen die wirklichen Dinge erkennen.«

Existiert ein gemeinsames Reservoir des unbewußten Wissens der Menschheit, aus dem Charles oder jeder andere Wissen und Informationen über andere Ebenen des Seins und des Bewußtseins beziehen kann? Hatte ich bereits mit diesem höher entwickelten Bereich in Charles' Geist, der Zugang zu universellen Wahrheiten hatte, Kontakt aufgenommen, oder konnte es sein, daß ich in seinem Gedächtnis lediglich bruchstückhafte Erinnerungen an den Philosophieunterricht im College abrief?

Versuchte Charles – wie oft über Patienten in Hypnose behauptet wird – mir lediglich das zu sagen, was ich von ihm hören wollte, wobei er sich auf seiner Suche nach Antworten wahllos der Bildergalerie des menschlichen Vorstellungsvermögens bediente? Oder war Yan Su Lu – wie er behauptete – eine autonome Persönlichkeit?

Falls dies tatsächlich so war, hatten mich dann seine Gedanken unverfälscht und lückenlos erreicht, oder wirkte Charles' Bewußtsein als eine Art Filter, der die Botschaft nur bruchstückhaft passieren ließ und – bedingt durch die Natur seines eigenen Selbst – wichtige Teile der Information einfach ausblendete? Es schien, als sei dieser Freund und Ratgeber ein durchaus wohlwollender Charakter.

Ich glaube jedoch nicht, daß es ratsam ist, irgendeine Person – sei sie mit den fünf Sinnen erkennbar oder nicht – oder die guten Eigenschaften dieser Person als unfehlbar zu betrachten. Doch was Yan Su Lu sagte, hatte durchaus einen Sinn. Ich kam zu der Überzeugung, daß Yan Su Lu – wer immer er auch sein mochte – in irgendeiner Weise mit dem Strom universalen Wissens in Verbindung stand, und ich hoffte, daß dieses Wissen für Charles von Nutzen sein würde. Schließlich war dies ja auch der eigentliche Zweck der Besprechung zwischen Charles und seinem Lehrer.

Zweite Sitzung (17. 5. 1978)

Sinngemäß war unsere zweite Sitzung die Fortsetzung der ersten. Mein chinesischer Freund ging erneut auf seine Entwicklung ein. Unverändert beharrte er darauf, eine völlig autonome und von Charles unabhängige Persönlichkeit zu sein, die ihre eigenen Inkarnationen auf diesem Planeten durchlebt hatte. Bereitwillig erbot er sich, in allen Einzelheiten die Art und Weise zu schildern, in der er Charles' Geist und Charles' Nervensystem benutzte, um mit mir in Verbindung zu treten.

A: Guten Abend.

F: Guten Abend.

A: Es ist uns ein außerordentliches Vergnügen, heute abend hier zu sein und Ihnen, soweit es in unserer Macht steht, behilflich zu sein. Da wir über Charles sprechen, wäre es vielleicht angebracht zu erklären, wie der Kontaktkanal hergestellt wird. Wie Sie sehr wohl wissen, ist nicht jeder ein geeignetes Medium. Voraussetzung ist eine bestimmte, bereits in einer der früheren Existenzen erreichte Entwicklungsstufe der geistigen und spirituellen Fähigkeiten. Zwar besitzen potentiell alle Menschen diese Begabung, doch sie ist im gegenwärtigen Leben oft nicht zugänglich.

Da Charles bereits in früheren Inkarnationen im transzendentalen Bereich Erfahrungen sammeln konnte, ist er auch heute in der Lage, auf diese Fähigkeiten zurückzugreifen – ebenso wie wir.

Der Eintrittspunkt zum Kanal befindet sich am Nacken. Ist dort einmal der Kontakt hergestellt, sind wir in der Lage, uns des Nervensystems der Kontaktperson zu bedienen und die Kontrolle über seine Stimmbänder, seine Mimik, seine Arme und Beine usw. auszuüben. Allerdings ist dies nur mit der Erlaubnis des Mediums möglich, denn sie alle besitzen einen freien Willen. Kein Geistwesen kann in einen Menschen eindringen, wenn ihm der Zutritt nicht bereitwillig und aus freien Stücken gewährt wird. In Fällen von Besessenheit durch negative Geistwesen hat der Betroffene entweder physisch oder psychisch seinen freien Willen aufgegeben und somit selbst den Verlust seiner Freiheit verschuldet. Wünscht eine Person jedoch – wie es bei Charles der Fall ist – seine Fähigkeiten in positiver Weise zu nutzen, so kann auch dies nicht ohne Erlaubnis geschehen. – Können wir jetzt fortfahren?

F: Ja. Wann und wo hat Ihre Beziehung zu Charles begonnen? War es hier auf Erden, in einem anderen Sonnensystem, oder geschah es, während Sie beide als Seelen existierten?

A: Die Beziehung zwischen Charles und mir hat ebenso wie jede andere Lehrer-Schüler-Beziehung angefangen. Was zwischen ihm und mir geschehen ist, ist auch zwischen Ihnen und Ihren Lehrern geschehen. Einen genauen Zeitpunkt dafür anzugeben, ist jedoch unmöglich, denn eine solche Beziehung läßt sich nicht in den Zeitspannen einer diesseitigen materiellen Existenz messen.

Die Beziehung zwischen Charles und mir existiert, um in Ihrer Terminologie zu bleiben, seit »Jahrhunderten«, und wenn Sie es unbedingt so bezeichnen wollen, hatte sie auch einen Anfang: Allerdings geschah dies auf einer Ebene, die Ihnen unbekannt ist. Mit anderen Worten: Unser Kontakt begann nicht auf diesem Planeten und auch nicht in einem energetischen Schwingungsbereich, der Ihnen vertraut ist. Er begann in einer Phase, in der Charles andere Formen des Lebens und andere Ebenen der Existenz kennenlernte. Nicht in allen seinen bisherigen Inkarnationen standen wir miteinander in Verbindung, denn jede Lebensspanne besitzt ihre ganz bestimmten und spezifischen Herausforderungen und Erfahrungen, die zu meistern sind. Es war deshalb nicht nötig, daß ich während aller Inkarnationen bei ihm war. Das ist ein universelles Gesetz, nach welchem sich die Beziehungen zwischen allen Seelen und ihren Lehrern gestalten.

F: Heißt das, die Verbindung zwischen Ihnen und Charles nahm in einer Zeit ihren Anfang, in der er als Seele existierte?

A: Die Beziehung begann, noch ehe er eine materielle Inkarnation auf diesem Planeten erlebte.

F: Geschah dies in einem anderen Sonnensystem oder auf

einer anderen Energieebene? Existierten Sie damals beide als Geist- oder Energiewesen?

A: Ich hatte meine Entwicklung in genau demselben Existenzbereich beendet, in welchem Charles seine eigene begann. Deshalb war es mein freier Entschluß, ihm in diesem Existenzbereich zur Seite zu stehen. Für ihn war dies von Beginn an – und ist es noch immer – ein Lernprozeß. Noch ist für ihn dieser Prozeß nicht beendet; genausowenig wie Sie alle noch nicht sämtliche notwendigen Erfahrungen gemacht haben, um durch die Entwicklung Ihrer Fähigkeiten auf dem geistigen und spirituellen Weg in jene anderen Existenzbereiche hineinzuwachsen.

F: Wer waren Sie zu diesem Zeitpunkt? Waren Sie damals bereits ein Führer im Jenseits, oder waren Sie beide Lebewesen dieses anderen Sonnensystems?

A: Wenn Sie das Wort »Führer« benutzen wollen, hat dies seine Berechtigung, denn ich führte ihn damals tatsächlich auf seinem Weg. Ich half ihm und machte es ihm leichter, mit der Natur seiner neuen Existenz, seiner neuen Erscheinungsform zurechtzukommen.

F: Wer war Charles zu diesem Zeitpunkt? Besaß er einen materiellen Körper?

A: Seine energetische Erscheinungsform lag nicht im Bereich des Materiellen. Er lebte in einer Mischform aus seelischer und geistiger Existenz. Dies ist nur eine der zahllosen Formen der Energie, die wir alle zu durchleben haben.

F: Hat zwischen Ihnen und Charles je eine karmische Verbindung existiert?

A: Nein. Zu keiner Zeit haben wir auf diesem Planeten gemeinsam gelebt. Als Charles sein Dasein auf diesem Planeten begann, hatte er andere Brüder und Lehrer, die ihm bei diesen neuen Erfahrungen zur Seite standen.

Innerhalb meiner eigenen Zeit und innerhalb meines eigenen Evolutionsplans war auch ich in der Lage, ihn mit Hilfe meiner Fähigkeiten in einer Weise zu führen, daß er die Erfahrungen, die er zu erlernen hatte, unverzüglich und ohne Unterbrechung akzeptierte. Das ist leichter gesagt als getan. Wie Sie wissen, besitzen wir alle einen freien Willen, und viele Male straucheln wir auf dem Pfad unserer geistigen Entwicklung und verhindern die Entfaltung der Lehren. Trotzdem unternehmen wir von unserer Seite natürlich alles, was im Bereich unserer Möglichkeiten liegt, diese, nennen wir sie Umwege der Menschen zu vermeiden.

F: Yan Su Lu, worauf führen Sie die Affinität zwischen Ihrer und Charles' Seele zurück? Hat er Sie als Lehrer gewählt, oder haben Sie ihn als Ihren Schüler ausgesucht?

A: Es geschah auf gegenseitigen Wunsch, denn beide besitzen wir unsere Entscheidungsfreiheit. Dies mit einfachen Worten zu beschreiben, ist äußerst schwierig, doch als wir uns begegneten, war uns beiden klar, daß er, Charles, Unterstützung von jemandem benötigte, der bereits einen gewissen Entwicklungsstand erreicht und die Erfahrungen, die Charles noch bevorstanden, schon hinter sich hatte. Andererseits beinhaltete für mich die Ebene meiner eigenen geistigen Entwicklung die Möglichkeit, bei der Verwirklichung des göttlichen Plans behilflich zu sein. Es existiert eine ständige Hilfsbereitschaft zwischen den einzelnen Seelen bzw. den verschiedenen Energieebenen. Die Entscheidung allerdings haben wir beide getroffen. Doch Sie dürfen dabei nicht außer acht lassen, daß auf der Ebene, von der wir sprechen, die Liebe, die die Seelen miteinander verbindet, gleichzeitig die Einsicht für alle notwendigen Konsequenzen beinhaltet. Es ist nicht allein und ausschließlich die Angelegenheit zweier einzelner Seelen, ob sie eine Beziehung zueinander aufnehmen wollen, denn sie verstehen sich selbst auch stets in einem übergreifenden Zusammenhang.

F: Handelt es sich dabei um eine Art magnetisches Denken?

A: Ja, so ist es.

F: Läßt sich eigentlich genau definieren, was ein Lehrer für seinen Schüler tun kann, wenn er doch offenbar nicht in der Lage ist, mit ihm zu sprechen? Auf welche Art und Weise haben Sie Charles geholfen, als Sie noch keine direkte Kommunikation mit ihm aufnehmen konnten?

A: Wenn keine direkte Kommunikation möglich ist, wird die Verbindung auf telepathischem Wege und während der Schlafperioden aufgenommen. Das sind Augenblicke, in welchen wir all unsere Energie mobilisieren, um der Seele gegen die sie bedrängenden Probleme beizustehen.

F: Das beinhaltet...

A: Das beinhaltet z. B. eine auf telepathischem Wege vermittelte Botschaft mit Hinweisen auf ein wichtiges Buch, auf das man dann anscheinend zufällig stößt. Sie würden es wahrscheinlich Zufall nennen, doch wir wissen, daß es unser Einfluß war, der Sie zu diesem Buch geführt hat.

F: Hat ein Lehrer die Möglichkeit, seine eigene Entwicklung zu verzögern, um ausschließlich bei einem Schüler zu bleiben?

A: Es gibt Situationen, in welchen sich eine Seele aufgrund besonderer Schwierigkeiten nur einer bestimmten Inkarnation widmet. Dies ist der Entscheidung des Lehrers vorbehalten, und es geschieht mit einem großen Maß an Zuneigung. Dem Lehrer ist dies voll bewußt, denn er hat seine Mission freiwillig übernommen und stellt in solchen Momenten seine eigene Entwicklung und Erfahrungsmöglichkeiten zurück. Doch da in solchen Fällen ein hohes Maß an Liebe vorhanden ist, ist dies keine negative Erfahrung. Ja – es gibt Lehrer, die bei einem

Schüler bleiben, und ich sollte hinzufügen, daß dies sehr oft geschieht. Es ist überhaupt nichts Außergewöhnliches.

F: Könnte ein Lehrer auch die Krankheit eines anderen auf sich nehmen, wie es angeblich manche Yogis tun?

A: Ein Lehrer würde das nie tun. Er wird zwar die Beziehung zu der Seele nicht abreißen lassen, doch er wird keinesfalls deren Probleme übernehmen.

So klar Yan Su Lus Antworten in der Regel waren, in dieser und auch in anderen Sitzungen fiel mir auf, daß er – wenn er von sich selbst sprach – manchmal die Einzahl und dann wieder die Mehrzahl gebrauchte. Ich bat ihn um eine Erklärung, die er mir ohne Umschweife gab:

A: Wenn ich »uns« sage, dann liegt das – wie ich bereits schon einmal erwähnt habe – daran, daß das Wissen, das ich Ihnen vermitteln kann, nicht ausschließlich mein eigenes ist. Da Charles ein ASW-Kanal ist, werde auch ich zum Kanal. Das Wissen anderer Brüder und Lehrer fließt durch mich und durch Charles. Ich stehe mit ihnen in ständigem Kontakt – wie auch sie mit mir –, und ich bin deshalb zu einem gewissen Grad auch nur Vermittler des hier Gesagten. Aus Gründen der Vereinfachung können Sie mich in Ihren Aufzeichnungen jedoch gerne weiterhin Yan Su Lu nennen.

Als ich um eine detaillierte Erklärung bat, fuhr Yan Su Lu fort:

Um keine Mißverständnisse entstehen zu lassen, sollte ich vielleicht noch einmal betonen, daß Charles und ich auf die Unterstützung anderer angewiesen sind.

Auf mich allein gestellt, wäre ich nicht in der Lage, in

Charles' Körper einzutreten. Dies ist nur mit Hilfe unserer Brüder möglich, die ihre Energie zur Verfügung stellen und eine Art Trichter aus Energie – aus positiver Energie – bilden, ohne den ich den Kontakt nicht aufrechterhalten könnte. Nur mit Hilfe ihrer positiven Energie können wir Charles auf diese Ebene und mich auf eine für ihn erreichbare Ebene bringen.

In der Gestalt von Charles versuchte dabei Yan Su Lu mit den Händen, die relative Distanz beider Ebenen anzudeuten.

Aus eigener Kraft wäre es Charles unmöglich, hier herauf zu gelangen. Deshalb bilden unsere Brüder zwischen uns eine Brücke und heben mit ihrer Energie Charles' Schwingungen auf die Kontaktebene, auf der ich dann die Verbindung herstellen kann.

F: Was geschieht mit Charles' Bewußtsein, wenn der Kontakt hergestellt ist? Ist es völlig ausgeschaltet?

A: Nicht ganz. Als wir zum ersten Mal Kontakt mit ihm herstellten, war er sehr besorgt über die Möglichkeit, sein eigenes Bewußtsein völlig zu verlieren.
Wir respektierten seine Einstellung und erklärten ihm, daß diese Befürchtung unnötig sei.
Jedoch ist sein Bewußtsein während dieser Dialoge weitgehend ausgeschaltet, da es ihm äußerst schwerfallen würde, bei vollem Bewußtsein zu bleiben und uns gleichzeitig zu gestatten, sein Nervensystem zu übernehmen und die Transformation der Energie, die durch sein Gehirn strömt, zu ermöglichen.

F: Ist Charles in der Lage, die durchkommende Information eigenmächtig zu ändern?

A: Er könnte es versuchen. Da aber sein Wille gegen die äußerst starke Energie ankämpfen müßte, die durch sein Nervensystem vibriert, würde er zusammenhanglos sprechen und zu stottern anfangen. Wir würden dann sofort die Kommunikation abbrechen.

F: Welchen Wortschatz gebrauchen Sie? Charles' oder den Ihren?

A: Charles' Wortschatz. Wir sind völlig auf seine Sprachkenntnisse angewiesen. Auf der Suche nach dem richtigen Wort kommt es hin und wieder vor, daß Charles eine Zeitlang um eine Sache herumspricht, sie sozusagen einkreist, bis die Bedeutung genau stimmt.

Die dritte Sitzung unterschied sich auf dramatische Weise von den beiden vorhergegangenen, denn Yan Su Lu erklärte, er sei nicht in der Lage, mit Charles richtigen Kontakt herzustellen. Er betonte, daß Charles für die Sitzungen eine ausgeglichene Gemütsverfassung benötige und daß er selbst in Zukunft Charles auf telepathischem Weg dahingehend beeinflussen werde. (Von diesem Tage an sagte Charles uns in der Regel offen, wenn er sich zu abgespannt fühlte, an einer Sitzung teilzunehmen.)

ZWEITER TEIL

Gespräche mit Yan Su Lu

Yan Su Lus Ansichten zu spezifischen Themenbereichen

Mitte des Jahres 1978 hatten meine Sitzungen mit Charles einen eigenartigen Charakter angenommen. Unsere Rollen hatten sich gewandelt. Mittlerweile war Charles in der Lage, sich selbst in einen Zustand der Trance zu versetzen und Yan Su Lu ohne meine Hilfe als Hypnotiseur zu rufen. Jedesmal, wenn Charles sich selbst in Hypnose versetzte – ein Vorgang, der etliche Minuten dauerte –, legte er, sobald er das Trancestadium erreicht hatte, die Handflächen in typischer Gebetshaltung zusammen und begrüßte mich würdevoll. Seitdem bestimmte er, wann eine Sitzung beendet war: Er wünschte mir mit einer leichten Verbeugung gute Nacht und ließ dann seine Hände auf die Knie sinken. Yan Su Lus Gesichtszüge verschwanden allmählich aus Charles' Gesicht, bis es wieder seinen eigenen Ausdruck annahm. Ich selbst begnügte mich mit der Rolle des Beobachters, der die Fragen stellte.

Zwei Jahre lang fanden die Gespräche mit Yan Su Lu statt. Je länger ich Yan Su Lu lauschte, desto öfter erkannte ich Anschauungen und Denkweisen wieder, auf die ich beim Studium esoterischer Literatur gestoßen war und die ich aus persönlichen Begegnungen mit geistigen Lehrern kannte. Vieles jedoch, das Yan Su Lu erzählte, eröffnete mir unbekannte Welten, in die ich bisher noch keinen Blick geworfen hatte.

Eine weitere interessante Änderung hatte in Charles' Privatleben stattgefunden. Er wollte sich von seiner Frau scheiden lassen. Der Umstand, daß Yan Su Lu ihn als Sprecher für seine emotional sehr ausgeglichenen Botschaften benutzte, schien nicht so ohne weiteres auf Charles' Alltagsleben abzufärben, obwohl er sich fraglos inmitten eines langwierigen Prozesses befand, der seine Lebensauffassung veränderte.

Noch immer stellte sich mir bei meinen abendlichen Gesprächen mit Yan Su Lu die Frage, wo Charles' Geist endete und der Yan Su Lus begann – und vor allem, ob beide Teile eines größeren Ganzen waren.

Im folgenden sollen einige Auszüge aus meinen Aufzeichnungen der philosophischen Darlegungen meines chinesischen Freundes wiedergegeben werden, von denen ich annehme, daß sie für den Leser von Interesse sind.

Die universale Weisheit und die Suche nach dem Lehrer in uns

F: Über welche Thematik würden Sie heute abend gerne sprechen?

A: Dieses Mal würde ich gerne über die potentiellen Möglichkeiten sprechen, die in jedem einzelnen menschlichen Wesen verborgen liegen, das diesen Planeten bewohnt.
Keine Seele, die Leben in einen Körper atmet, ist bar alles Göttlichen und der göttlichen Kraft.
Dies sind sicherlich keine revolutionären Erkenntnisse. Viele vor mir haben das gesagt, und viele nach mir werden es wieder sagen.
Es ist ein Phänomen eurer Zeit, daß die Einfachheit und Klarheit viel an Bedeutung verloren hat. Worte der Liebe und des Glaubens, der Ehrlichkeit und der Tugendhaftigkeit haben sehr verwaschene Inhalte bekommen. Wir sind heute mit einer Gesellschaft konfrontiert, die falsch und unecht ist und die einen Bewußtseinsstand zuläßt,

der sich immer weiter von der Wahrheit entfernt. Es lag ganz gewiß nicht in der Absicht unseres Vaters, seine Wahrheit zu verbergen oder zu mystifizieren, denn Er hat gesagt: »Schaut nach innen. Alle Antworten liegen in euch.« Wir dürfen nie vergessen, daß uns der Vater in seiner unendlichen Liebe niemals in eine dunkle und unverständliche Welt gesandt hätte. Unser Leben soll der Wahrheit gewidmet sein; einer Wahrheit, die leicht zu verstehen ist. Die Verwirrung, die in euch ist, ist allein durch die Fehlinterpretation dieser Wahrheit entstanden. Ich bediene mich der Ausdrucksweise der westlichen Philosophie, denn wenn ich Sie richtig verstehe, sind Ihre Aufzeichnungen für Ihre Mitmenschen gedacht...

Ein anderes Gesprächsthema könnten die Auseinandersetzungen zwischen den verschiedenen Philosophien und Weltanschauungen werden, ein Thema, über welches wir zu einem anderen Zeitpunkt sprechen können. Heute möchte ich nur noch bemerken, daß der eigentliche Konflikt zwischen den Religionen lediglich in der Auslegung der Wahrheit liegt, wie wir im weiteren erkennen werden. Der Unterschied zwischen der Wahrheit, die der Vater euch und uns allen gegeben hat, und der Wahrheit, wie sie die Menschen verstehen, liegt ganz allein im Ego des Menschen begründet – in seinem Bedürfnis, besser zu sein und mehr zu besitzen als seine Mitmenschen. Trotzdem ist ein Zeitalter der Erleuchtung angebrochen; doch die Evolution des Geistes schreitet nur langsam voran, und der Fortschritt ist ein langwieriger Prozeß.

Die geistige Entwicklung ist jedoch auch – in der westlichen Welt – unverkennbar.

Alle Menschen sind potentiell mit der Fähigkeit geistiger Entfaltung gesegnet, die bei den meisten nur verborgen bleibt, da sie sich weigern, die Kraft, die in ihnen steckt, zu akzeptieren. Die Menschheit macht nur von einem kleinen Teil der ihr gegebenen göttlichen Kraft Gebrauch. Sie werden fragen, wie kann man sich diese Dimension erschließen? Meditation! Stille! Ein wesentlicher Punkt ist die Einsicht des Menschen in sein Bedürfnis nach Stille und in die Notwendigkeit, mit seinen Gedanken alleine sein zu können.

Nur dann ist er in der Lage, seine Energien zu nutzen, um mit dem Vater in ihm in Verbindung zu treten.

In einer solchen Kommunikation sind alle Antworten auf sämtliche Fragen zu finden.

Diejenigen, die zu einer solchen Kommunikation noch nicht fähig sind, können die Hilfe der Menschen in Anspruch nehmen, die bereits eine höhere geistige und seelische Entwicklungsstufe erreicht haben und deren Aufgabe darin besteht, ihre Mitmenschen nach besten Möglichkeiten zu führen und zu leiten.

Doch sind dem Grenzen gesetzt, denn auch ein Mensch mit solchen Fähigkeiten ist nicht immer in der Lage, die Persönlichkeitsstruktur des anderen vollständig richtig zu verstehen, da die aus dem Inneren mobilisierte Kraft noch immer äußeren Einflüssen unterliegt. Solange die Menschen, die geistige Führung in Anspruch nehmen wollen, nicht wirklich und konsequent den Weg des Geistes eingeschlagen haben, werden sie Schwierigkeiten haben, den Deutungen und Auslegungen ihres Lehrers zu vertrauen.

Sie leben gegenwärtig in einer Zeit, in der Begriffe wie Außersinnliche Wahrnehmung, Hellsehen und Meditation neue Bedeutungsinhalte gewonnen haben, und viele Menschen stehen diesen Vorstellungen aufgeschlossen gegenüber.

Allerdings möchte ich davor warnen, die ganze Wahrheit auf einmal erfassen zu wollen. Ich rate zu kleinen Schritten und empfehle Zurückhaltung und Diskretion.

Haben Sie für heute noch weitere Fragen?

F: Welches ist der beste Weg, Weisheit zu erlangen und unser wirkliches Selbst zu finden?

A: Ihr wirkliches Selbst können Sie nur durch die Analyse Ihrer Emotionen, Ideale und philosophischen Anschauungen finden. Auf der Suche nach diesem wirklichen Selbst dürfen Sie nie vergessen, daß sämtliche Antworten in Ihnen selbst liegen. Auch wenn diese Antworten nicht so leicht zugänglich sind wie erhofft, sind sie doch latent vorhanden.

Hören Sie auf die Stimme des Vaters in Ihnen!

Sie müssen begreifen, daß meditative Perioden gut und hilfreich sind, Fragen zu stellen und Antworten zu erhalten. Doch um mehr als Teilwahrheiten zu erfahren, müssen Sie in der Lage sein, auf ehrliche Art und Weise mit Ihrer körperlichen und geistigen Unvollkommenheit umzugehen.

Welche Antwort sich Ihnen auch immer als Lösung Ihrer Probleme anbieten mag, ohne die Einsicht, daß das Ego überwunden werden muß, kann es keine wirkliche Lösung und Erlösung geben. Auch Ängste müssen überwunden werden.

Nicht immer sind Antworten auf Fragen die einfachste Art, Probleme zu bewältigen, denn oft können diese Antworten schmerzlich und unbequem sein. Doch diese schmerzhaften Erfahrungen sind ausschließlich Folgen Ihrer eigenen Entscheidung.

Die freie Willensentscheidung des Menschen hat ihn also in diesen Zustand der Unvollkommenheit gebracht. Eine Antwort wird immer gefunden, wenn eine gesucht wird. Doch da sich das Ego noch nicht selbst überwunden hat, ist eine Antwort nicht immer gleichbedeutend mit der Lösung. Reinigt euren Geist, damit die Antwort zu einer Lösung führen kann.

Ich warf einen Blick auf mein Notizbuch. »Frage Yan Su Lu nach der Notwendigkeit eines persönlichen Gurus.« Ich hatte die Absicht, Yan Su Lu in eine Diskussion zu diesem Thema zu verwickeln, da sich in allen Teilen dieser Welt zahllose Menschen auf der Suche nach einem Guru, einem geistigen Lehrer, befinden: in Indien, wo der Suchende aus der religiösen Tradition die Hoffnung schöpft, irgendwann seinen eigenen Guru zu finden – oder im Westen, wo der Mensch unter der Last einer zu komplex gewordenen Gesellschaft nach Hilfe Ausschau hält... Weder im Osten noch im Westen fehlt es an selbsternannten geistigen Lehrern, die sich der Probleme der Hilfesuchenden annehmen – oft zum Preis beträchtlicher Gegenleistungen.

Ich habe mich mit den meisten dieser Gurus – sowohl des Ostens als auch des Westens – näher befaßt, und selten habe ich einen nutzbringenden und fruchtbaren, gesunden Menschenverstand entdecken können, der eigentlich das Merkmal eines echten geistigen Lehrers sein sollte. Der Markt für Gurus ist übersättigt. Die Verheißung der Glückseligkeit, das Versprechen, außerordentliche Kräfte zu erlangen oder die Erhöhung und Läuterung des eigenen Karma (Ergebnis der eigenen Taten) zu erreichen, wetteifern um die Gunst des vertrauensseligen Adepten. In vielen Menschen regt sich die tiefverwurzelte Hoffnung nach Erleuchtung, nach einem Fundament, das dem Leben einen Sinn gibt. Doch alles Streben danach erstickt in oberflächlichen Ritualen, Meditationstechniken und der eitlen Selbstdarstellung der zahlreichen Lehrer. Die Gewissenlosigkeit und Abgefeimtheit dieser selbsternannten Gurus, die nicht davor zurückschrecken, aus dem tief empfundenen Bedürfnis der Menschen nach Geborgenheit und Verständnis Kapital zu schlagen, ist eines der traurigsten Kapitel unserer Zeit.

Aus diesem Grunde fragte ich Yan Su Lu nach seiner Meinung über Gurus:

F: Viele Menschen verspüren das dringliche Bedürfnis, einem lebenden Guru und Meister zu folgen, der sie führt und unterstützt. Was halten Sie davon?

A: Sie dürfen nicht vergessen, daß jeder einzelne von uns seine Lehrer und Gurus hat – um bei Ihrer Terminologie zu bleiben. Sie sind immer bei uns, denn ihre ausschließliche Aufgabe ist es, die Seele auf einen positiven geistigen Weg zu führen. In vielen Fällen ist dies jedoch unmöglich geworden, denn oft überdecken die Bewußtseinsinhalte und das bewußte faktische Denken in sehr starkem Maße die spirituellen Bedürfnisse der Seele.

Trotzdem sind und bleiben die geistigen Lehrer stets bei uns. Wenn allerdings jemand das Bedürfnis nach einem von Angesicht zu Angesicht erfahrbaren Lehrer und Führer empfindet, dann ist nichts dagegen einzuwenden – allerdings nur, nachdem er die Lehren und Anschauungen des besagten Gurus zuvor kritisch geprüft hat.

Es gibt unendlich viele Wege zu unserem Vater, und nicht alle Lehren und Philosophien sind für den einzelnen auf seiner jeweiligen Stufe der geistigen Evolution hilfreich.

(Die Antwort Yan Su Lus stimmt überein mit der Äußerung Sathya Sai Babas, wenn er sagt:

»Derjenige, der euch von der Existenz des allgegenwärtigen Gottes erzählt, ist der wirkliche Guru, und nicht der, der euch Erlösung verspricht. Erlösung nur dann, wenn ihr ihm euere Brieftasche zu Füßen legt. Laßt euch nicht von diesen profanen, von Gier und Egoismus erfüllten Männern irreführen. Betet zu Gott, er möge eueren Geist erleuchten, eueren Verstand erwecken und euer Guru sein. Er wird euch sicher auf den rechten Weg führen.«)

Meine nächste Frage an Yan Su Lu lautete:

F: Was bedeutet »Selbstverwirklichung«?

A: Selbstverwirklichung ist das Verstehen dessen, was die Seele zu sagen hat. Mit anderen Worten: Selbstverwirklichung wird in Augenblicken der Meditation erreicht. Durch stille Meditation kann man mit seiner eigenen Lebenskraft, mit seiner Seele in Verbindung treten, und das auf diese Weise aus einem selbst erfahrene Wissen wird unter Umständen die Probleme verringern, die bereits zu einem Bestandteil der Bewußtseinsinhalte geworden sind. Ebenso hat Selbstverwirklichung mit dem Erkennen des Vaters zu tun; mit dem Akzeptieren einer göttlichen Kraft in uns. Das Erkennen dieser Kraft und die Bereitschaft, mit ihr in Verbindung zu treten, sind äußerst förderlich und hilfreich für die Entwicklung oder besser die Entfaltung der geistigen Möglichkeiten.

Für einen Augenblick hielt ich inne, denn die Worte meines Freundes und Lehrers Professor Schmaltz kamen mir in den Sinn: »Jenseits des Bewußtseins, im dunklen Reich der Seele, existiert etwas, das unabhängig denkt und meditiert, das auf das Bewußtsein Einfluß nimmt und zusammen mit diesem ›die Wahrheit macht‹.« Ich verfolgte den Gedanken weiter und bat Yan Su Lu, den Unterschied zwischen vollkommener Selbstverwirklichung und einer Vision des Göttlichen zu erklären.

A: Jemand, der sich selbst verwirklicht und sich in seinem geistigen Wissen gefunden hat, lebt dieses geistige Wissen. Er wurde zu dem, was er ist, weil er mit dem, was in ihm selbst ist, mit dem göttlichen Selbst, in Verbindung getreten ist – und er ist dadurch gewachsen.
Jemand, der eine Vision des Göttlichen hat, mag dieses geistige Wissen erkennen, doch bedeutet dies noch nicht, daß er es auch lebt.

F: Können Sie uns das Konzept der Dreifaltigkeit – Vater, Sohn und Heiliger Geist – erklären?

A: Man kann sie ganz einfach als eine zeitgemäße Beschreibung der drei Aspekte des Menschen verstehen: des geistigen, des mentalen und des körperlichen Aspekts. Denn dies sind die drei Erscheinungsformen des Lebens auf diesem Planeten. In anderen Lebensbereichen sind dies nicht notwendigerweise die einzigen Formen der Existenz – hier auf der Erde allerdings schon.

F: Stehen Ihre Lehren im Konflikt mit dem Christentum?

A: In gewissem Maße ja; nämlich insoweit, wie die Menschen die Lehren des Christentums selbst interpretiert haben. Wenn wir allerdings von den Lehren des großen Meisters Jesu sprechen, sicherlich nicht.

Ein Lehrer, der im Widerspruch zu einem Meister steht, verdient die Bezeichnung Lehrer nicht.

Worin wir nicht übereinstimmen können, sind die individuellen Auslegungen der Religion, die zu falschen Lehren geführt haben. Die ursprünglichen Lehren des Meisters sind reine Wahrheit und Liebe.

F: Gibt es Richtlinien, nach denen wir unser Leben auf diesem Planeten führen sollten?

A: In Anbetracht der Tatsache, daß jede einzelne Seele mit einem anderen Karma und einer anderen Lebensstruktur in dieses Leben eintritt, kann ich hier nur einen einzigen diesbezüglichen Ratschlag geben: Entwickelt die Fähigkeit zu lieben, selbstlos zu lieben, denn mit der Liebe, mit der selbstlosen Liebe wachsen das Verständnis, die Toleranz und die Aufgeschlossenheit. Vieles kann durch die Liebe gelernt werden; doch ist es offensichtlich wesentlich einfacher, von ihr zu sprechen, als sie zu leben, denn die Wirrnisse, in denen die ganze Welt steckt, sind das beste Anschauungsmaterial dafür, wie weit die Menschen von der Liebe abgekommen sind. Darüber hinaus können wir ohne das Erkennen der göttlichen Kraft in uns allen und ohne den Glauben an den Gott-Vater unsere eigene Existenz nicht gänzlich erfassen und verstehen.

F: Gibt es eine Möglichkeit für uns, das Negative und die Gewalt, die die Welt beherrscht, zu neutralisieren?

A: Euer Leib ist der Tempel des Vaters, der Tempel eurer unsterblichen Seele. Es ist der Ort, an dem ihr wohnt, an dem ihr euren Frieden finden und Harmonie erlangen könnt – unabhängig von der Außenwelt und ihren Geschehnissen. Denn ihr müßt den Sinn eurer eigenen Existenz verstehen und euch für ein Leben in Liebe, Toleranz und gegenseitigem Respekt entscheiden. Wenn ihr das erreicht, dann ist es nicht mehr wichtig, was außerhalb von euch geschieht. Die wirklich wichtigen Ereignisse finden in euch selbst statt.

Yan Su Lus Äußerung erinnerte mich an die Antwort, die Sri Bagavan Maharshi* von Arachnuhala einem seiner Schüler gab, als dieser ihn fragte:

H: Meister, kann ich etwas für die Welt tun?

Bh: Tu etwas für dich selbst, und du hilfst der Welt.

H: Ich möchte etwas für die Welt tun. Soll ich nicht nützlich und hilfsbereit sein?

Bh: Doch. Tu etwas für dich, und du nützt der Welt. Du bist in der Welt, du bist die Welt. Du unterscheidest dich nicht von der Welt; genausowenig, wie sie sich von dir unterscheidet.

---

* Arthur Osborne: Ramana Maharshi and the Path of Selfknowledge, Samuel Weiser, New York, 1973.

Meditation, Zeit und Ewigkeit

F: Während unserer Sitzungen haben wir oft über Meditation als einen Weg zu Gott gesprochen. Gibt es auch andere Wege, oder ist die Meditation die einzige Möglichkeit?

A: Die Bedeutung der Meditation für die geistige und seelische Entwicklung kann man nicht hoch genug einschätzen. Wie sonst als durch unsere eigene, persönliche Verbindung mit dem Vater könnten wir auf eine Entfaltung hoffen? Ohne eine Verbindung mit dem Vater dauerte die geistige und seelische Entwicklung wesentlich länger. Haben wir dies jedoch einmal erkannt, wird das Erwachen unseres geistigen und seelischen Bewußtseins unsere Schritte auf dem Weg der Evolution beschleunigen. Natürlich ist auch ein Mensch, der ein ehrliches, rechtschaffenes und anständiges Leben führt, ohne bewußt einer geistigen Lehre zu folgen, ebenfalls auf dem richtigen Weg.

Doch wieviel schneller würde sich dieser Mensch entfalten, wenn er sich nur etwas Zeit nähme, um mit dem Vater in Verbindung zu sein und zu erfahren, welch kostbares Geschenk er uns gemacht hat: unser Leben – die wunderbarste und teuerste Gabe. Von unserem Vater können wir am ehesten lernen, wie wir uns zu dem menschlichen Wesen entwickeln, als das er uns gewollt hat. Dies – meine Brüder und Schwestern – ist der eigentliche Grund unseres Daseins: zu dem wunderbaren menschlichen Wesen zu werden, das in uns allen ist. Wir wollen diesen Menschen entdecken, ihn vor der Welt enthüllen und dann die Schönheit erkennen, die in ihm ist.

F: Was verstehen Sie unter Meditation?

A: Meditation kann für jeden etwas anderes sein. Was immer sie jedoch für den einzelnen bedeuten mag – sei es ein Gebet, sei es bewußtes, auf Gott-Vater oder auch auf sein eigenes, individuelles Selbst gerichtetes Denken – es ist ein Weg, eine Tendenz oder Richtung, zu verstehen, was es mit dem Leben auf sich hat.

F: Yan Su Lu, besitzen Sie auf Ihrer Existenzebene ein Zeitbewußtsein?

A: In unserer Dimension – wollen wir sie als Ebene der ätherischen Existenz bezeichnen – existiert der Begriff der Zeit nicht. Zeit existiert allein zum Nutzen der Menschheit innerhalb ihrer eigenen Dimension. In meiner Existenz ist sie nicht notwendig. Wir denken nicht an die Zeit. Wir betrachten das Leben nicht anhand von Zeitabläufen, denn es gibt kein Morgen, und es gibt kein Heute.

Es gibt ein Immer, ein Immer-Jetzt, und das Jetzt ist zugleich das Immer. Ich möchte nicht den Eindruck erwecken, als wollte ich einer Antwort aus dem Weg gehen, doch wir müssen uns darüber im klaren sein, daß die Seelen auf der ätherischen Existenzebene – auch wenn sie sich erst vor kurzer Zeit von der physischen zur ätherischen Ebene entwickelt haben – in demselben Maße, in dem sie ihre irdische Persönlichkeit verlieren, auch ihr Gefühl für die Zeit verlieren. Zeit ist hier nicht existent.

Namen, Seelenstrukturen und Prädestination

F: Welche Bedeutung hat der Name Yan Su Lu?

A: Welche Bedeutung hat der Name Eugene Jussek?

F: Hat es mit Schwingungen zu tun?

A: Richtig – wie die meisten Namen. Man erhält sie, ehe man in den Prozeß des Lebens eintritt. Jeder Buchstabe besitzt seine eigene Schwingung, und in ihrer Summe stimmen sie mit den Schwingungen und Strukturen überein, welchen das Individuum im Laufe seines Lebens folgt.

Es kommt der Zeitpunkt, an dem eine Änderung des Namens nicht nur möglich, ja sogar nützlich ist. Die Wechselfälle, die oft im Verlaufe eines Lebens stattfinden, können zur gegebenen Zeit eine solche Namensänderung notwendig erscheinen lassen, um eine adäquate Schwingung zu erreichen. Eine solche Namensänderung ist zwar nicht absolut notwendig, jedoch äußerst hilfreich, denn – wie ein jeder verstehen kann – zieht ein interner Wandel externe Veränderungen nach sich.

F: Besitzt das Wort »Seele« bezüglich seiner Schwingung eine besondere Bedeutung?

A: Das Wort »Seele« ist in Ihrem Sprachgebrauch mit einer äußerst konstruktiven Schwingungsenergie verbunden. Würde man zum Beispiel das Wort »Seele« in Ihrer Sprache stetig wiederholen, würde es sich mit einer hohen Schwingungsfrequenz aufladen, denn es gehört zu dem Aspekt des Körpers, den man als göttliches Selbst bezeichnet.

Das göttliche Selbst ist der Teil eines jeden Menschen, der die Lebenskraft enthält, die der Vater uns allen schenkt und die wir die Seele nennen. Natürlich gibt es dafür in anderen Sprachen andere Bezeichnungen, doch sollten wir hier innerhalb des uns allen verständlichen Sprachgebrauchs bleiben. Das Wort »Seele« wurde deshalb gewählt, da es auf der Ebene der Vibration das zum Ausdruck bringt, was eigentlich »göttliche Lebenskraft« bedeutet. Die Seele ist eine energetische Kraft und bleibt unsichtbar – doch ohne ihre Existenz innerhalb des physischen Körpers könnte das Leben nicht sehr lange fortbestehen.

Ich gebrauche absichtlich den Ausdruck »sehr lange«,

denn während der fötalen Entwicklung bewohnt die Seele den Körper noch nicht.

Die Seele bringt bereits sämtliche Erfahrungs- und Verhaltensstrukturen mit, durch welche das Lernen des Individuums im Verlaufe seiner Existenz vorstrukturiert ist. Die Seele erkennt und registriert die Unbilden und Ungerechtigkeiten, die ihrem Individuum bzw. dessen Bewußtsein und dessen freiem Willen widerfahren mögen. Trotzdem versucht sie, die motivierende und vorherrschende Kraft zu bleiben, die den Lebensweg des jeweiligen Individuums inspiriert und bestimmt.

Kein Karma kann eine Seele zwingen, als eine negative Persönlichkeit zu erscheinen und zu leben. Dies entspricht nicht unserer Natur. Es ist ein erlernter Prozeß. Negativität leugnet den Einfluß der Seele und den karmischen Plan. Sie ermöglicht dem Starrsinn und der Uneinsichtigkeit, über die innere Stimme zu triumphieren. Was ich meine, bedeutet im wesentlichen, daß alle Seelen unter positiver Führung ins Leben treten. Niemand ist unausweichlich dazu bestimmt, negative Erfahrungen auf sich oder andere zu laden; niemand ist dazu bestimmt, anderen moralischen, geistigen oder physischen Schaden zuzufügen. Dies geschieht nur, weil es ein Ego gibt, welches die Geistseele daran hindert, die Führung zu übernehmen.

F: Wie funktioniert positives Karma? Man könnte doch annehmen, daß in einem Fall, in dem zwei Menschen all ihren Aufgaben und Verpflichtungen nachgekommen sind und in einer positiven Interaktion zusammengelebt haben, für beide keine weitere Notwendigkeit mehr besteht, sich in einer zukünftigen Existenz wiederzutreffen. Sie könnten doch zu neuen Erfahrungen in gänzlich neuen Lebensbereichen aufbrechen. Warum kehren Seelen immer wieder gemeinsam auf dieselbe Ebene zurück?

A: Wie oft Seelen einer karmischen Reinkarnation unterworfen sind, hängt von ihrer Entwicklung und dem, was sie gelernt haben, ab. Als wichtigste Erfahrung ist natürlich eine solche Beziehung zu werten, die ihre Erfüllung in Liebe und gegenseitigem Verständnis gefunden hat. Ehe jedoch gegenseitige Achtung und Verständnis die vorherrschenden Motive zwischen zwei Seelen sein können, muß das bewußte Ego vollständig überwunden werden. Um dieses Ziel zu erreichen, sind viele, viele Reinkarnationen nötig. Denn was Ihnen – auf Ihrer Existenzebene – als eine Vollendung des Karmas erscheinen mag, muß nicht notwendigerweise auch so sein. Sobald Sie in eine Seelenexistenz eintreten, werden Sie erkennen, wie viele Erfahrungen Sie mit dieser anderen Person noch machen müssen; insbesondere Erfahrungen, bei denen tiefe Emotionen freigesetzt werden – wie Liebe oder ihr Gegenteil. Doch vergessen Sie nie: Es gibt viele Reinkarnationen.

F: Sind alle Existenzen gleichermaßen wichtig?

A: Jede Inkarnation ist wichtig; keine weniger als die andere. Es spielt keine Rolle, wie arm, wie elend und verkrüppelt Ihnen ein Mensch in seiner jeweiligen Existenz erscheinen mag, denn Umstände wie diese machen eine Inkarnation nicht weniger wichtig als ein Leben, das einen gewissen Grad an Ausgeglichenheit erreicht hat. Welche Erfahrungen auch immer eine Seele zu einem gegebenen Zeitpunkt durchleben muß – sie sind notwendig und letztlich das Resultat des eigenen Tuns.

Seelenverwandtschaften, Gegenaspekte einer Seele und Leben in anderen Galaxien

F: Kann eine individuelle Seele verschiedene Formen des Lebens erfahren?

A: Ja. Es existieren auch andere Lebensformen, die sich allerdings durch ähnliche Schwingungsebenen auszeichnen wie die irdische Existenz. Solche Lebensformen müssen nicht unbedingt an einen menschlichen Körper gebunden sein. Sie können außerirdisch, auf fernen Galaxien, existieren. Irgendwann einmal haben Sie alle Erfahrungen in derartigen Lebensformen gemacht.

F: Da sich eine einzelne Seele aus verschiedenen Aspekten zusammensetzt, wäre es da nicht denkbar, daß sich diese Aspekte trennen und zur gleichen Zeit verschiedene Körper bewohnen?

A: Ja . . .; wie wir ja schon einmal gesagt haben. Könnten Sie sich selbst in diesem Augenblick – sozusagen von außerhalb – betrachten, würden Sie einen Teil des Ganzen sehen. Die allumfassende Ganzheit, die vollständige Seele kann nur durch die Vereinigung ihrer voneinander getrennten Teile – nach einer erfolgreichen geistigen Evolution auf diesem Planeten – erreicht werden. Jeder dieser voneinander getrennten Teile ist in sich selbst eine eigenständige Einheit, die im Begriff ist, zu lernen und zu wachsen.

Ein Aspekt einer Seele, mit der ihm eigenen individuellen Persönlichkeit, kann eine Ebene der geistigen Entwicklung erreichen, die weit über der Ebene steht, die der Gegenaspekt derselben Seele zu erreichen vermag. Der eine kann ein ausgesprochen geistig orientiertes Dasein führen, während der andere unter Umständen in den profanen Bereichen haftenbleibt. Der Aspekt der Seele mit der höheren Entwicklungsstufe wird möglicher-

weise den anderen verlassen und seinen Evolutionsprozeß auf anderen Ebenen des Lernens und Erfahrens fortsetzen. In Übergangsphasen und während Zeiten der
Ruhe können die Seelen miteinander in Verbindung treten und erfahren, wo die andere weilt; die göttliche Kraft
in der einen kann mit der göttlichen Kraft in der anderen
kommunizieren. Nur wenn alle Seelenaspekte ihre
schwierigen Aufgaben bewältigt haben, kann die Seele
ihre irdische Mission beenden und andere Ebenen der
Erfahrung betreten. Lassen Sie es mich so ausdrücken:
Die Gegenaspekte ein und derselben Seele können zwar
völlig unterschiedliche Lebenswege und Entwicklungs-
stadien erfahren, doch letztendlich wird die Seele die
Vereinigung erlangen.

F: Gibt es eine Möglichkeit, die Gegenaspekte seiner eigenen Seele zu erkennen? Sicherlich besteht dabei die Gefahr, von Emotionen irregeführt zu werden, doch existiert eine Technik, dies zu vermeiden?

A: Hat ein Mensch einmal eine bestimmte Bewußtseinsebene erreicht, dann besteht die Möglichkeit, daß einer
der Gegenaspekte seiner Seele in seinen irdischen Lebens-
plan eingefügt wird. Das gegenseitige Erkennen würde
jedoch auf einer geistigen und seelischen Ebene stattfinden. Es wäre ein unbewußter Kontakt, der eine tiefe
Liebe und gegenseitiges Verstehen zwischen den beiden
Menschen mit sich brächte.

F: Könnten Sie bitte den Unterschied zwischen den Gegen-
aspekten einer Seele und Seelenverwandtschaft erklären?

A: Bei Seelenverwandtschaft handelt es sich nicht um verschiedene Aspekte oder Teile von jemandes eigener Seele.
Seelenverwandt sind die Seelen, die auf ihrer Reise durch
viele, viele Lebensspannen ähnlichen Verhältnissen und
Umständen begegnet sind und die sich auf diese Weise
sehr, sehr nahegekommen sind. Ich muß allerdings noch

hinzufügen: Hat einmal die Evolution des Bewußtseins in unserem irdischen Dasein diese Stufe des Verstehens erreicht, dann trennen sich diese Seelen auch wieder und gehen verschiedene Wege, um die Erfahrungen zu machen, die sie in diesem Universum noch zu erfahren haben.

F: Sie haben gesagt, die verschiedenen Teile der gleichen Seele würden sich eines Tages – nachdem sie ihr Karma durchlebt haben – vereinigen. Wie lange dauert so etwas?

A: Dafür sind zahllose Lebensspannen nötig. Und vieles hängt davon ab, wie zügig die geistige Evolution der verschiedenen Teile der Seele fortschreitet, die ja für eine Vereinigung der Seele Voraussetzung ist.

Es können zur gleichen Zeit bis zu zwölf voneinander unabhängige Teile Ihrer Seele Erfahrungen sammeln, leben und lernen. Letztendlich jedoch werden alle diese verschiedenen Existenzformen Ihrer Seele in totaler Harmonie vereinigt.

F: Was ist das letztendliche Schicksal aller Seelen?

A: Das Universum kennt keinen Stillstand. Deshalb entwickelt sich die Seele immer weiter, sie wächst, bewältigt die geistigen und seelischen Lernprozesse und erlangt schließlich die Fähigkeit, ein klares und von Liebe getragenes Verständnis für den Sinn des Lebens zu entwickeln. Sie bringt den Geist, die Seele und sämtliche Organe des Körpers miteinander in Einklang und erreicht schließlich die wahre irdische Harmonie. Wenn all diese Lernprozesse bewältigt sind, braucht die Seele nicht mehr in eine irdische Existenz zurückzukehren. Sie ist nun frei, neue Erfahrungen auf anderen Ebenen des Verstehens zu sammeln. Ich sollte hinzufügen, daß diese Ebenen natürlich von höherer, komplexerer und ausgesprochen spiritueller Art sind. Doch es wird nichts Unmögliches von uns verlangt, und wir brauchen uns nicht vor einer zu großen Verantwortung zu fürchten. Zahllose neue Aufgaben und Erfahrungen werden auf die Seele zukommen, wenn sie einmal die irdischen Sphären verlassen hat.

Seelenwanderung und seelenlose Körper

F: Sind eineiige Zwillinge Teile ein und derselben Seele?

A: Nein, das sind sie nicht, obwohl man es eigentlich vermuten könnte. Doch ihre Seelen werden nicht zu einer einzigen zusammengefügt. Die Seelen, um die es hier geht, stammen von verschiedenen Seelen ab, die zuvor bereits viele, viele Male zusammen waren. Man ist versucht, sie als seelenverwandt zu bezeichnen, denn eine noch engere Beziehung können zwei Seelen, die nicht von einer gemeinsamen Seele abstammen, kaum mehr eingehen; eine Beziehung, die natürlich nicht immer vollkommen harmoniert, die jedoch von gegenseitigem Verständnis und einem intuitiven, nicht auf Sprachmodelle angewiesenen Wissen um die Bedürfnisse des anderen gekennzeichnet ist.

F: Ist es möglich, daß eine Seele mitten im Leben und ohne das irdische Leben zu verlassen, in einen anderen Körper übergeht? Oder, anders ausgedrückt: Besteht die Möglichkeit, daß ich in mir plötzlich eine andere Seele entdecke oder daß ich mich andererseits in einem fremden Körper wiederfinde?

A: Das ist völlig unmöglich. Die Seele kann in keinem anderen Körper Platz finden, wenn nicht zuvor eine Kulmination in die Übergangsphase stattgefunden hat. Mit anderen Worten: Es muß erst der Tod eintreten, ehe die Seele den Körper verlassen und in einen anderen übergehen kann.

F: Ist ein Körper ohne eigene Seele vorstellbar, der aber mit vielen Aspekten von anderen Seelen belebt ist?

A: Nein, das ist nicht möglich.

F: Und wie ist das bei Schizophrenie?

A: Hier haben wir es nicht mit verschiedenen Seelen zu tun. Die Seele ist stets die Ganzheit des Lebens innerhalb des physischen Körpers. Bei Geisteskrankheiten wie Schizophrenie haben wir es mit Besessenheit zu tun. Von außerhalb einwirkende Kräfte übernehmen das Nervensystem des physischen Körpers und verfügen nach Belieben darüber. Dies ist natürlich nicht immer der Fall, denn es gibt in der Tat verschiedene Aspekte des Geistes, die manchmal für halluzinative Vorstellungen zugänglich sind. Doch in der Mehrzahl dieser Fälle sprechen wir von Besessenheit.

F: Und was ist mit einem Menschen, der anscheinend überhaupt keine Seele besitzt, der an einen Roboter erinnert und der in einer Art Schlafzustand existiert?

A: Alle menschlichen Wesen besitzen eine Seele. Am Leben zu sein heißt, eine Seele zu besitzen. Sobald eine Seele den Körper verläßt, findet der Übergang statt. Die Menschen, die Sie hier ansprechen, die zu schlafen scheinen, die keinerlei Energie aufbringen, die scheinbar nur vor sich hin vegetieren, sind Individuen, die ihrem eigenen Bewußtsein unterlegen sind. Sie haben in nicht ausreichendem Maße von ihrem freien Willen Gebrauch gemacht, um aktiv mit ihren Problemen fertig zu werden. Doch ganz sicher werden sich diese Probleme in allen Inkarnationen immer wieder stellen; so lange, bis diese Aufgabe bewältigt und die Problematik aus der Welt geschafft ist.

F: Entscheidet sich eine solche Seele bereits vor ihrer Inkarnation zu einem solchen Verhalten? Wählt sie bewußt ein Leben ohne jegliche Verantwortung, eine Existenz im Schlafzustand – oder auch im Ruhezustand?

A: Wir können das Wort »Schlafzustand« sowohl in negativer als auch in positiver Weise verwenden. Wenn Sie allerdings von einer Seele sprechen, die aus der Notwendigkeit, schmerzliche, durch ein früheres Karma verursachte Erfahrungen zu machen, ins Leben tritt, die sich diesen Erfahrungen jedoch entzieht, dann gebrauchen wir das Wort natürlich im negativen Kontext. Andererseits jedoch läßt sich das Wort »Schlafzustand« auch im positiven Zusammenhang verstehen. Der Unterschied ist ganz leicht zu erkennen, denn zum einen stehen negative Eigenschaften im Vordergrund, während zum anderen die positiven Eigenschaften überwiegen und sich die Person tatsächlich in einer Art Ruhezustand befindet. Doch anstatt »Ruhe« sollten wir in einem solchen Fall besser das Wort »Betrachtung« gebrauchen. Man betrachtet das Leben, fließt mit ihm, ohne viel hinzuzufügen, doch man lernt auf stille Weise. Dies ist nicht negativ.

F: Ich hatte eigentlich eher einen retardierten Menschen im Sinn, der sein ganzes Leben auf der Stufe eines Fünfjährigen verharrt.

A: Unter diesen Umständen kann es sich um eine Seele handeln, die mit dem Geschlecht ihres Körpers nicht zurechtkommt und den Wunsch empfindet, nur deshalb in ihre Existenz zu treten, um zu betrachten und in passiver Weise zu lernen, mit dem Körper umzugehen. Die Lebensspannen solcher Personen sind oft nur sehr kurz. Für sie sind allein die Betrachtung und der Lernprozeß innerhalb ihres Körpers wichtig. Mehr ist nicht erforderlich.

F: Wie kann eine Seele irgend etwas lernen, wenn sie in einem zerstörten Körper lebt, der keine meßbaren Gehirnfunktionen mehr besitzt? Und was geschieht mit der Seele bei länger andauernden Komazuständen?

A: Das Bewußtsein ist in solchen Fällen natürlich ausgeschaltet, doch die Seele lernt aus allen Erfahrungen. Sie benötigt das Bewußtsein nicht, um aus solchen Erfahrungen zu lernen.

Ehe, Liebe und Sex

F: Ist die Institution der Ehe notwendig?

A: Zur Zeit ist sie extrem notwendig, denn die Menschheit hat noch lange nicht den Punkt erreicht, an dem die Ehe überflüssig ist. Dies wird eines Tages der Fall sein. Doch glauben Sie mir, wir sind noch weit, noch sehr weit davon entfernt. Es wäre das beste, keinen Gedanken daran zu verschwenden, der Mensch könnte den Punkt bereits erreicht haben, an dem die Ehe als Institution überflüssig wird.

F: Welche Rolle spielt das Schicksal, das Karma, bei der Wahl eines Ehepartners? Oder unterliegt diese Wahl gänzlich dem freien Willen?

A: Wieder zwei Fragen. Zu Beginn sollten wir festhalten, daß zuzeiten der freie Wille des Menschen, seine Entscheidungsfähigkeit – oder auch sein Eigensinn – dominiert. Nicht selten sind dann die Strukturen, nach denen er sich eigentlich richten sollte, verdeckt. Doch läßt sich sagen, daß die meisten Ehen geschlossen werden, weil entsprechende Lebensstrukturen – gegenwärtige oder auch früher erworbene – befolgt werden.

F: Was ist der Zweck der Ehe?

A: Da jeder einzelne von Ihnen als Individuum, mit individuellen und ganz eigenen Bedürfnissen und Ausdrucksmöglichkeiten in das Leben tritt, ist der Zweck der Ehe, voneinander zu lernen. Sie ist eine Gelegenheit, Harmonie zu erfahren. Der Mann erlernt Empfindsamkeit und die Frau Beharrlichkeit und Selbstbehauptung. Gemeinsam erschaffen sie eine dritte Energie – die Beziehung. Auch diese hat ihre eigenen Bedürfnisse. Sie muß gepflegt und nach Anzeichen von Erschöpfung überprüft werden. In dieses Energiefeld werden neue Seelen geboren: ihre Kinder. Wollen zwei Menschen die Ehe eingehen, dann ist das gut und recht.

F: Können Sie etwas genauer erklären, warum wir manchmal als Mann und manchmal als Frau geboren werden?

A: Jedes Geschlecht besitzt seine ihm eigene Sensibilität und Beschaffenheit. Im weiblichen Aspekt der Seele finden wir den sanften, vertrauensvollen und in der Regel sensibleren Aspekt. Innerhalb des weiblichen Aspekts der Seele trägt der psychische Teil der Seele viel eher Früchte als innerhalb des männlichen Aspekts. Dem männlichen Aspekt der Seele dagegen sind die nötige Stärke und Aggressivität zu eigen; und wenn ich von diesen Eigenschaften spreche, dann meine ich dies in einem durchaus positiven Sinn.

Mit dem männlichen Prinzip gehen also Stärke und Aggressivität einher und in den meisten Fällen auch ein praktisches Denken, ohne das wir uns in diesem Leben nicht zurechtfänden, denn nicht jedes Leben hat per se eine geistige Entwicklung zum Inhalt, bei der die Seele ungestört suchen, lernen und wachsen kann.

Es gibt vieles zu erlernen, wollen wir dieses Leben in Harmonie führen – sowohl im Bereich der physischen als auch im Bereich der geistigen Welt. Deshalb werden die Eigenschaften des männlichen Gegenaspektes dringend benötigt, denn auch die Seele hat durch die physischen und geistigen Erfahrungen zu lernen. Je weiter Sie sich entfalten, desto klarer wird Ihnen bewußt, daß diese männlichen und weiblichen Eigenschaften allmählich zu verschmelzen beginnen, bis schließlich alles zu einem

Ganzen geworden und vollendet ist. Dies würde die vollständige Harmonie der drei Aspekte des Menschen bedeuten: – des Geistigen, des Physischen und des Seelischen. Als Beispiel für eine harmonische Verbindung dieser drei Aspekte der menschlichen Natur sollte man Ihren Meister Jesus betrachten.

F: Sie haben einmal erwähnt, daß man von geistigen Übungen Gebrauch machen solle, um die Sexualität auf ein mehr geistiges Niveau zu heben. Können Sie dazu Genaueres sagen?

A: Für das entwickelte Bewußtsein ist es unnötig, sich gänzlich seinem physischen Verlangen zu unterwerfen. Natürlich ist es auch bei geistig und seelisch weiterentwikkelten Menschen das eindeutig physische Element, welches sich verwirklicht, doch beginnen die Gefühle, die Emotionen und die geistige Befriedigung einen größeren Stellenwert einzunehmen. Der Wunsch nach körperlicher Befriedigung wird keineswegs geringer, doch die ausschließliche Konzentration auf den physischen Bereich beginnt abzuklingen. Mann und Frau begreifen allmählich, daß die Verbindung der Körper gleichzeitig auch eine Kommunikation der Seelen ist, und ihnen wird klar, daß eine Vereinigung, die sowohl auf physischer als auch auf geistig-seelischer Ebene stattfindet, ein wunderschönes Erlebnis ist.

F: Nach dem Tantra-Yoga können Liebe und Sexualität auf eine das normale Bewußtsein überschreitende Ebene gehoben werden. Was ist Ihre Ansicht dazu?

A: Das ist es, wovon ich spreche. Ich will es deutlicher formulieren: Um eine Vereinigung, wie wir sie beschrieben haben, zu erreichen, müssen die beiden Partner ein umfassendes Verständnis dafür entwickeln, was sich zwischen ihnen ereignet. Unter dieser Voraussetzung ist es möglich, daß die Befriedigung, die der Liebesakt beinhaltet, auf eine Ebene transponiert wird, auf der den beiden Liebenden bewußt wird, daß der sexuelle Aspekt lediglich ein Teil der Vereinigung ist, nach der die beiden Seelen streben. Durch diese Bereitschaft, sich einander hinzugeben, sich einander zu schenken, erkennt man, daß die körperliche Vereinigung nur der Anfang ist. Wenn zwei Menschen ihre individuellen Energien in die Vereinigung einbringen und dem Partner diese Energie in einer Art gegenseitiger Kommunikation vermitteln können, beginnen sie ein Verständnis für die besondere Schönheit des körperlichen Liebesaktes, der mit einer geistig-seelischen Vereinigung einhergeht, zu entwickeln.

F: Eine Beziehung dieser Art setzt sich also auf der seelischen Ebene fort?

A: Diese Art der geistigen Kommunikation ist tatsächlich eine Erfahrung, die sich auch auf der seelischen Ebene vermittelt. Dies ist es, wonach die Seele ständig sucht. Denn es ist nicht absolut notwendig, auf physischer Ebene zu kommunizieren. Was allerdings notwendig ist, ist die geistige und seelische Kommunikation zwischen zwei Menschen – ist die Liebe füreinander.

F: Gibt es auch auf der Ebene der rein seelischen Existenz eine Möglichkeit, Liebe auszudrücken? Gibt es eine Vereinigung zwischen zwei Seelen, wie wir sie im irdischen Dasein kennen?

A: Die Liebe, von der Sie sprechen, wird in gänzlich andere Energieformen, als Sie sie aus Ihrer irdischen, physischen Erfahrung kennen, umgewandelt. Um es für Sie so verständlich wie möglich zu machen, müssen Sie sich vorstellen, Sie und der geliebte Partner würden nicht sprechen, und Sie würden sich nicht berühren, doch durch die Kraft der telepathischen Verbindung würden Sie Ihre Liebe füreinander bekunden und einander vollkommen verstehen lernen.

F: Was halten Sie von Gruppenehen? Ist das eine positive Entwicklung?

A: Dies sind im Prinzip Ablenkungen, die nicht von Dauer sind. Die Frage, ob positiv oder nicht, ist hier gegenstandslos, denn wenn eine Seele den Eindruck hat, eine derartige Erfahrung sei gut für die Entwicklung ihres Bewußtseins, dann mag dies so sein. Doch ist dies alles nicht von Dauer.

F: Kann Liebe – die ideale Liebe einer Zweierbeziehung – dazu beitragen, frühere Verstrickungen zu lösen, und so Energien freisetzen, die dann im Sinne der geistigen Evolution wirken?

A: Im Sinne der geistigen Bewußtwerdung. Denn Angst, Verlustangst, Versagensangst sowie die daraus resultierenden Übel wie Besitzdenken, Eifersucht und Unehrlichkeit sind auf das Ego des Menschen zurückzuführen. Wenn man die Liebe erlebt und praktiziert, beginnt sich das Selbst vom Ego, von der Selbstsucht zu befreien. Wenn das Glück nicht länger von äußeren Faktoren abhängt, wird es zu einem steten Gast des Selbst. Und das Selbst ist dann frei, sich seiner bewußt zu werden. Bewußtwerdung und Bewußtsein sind notwendige Voraussetzungen für die Evolution der Seele.

F: Was sind Ihre Ansichten zum »Partnertausch?« Kann er eine heilsame Funktion haben?

A: Solche Fragen sind irrelevant. Sie haben nichts mit geistiger und seelischer Entfaltung zu tun. Sie beziehen sich auf die Befriedigung des Ego und nicht auf spirituelles Wachstum; hierfür ist es nicht nötig, sich mit solch psychologistischen und selbstgefälligen Dingen aufzuhalten.

F: Ist eine Scheidung unter Umständen gerechtfertigt? Ist es besser, wenn sich zwei Menschen trennen, statt unerträgliches Leid und Schmerz zu ertragen?

A: Wenn sich eine Seele – eine individuelle Seele in diesem Fall – dazu entschließt, bei einer anderen zu bleiben, dann ist dies gänzlich eine Angelegenheit ihres eigenen Bewußtseins, ihres eigenen Vertrauens und ihrer Zuversicht in die gemeinsame Beziehung. Es hängt davon ab, was die beiden Seelen voneinander halten, was sie aus ihrer Beziehung gewinnen und lernen können...

Fügt man sich innerhalb der Beziehung keinen Schmerz zu und kann man einen Wachstumsprozeß erkennen, ist dies offenkundig eine gute Sache. Doch gibt es keinen Grund für zwei Menschen, beieinander zu bleiben, wenn sie sich gegenseitig dadurch weh tun. Dies ist nicht der Weg der geistigen und seelischen Vervollkommnung, denn anstatt sich zu entfalten, schränkt man seine Entwicklung ein und beginnt karmische Erlebnisse auf sich zu häufen. Zu keiner Zeit ist es für zwei Menschen unausweichlich, dem anderen widersinniges Leid zuzufügen.

F: Vielen Dank.

Das Bewußtsein

F: Wir haben bereits in früheren Sitzungen über Bewußtsein gesprochen. Sie erklärten uns, daß das Bewußtsein nicht vom physischen Gehirn abhängig ist. Besteht ein Zusammenhang zwischen Bewußtsein und Seele?

A: Ja, denn ohne Seele bzw. ohne die lebensspendende Kraft gäbe es kein Bewußtsein. Ohne die Unterstützung durch die Seele ist das Gehirn nicht in der Lage, Bewußtsein hervorzubringen.

F: Ist die Seele das gleiche wie Bewußtsein?

A: Die Seele erzeugt Bewußtsein. Es läßt sich auch folgendermaßen beschreiben: Ohne Seele gibt es kein Bewußtsein, andererseits ist allerdings eine Seele ohne Bewußtsein durchaus möglich, da der Mensch die Freiheit hat, sich selbst zu begrenzen. Es besteht keine absolute physische oder physiologische Notwendigkeit zu denken, und trotzdem bewohnt die Seele den menschlichen Körper. Verläßt die Seele aber den Körper, existiert auch kein Bewußtsein mehr. Die Seele besitzt zahlreiche Aspekte. Sie ist der Teil von uns, den Gott erwählt hat, um sich selbst in uns darzustellen: wir als Er und Er als wir. Ohne die Kraft seiner Liebe, die uns dieses Leben, diese Seele einhaucht, würden wir gar nicht existieren. Die Seele hat, wie gesagt, viele Aspekte, und einer davon ist das Bewußtsein.

F: Wann tritt die Seele in den Körper ein?

A: Die Seele schwebt während der gesamten Schwangerschaft um den Körper. Das Leben wird mit dem ersten Atemzug des Kindes aufgenommen.

F: Tritt denn die Seele zu dem Zeitpunkt in den Körper, wenn das Spermium in das Ovar eindringt, oder bei der Geburt?

A: Bei der Geburt. Während der Schwangerschaftsmonate leiht die Seele bereits dem Fötus ihre Energie.

F: Besitzt der Fötus im Mutterleib ein eigenes Bewußtsein?

A: Der Fötus ist ein gänzlich physischer Organismus, dessen Existenz natürlich völlig von der Mutter abhängt. Doch die Seele, die einmal diesen neuen Menschen bewohnen wird, ist ebenfalls gegenwärtig – das heißt, sie hält sich in der Nähe des Mutterleibes auf. Um es verständlicher auszudrücken: Zu Beginn der Schwangerschaft ist die Seele noch relativ weit entfernt, hat jedoch bereits den ersten Kontakt mit dem Fötus aufgenommen, um sich auf den Eintritt in den Körper vorzubereiten. Je älter der Fötus wird, desto näher tritt die Seele an den Mutterleib heran, bis sie dann, im Augenblick der Geburt – wenn der Körper des Fötus aus dem Mutterleib gezogen wird – in den Körper des Kindes eintritt.

F: Vielen Dank. Ich würde das gerne noch etwas genauer wissen und möchte Sie fragen, welcher Art ist das Bewußtsein des Fötus, solange er im Mutterleib existiert?

A: Es ist ein Bewußtsein, das gänzlich auf der körperlichen Ebene bleibt. Wir betrachten das Bewußtsein erst dann als vollständig, wenn die Seele in den physischen Körper eingetreten ist. Dies ist ein langsamer Vorgang. Sobald der Fötus eine gewisse Lebenskraft und Größe erreicht hat, beginnt sie ihre Energie auf den Fötus zu übertragen und bereitet sich auf den Eintritt vor. In partiellen Bereichen hat die Seele schon lange vor der Geburt den Körper betreten, doch der vollständige und endgültige Eintritt findet erst bei der Geburt des Kindes statt.

F: Ist ein jedes Ding mit Bewußtsein ausgestattet? Auch die Materie wie ein Felsen zum Beispiel oder ein Nagel?

A: Wir können dies natürlich nur mit unseren eigenen Worten beschreiben, doch um es nicht komplizierter zu machen, als es ist, kann man sagen: Ja, bis zu einem gewissen Grad ist jedes Ding mit Bewußtsein ausgestattet, denn alles lebt. Jedes Ding, das Sie sehen und anfassen können, ist innerhalb seiner eigenen Struktur lebendig.

F: Denkt die Materie? Denkt zum Beispiel ein Felsen?

A: Nicht in unseren Kategorien – natürlich nicht... Aber auch ein Fels trägt die Idee von sich selbst in sich – das heißt, er begreift sich als Fels. Ein begrenztes Bewußtsein natürlich – doch immerhin ein Bewußtsein. Denn alles, was der Vater, was Gott geschaffen hat, besitzt Bewußtsein.

F: Wenn wir sterben, sind wir dann irgendwann ohne Bewußtsein?

A: Bewußtsein durchdringt unsere gesamte Existenz – egal, ob es ein Leben in physischer oder ein Leben in ätherischer Form ist. Bewußtsein existiert immer. Nichts gerät je in Vergessenheit. Die Menschheit wird in der Entwick-

lung ihrer geistigen und seelischen Fähigkeiten irgendwann einmal eine Stufe erreichen, auf der sie alle Möglichkeiten der Entfaltung und der Lebensfreude, die
Gott-Vater ihr gegeben hat, wahrnehmen und verwirklichen kann. Dann werden sich die Menschen an ihre früheren Existenzen ebenso klar erinnern wie an den gestri-
gen Tag.

F: Yan Su Lu, als Sie in Ihrer letzten Inkarnation starben,
haben Sie da in irgendeiner Phase des Übergangs das
Bewußtsein verloren?

A: Es gab einen kurzen Augenblick – als ich die Augen
geschlossen hatte –, da wußte ich, daß ich beim Wieder-
erwachen meinen Körper abgelegt haben würde. Für eine
kurze Zeitspanne war ich also ohne Bewußtsein. Den
Übergang selbst erlebte ich nicht bewußt, doch kann es
sich in Ihren Zeitmaßstäben höchstens um Sekunden-
bruchteile gehandelt haben.

F: Es war also nur ein sehr kurzer Augenblick?

A: Ja.

F: War Ihr Bewußtsein, nachdem Sie aufwachten, das gleiche wie das, das Sie während Ihrer körperlichen Existenz
hatten?

A: In gewissem Maße schon – ja. Allerdings müssen Sie
wissen, daß ein sehr großer Unterschied zwischen einer
normalen Existenz und meiner damaligen Inkarnation
besteht, denn gewöhnlich bleibt das Bewußtsein, das ein
normaler Sterblicher im Augenblick des Übergangs zu-
rückläßt, noch eine geraume Weile bei ihm – so lange, bis
er in der Lage ist zu begreifen, daß er nicht mehr an den
Gedanken und Gefühlen festzuhalten braucht, die ihn in
seiner körperlichen Existenz bewegt haben. Mit der Zeit
verblassen diese Gedanken und diese Gefühle, bis man
schließlich ganz die Verbindung zu ihnen verliert.

F: In einer unserer früheren Sitzungen sagten Sie, das Bewußtsein nach einem Übergang sei genau das gleiche wie zuvor. Heißt das, daß senile Menschen, für die eine verminderte Intelligenzleistung und ein gewisser Persönlichkeitsverfall typisch sind, auch nach dem Übergang dieses getrübte Bewußtsein behalten?

A: Ganz und gar nicht. Diese Art von Senilität ist rein physischer Natur. Im Augenblick des Übergangs erfährt das Bewußtsein eine neuerliche Öffnung, und das Bewußtsein der Seele tritt wieder in den Vordergrund und blickt auf den vom Verfall gezeichneten Körper zurück. Damals haben wir von Menschen gesprochen, die zum Zeitpunkt des Übergangs bei klarem Bewußtsein waren und von Senilität verschont geblieben sind. Senilität ist ein rein physisches Phänomen, und das Bewußtsein erwacht im Augenblick des Übergangs zu alter Klarheit.

F: Bitte veranschaulichen Sie den Unterschied zwischen dem Bewußtsein der Seele und dem irdischen Bewußtsein!

A: Das irdische Bewußtsein ist durch die Blockierung jeglicher Erinnerung an frühere Inkarnationen, an frühere Leben gekennzeichnet. Dies hat zum Ziel, die Lernprozesse des Individuums in seinem gegenwärtigen Leben zu intensivieren. Im Verlaufe der geistigen und seelischen Evolution nimmt das irdische Bewußtsein in dem Maße ab, in dem das Bewußtsein der Seele wächst. Aus diesem Grunde gewinnen Einblicke in frühere Inkarnationen, in frühere Beziehungen und Vorstellungen immer größere Bedeutung für den Menschen, da er Zusammenhänge zwischen früheren Inkarnationen und seiner gegenwärtigen Existenz zu erkennen vermag. Um allerdings eine solche Offenheit des Seelenbewußtseins zu erlangen, muß die betreffende Person den Pfad der geistigen und seelischen Bewußtwerdung eingeschlagen und eine Entwicklungsstufe erreicht haben, auf der ihr Bewußtsein erwacht und sich öffnet.

Erinnerungen an frühere Leben

F: Weshalb erinnern sich manche Menschen offenbar leichter an frühere Leben als andere?

A: Wir sprechen von geistig-seelischer Evolution. Je weiter die Seele auf dem spirituellen Weg voranschreitet, desto empfänglicher wird das Unbewußte für Gedanken, die mit früheren Existenzen zu tun haben. Unter solchen Lebensbedingungen werden Erinnerungen immer wichtiger.

Die unmittelbare Erkenntnisfähigkeit des Individuums konzentriert sich auf diejenigen der früheren Leben, die sich bereits mit den spezifischen Problemen der gegenwärtigen Existenz auseinandergesetzt hatten. Doch findet ein solches Erwachen nur dann statt, wenn die Seele bereits den spirituellen Weg eingeschlagen hat und eine Erweiterung ihres Wissens innerhalb dieses Bereiches wünscht und bereitwillig akzeptiert.

F: Sind diese Erinnerungen an frühere Leben im menschlichen Gehirn gespeichert?

A: Was die Erinnerung an frühere Leben betrifft, so sprechen wir hier von der Seele. Sie existiert nicht innerhalb der physischen Natur des Menschen, sondern innerhalb der geistig-seelischen Kraftzentren des Menschen, dem Sitz seiner spirituellen Potenz. Dabei sind insbesondere die Epiphyse und der Solarplexus zu erwähnen, die viel mit der Öffnung des Bewußtseins zu tun haben.

Doch diese Öffnung findet innerhalb der Seele statt. Der physische Aspekt hingegen fungiert als Katalysator, der diese Erfahrungen mit den Erinnerungen in Beziehung setzt, die im Bewußtsein der Seele lokalisiert sind.

F: Mit anderen Worten heißt das also: Der Mensch benützt seine psychischen Kraftzentren zur Erweiterung seines

Bewußtseins und findet mit Hilfe dieser Zentren den Zugang zu den Erinnerungen an frühere Leben?

A: Ja.

F: Das hat nichts mit dem Gehirn zu tun?

A: Richtig.

F: In früheren Sitzungen haben Sie erwähnt, daß wir Informationen über die Gegebenheiten in unserem Innersten vor allem im Schlaf erhalten – und nicht so sehr während des Traumes. Wie kann das menschliche Gehirn diese Informationen, diese telepathisch übermittelten Kenntnisse in Wissen und Einsicht umwandeln?

A: Auch hier müssen wir von der Vorstellung abkommen, das Gehirn sei das einzige und ausschließliche Kommunikationsmittel.

Wenn wir uns mit den Gegebenheiten in unserem Innersten befassen, mit der geistig-seelischen Realität, das heißt der uns eigenen Realität, deren Inhalte wir erfahren wollen, um uns zu entfalten und zu wachsen, dann bedeutet dies, daß wir von den geistig-seelischen Kraftzentren in uns Gebrauch machen müssen.

Kenntnis von dieser inneren Realität erhalten wir während des Schlafes. Sie umgeht das Gehirn und hinterläßt – vermittels der Kraftzentren im geistigen Körper des Menschen – ihre Spuren im Bewußtsein, das innerhalb der physischen Struktur des Gehirns angesiedelt ist.

Allerdings fungiert hierbei nicht das Gehirn als der Katalysator, sondern die Chakras.

F: Danke, Yan Su Lu.

Diese Sitzung erinnerte mich an ein Gespräch mit meinem Mentor, Professor Schmaltz, vor vielen Jahren. Er äußerte damals die Ansicht, daß das Chakrasystem der tantrischen Yogalehren Indiens ein physiologisches Wissen beinhalte, welches sich als bedeutungsvoll für die zukünftige medizini-

sche Forschung im Hinblick auf die unterschiedlichen Bewußtseinsebenen erweisen würde.

(Vergleiche hierzu auch: Gustav Schmaltz: Komplexe Psychologie und körperliches Symptom; in: Schriftenreihe zur
Theorie und Praxis der Psychotherapie, Band II, Hippokrates Verlag, Stuttgart, 1955.

Vergleiche ebenfalls: Hiroshi Motoyama: Theories of the
Chakras. Bridge to Higher Consciousness, The Theosophi-
cal Publishing House, Wheaton/Ill., Madras, London, 1981)

Talent, Veranlagung und Genie

F: Wie lassen sich Talente erklären? Stammen Talente, mit
   denen man offenbar geboren wird, noch aus früheren
   Existenzen? Nehmen wir als Beispiel ein Genie wie Mo-
   zart, der bereits im Alter von fünf Jahren ein großer
   Musiker war. Kann man sagen, daß eine Virtuosität dieser Art zum Teil bereits in früheren Leben erworben
   wurde?

A: Ja – natürlich. In einem solchen Fall ganz sicherlich. Hier
   handelt es sich um eine Seele, die sich während zahlrei-
   cher Inkarnationen mit der Vervollkommnung ihrer Fähigkeiten auf dem musikalischen Gebiet beschäftigt hat.
   Dies ist jedoch lediglich ein einzelner Bereich, einer der
   vielen Aspekte der Kreativität einer Seele. In solchen
   Fällen wird das Wort Genie gebraucht; dabei handelt es
   sich jedoch um alles andere als um ein Genie, sondern
   lediglich um einen Menschen, der seine Kenntnisse, sein
   Wissen auf einem Gebiet vervollkommnet hat.

   Das Talent zur Kreativität ist eine geistig-seelische Eigenschaft. Es ist der Seele selbst anheimgestellt, ihre Kreativität und ihre schöpferischen Talente zu entfalten, und es

liegt an ihr, im Verlaufe der verschiedenen Inkarnationen ihr Können auf einem oder auf mehreren Gebieten zu perfektionieren. Irgendwann einmal vervollkommnen wir uns alle in diesem oder jenem Bereich. Doch die Perfektionierung unserer kreativen Talente findet nicht nur auf der Erde statt, sondern auch auf anderen Planeten mit vergleichbaren Schwingungsebenen.

Wenn also eine Seele nicht alle ihre schöpferischen Talente im Diesseits verwirklicht, dann wird sie dies in anderen Bereichen, in anderen Lebenssphären jenseits unserer irdischen Existenz nachholen.

Schutzengel

F: Was sind »Schutzengel«? Gibt es sie?

A: Das Wort Schutzengel ist ein vager, wenn auch positiver Begriff. Jawohl, es gibt sie. Es handelt sich um Lehrwesen und Ratgeber – um Energieformen, die einen jeden Menschen umgeben und die sich ihm aus unterschiedlichen Gründen zuwenden. Die einen dieser Geistwesen stehen der spirituellen Entwicklung und Erkenntnisfähigkeit des Menschen vor, andere weisen auf Gefahren und Krisen hin. Sie retten Menschen jedoch nur aus Gefahr, wenn es der Wunsch des Vaters ist. Wieder andere tragen Sorge für die materiellen Möglichkeiten, die der Mensch, im Rahmen seiner Existenz, wahrnehmen kann.

Aber vergessen Sie nie, daß jeder einzelne dieser Lehrer – innerhalb seiner eigenen Strukturen – bereits die Stufe eines Geistwesens erreicht hat.

Anders ausgedrückt bedeutet dies, daß er bereits wesentlich mehr Lernprozesse durchlebt hat als der Mensch, den er begleitet. Sicherlich sind diese Lehrer auch in gewisser Weise Beschützer, doch sie greifen nicht in die Geschehnisse ein – wie es in dem Wort »Schutzengel« impliziert ist. Dies würde einem Eingriff in die freie Willensentscheidung des Menschen gleichkommen. Diese Wesen stehen als Lehrer, Ratgeber und Führer zur Verfügung, wenn man sie ruft – entweder mit Hilfe der Meditation oder durch ein Gebet. Das ist ihre spezifische Aufgabe. Das Wort »Engel« ist eine Bezeichnung dieser Lehrer, die bereits vor Jahrhunderten von den Christen eingeführt wurde, um die Geistigkeit dieser Wesen stärker zu betonen. Allerdings entspricht diese Benennung nicht gänzlich den Tatsachen, denn die geistigen Lehrer der Menschen besitzen keineswegs diese sogenannten »Flügel«, die sie zum Fliegen befähigen. Sie sind ihr eigener individueller Geist, und die Art und Weise, wie sie sich selbst begreifen und erfahren, liegt ganz bei ihnen – doch geschieht dies stets auf der ätherischen Ebene.

F: Hat jeder Mensch einen Lehrer, wie Charles ihn in Ihnen hat, Yan Su Lu?

A: Ja. Überall im ganzen Universum werden die belebten Dinge von Lehrern begleitet, denn Sie müssen wissen, daß der Vater in seinem allumfassenden Bewußtsein jedem Lebewesen diejenigen zur Seite gestellt hat, die es führen und geleiten. Dies sind die Lehrer. In der christlichen Religion bezeichnet man sie als »Engel«. Wir sind für Sie alle da, um Sie in Ihren Stunden der Not, in den Stunden der Meditation und beim Gebet zu führen.

Wir sind diejenigen, die Ihnen jederzeit mit all unseren Fähigkeiten behilflich sind – natürlich nur, wenn wir dadurch nicht in Ihre freie Willensentscheidung oder Ihr Karma eingreifen.

Über das Sterben

Elisabeth Kübler-Ross, die sich mit diesem Thema sehr intensiv beschäftigt hat, erklärt Kindern den Tod wie folgt: »Der Tod ist ein Ablegen des physischen Körpers, ähnlich wie bei einem Schmetterling, der aus seiner Verpuppung schlüpft. Das einzige, was man im Tod verliert, ist etwas, was man nicht mehr braucht: den physischen Körper.«

»Menschen, die ein erweitertes Bewußtsein erlangt haben, betrachten das Sterben als einen Übergang in eine neue Phase der Entwicklung.« So beschreibt Paramahansa Yogananda den Tod als den Übergang der Seele vom physischen in den Astralleib.

Sathya Sai Baba bemerkt: »Der Tod ist ein Zustand, der dem Schlaf sehr ähnelt. Der Mensch legt seinen Körper beiseite wie einen alten, abgetragenen Anzug. Nur der Körper ist vergänglich. Da der Geist keine physische Form besitzt, stirbt er nicht mit dem Körper, und die Gedankentätigkeit besteht auch noch nach dem körperlichen Tod fort.«

Ich habe in meiner ärztlichen Praxis oft erlebt, daß ein gesunder Mensch einer Diskussion über den Tod ausweicht. Viel eher ist er bereit, über Sex zu sprechen. Dies ist eine eigentümliche Umkehrung, die während des letzten Jahrhunderts stattgefunden hat. Damals war die Sexualität ein verbotener Bereich, während der Tod erträglich schien. Inzwischen ist der Tod tabu, und jedermann hat etwas über Sex zu sagen. Natürlich sind beide Bereiche unvermeidlich mit unserer Existenz verbunden, und es führt zu großem Schaden, sich dem Unvermeidlichen entziehen zu wollen – ganz besonders, wenn man sich die ungeheure Angst vergegenwärtigt, die der Durchschnittsmensch vor dem Tode hat.

Diese Gedanken bewegten mich, Fragen über das Sterben und den Tod an Yan Su Lu zu stellen:

F: Können Sie uns das Erlebnis des Todes erklären?

A: In Ihrer Gemeinschaft – ja, in Ihrer ganzen Welt, so wie sie sich im Augenblick darstellt – haftet dem Wort »Tod« ein sehr negativer Beiklang an. Doch nur durch den Tod wird die Seele von ihrer Mission im Diesseits befreit, um sich in einer anderen Mission weiter entfalten zu können, um in ihr zu wachsen und zu lernen. Viel positiver wäre es, den Tod als einen Übergang von der physischen in die ätherische Dimension zu betrachten.

F: Besteht ein Unterschied in der Todeserfahrung eines noch sehr jungen Menschen und der eines Menschen, der ein langes und erfülltes Leben gelebt hat?

A: Die Anzahl der Jahre, die einer im Diesseits verbracht hat, hat keinerlei Einfluß auf das Schicksal der Seele, wenn sie den Körper verläßt. Hat ein junger Mensch in den wenigen Jahren seiner irdischen Existenz geistiges und seelisches Wissen erlangt, dann wird sein Übergang einfach sein, denn er weiß bereits, was auf ihn zukommt, und er wird mit Ungeduld die Hilfe seiner Lehrer und der ihm nahestehenden Seelen erwarten.

Verwirrung werden diejenigen Personen, diejenigen Seelen zu erwarten haben, die während ihrer irdischen Existenz keinerlei Wunsch nach einer Verbindung mit dem Vater verspürten und die sich an althergebrachte, starre religiöse Dogmen geklammert haben. Die vielen verschiedenen religiösen Lehren Eurer Welt, die alle einen anderen Weg zur Erlangung der Glückseligkeit und zur Vermeidung der ewigen Verdammnis predigen, die alle ihre eigenen Vorstellungen vom Leben nach dem Tod besitzen, verwirren die Seele während der Übergangsphase. Doch darauf sind wir vorbereitet und wissen, was in dieser Situation das beste für die Seele ist.

F: Ist der Übergang für einen religiösen Menschen leichter als für einen, der nicht glaubt?

A: Es ist wesentlich einfacher, wenn die betreffende Person in irgendeiner Form an die Weiterexistenz der Seele glaubt. Menschen, die keinerlei spirituelle Neigung entwickelt haben, sind während der Übergangsphase nicht nur verwirrt, sie entwickeln auch Ängste gegenüber den Lehrern, die ihnen doch nur helfen wollen.

F: Vollzieht sich unser Sterben in Phasen, oder ist es ein plötzlicher, jäher Vorgang?

A: Im Falle eines natürlichen Alterns vollzieht sich der Vorgang des Sterbens in Phasen. Es werden Vorbereitungen getroffen. Bei sogenannten Unfällen jedoch – und ich sage ganz bewußt »sogenannte Unfälle« – ist natürlich der Abschied von der physischen Existenz für die Seele, auch wenn sie sich selbst in diese Situation gebracht hat, ein traumatisches Ereignis. Doch wenn die Seele dieses Bedürfnis nach einem traumatischen Ende der diesseitigen Existenz nicht in sich trägt, kann sie den Übergang auf friedvollere Weise erleben.

F: Wie können wir die Angst vor dem Tod überwinden?

A: Indem man sich mit den Ideen und den philosophischen Gedanken der Reinkarnation befaßt. Durch die Erkenntnis an sich, daß es keinen Tod gibt – lediglich eine Übergangsphase von der physischen Existenz in eine andere –, wird uns klar, daß unsere Ängste unbegründet sind.

F: Wohin gehen die Toten? Reist die Seele, nachdem sie den Körper verlassen hat, in jedem Fall durch die sogenannte »Astralwelt«?

A: Ich würde es nicht unbedingt mit dieser Bezeichnung belegen. Wir wollen festhalten, daß die Seele, die den Körper verläßt, sofort von ihren Lehrern in die Mitte genommen wird und daß alles getan wird, damit sie sich wohl fühlt. Ihr steht es frei, solange sie es wünscht, erdgebunden zu bleiben oder aber mit ihren Lehrern zu gehen – in der Gewißheit, daß große Dinge sie erwarten.

Doch dies ist ihre eigene Entscheidung, zu der sie nicht gezwungen wird, denn wir wissen sehr wohl, daß viele Seelen den Zeitpunkt des Übergangs in einem Zustand der Angst, der Verzweiflung und äußersten Verwirrung erleben. Deshalb steht ihnen soviel Zeit zur Verfügung, wie sie brauchen. Es ist ihre eigene Entscheidung.

F: Wir haben Sie bereits in früheren Sitzungen gefragt, wo die verwirrten Seelen nach dem Übergang verweilen. Sie erwähnten, daß sie einer Behandlung unterzogen würden – an einem Ort, der mit unseren Krankenhäusern vergleichbar sei. Können Sie uns mehr darüber sagen?

A: Aus Gründen der Klarheit und Einfachheit wollen wir diese Orte weiterhin als »Krankenhäuser« bezeichnen. Müde und verwirrte Seelen bleiben in der Tat für einige Zeit dort; je nachdem, wie schnell sie ihre neue bzw. das Ende ihrer alten Situation akzeptieren. In diesen Krankenhäusern halten sich auch die Lehrer der Seele auf.

Oft werden die Seelen nahestehender Personen – vorausgesetzt, sie haben bereits eine Entwicklungsstufe erreicht, auf der sie das Wirken der Gesetze verstehen können – in die Nähe der verwirrten Seele gebracht, um ihr Erwachen zu lindern und den Übergang aus der Verwirrung in die Wirklichkeit zu erleichtern. Außer den geliebten Seelen sind auch immer die Lehrer der jeweiligen Seele anwesend.

Die Seele beginnt, ihre Umgebung und die Notwendigkeit ihrer Situation in kleinen Schritten zu akzeptieren. Sie ist in Schwingungen der Liebe eingebettet, denn dieser Ort ist ein Ort der Liebe und des Verstehens.

Die Seele mag eine Zeitlang verwirrt sein, doch früher oder später gibt sie sich dem überwältigenden Ausmaß der Liebe hin, die ihr geschenkt wird. Hat die Verwirrung ein Ende gefunden, steht der Seele ein wesentlicher Prozeß bevor: Sie muß sich in ihrer neuen Umgebung etablieren, sie muß sich als das zurechtfinden, was sie ist, und als das, was sie war. Die Seele muß in der Lage sein, ihre Vergangenheit zu verstehen, und nach und nach wird es ihr mit der Hilfe ihres Lehrers möglich sein, die Fehler zu erkennen, die in ihrer vorherigen Existenz begangen wurden. Doch nicht nur die Fehler und Irrtümer werden erarbeitet, auch die positiven Ziele, die erreicht wurden. Der Seele ist es stets freigestellt, nach Belieben zu kommen oder zu gehen; doch hat sie einmal die Gründe ihrer neuen Seinsart verstanden, dann entschließt sie sich zu bleiben. Nur durch den sofortigen Kontakt mit ihren Lehrern können die Seelen sich selbst begreifen – und verstehen, was für ihre kontinuierliche Entwicklung von Notwendigkeit ist.

Kommunikation mit dem Jenseits

F: Kann eine Seele aus dem Jenseits Kontakt mit einem geliebten Menschen aufnehmen, um ihm eine Botschaft oder eine Warnung zukommen zu lassen? Und wenn, wie würde das vor sich gehen?

A: Dies würde mittels der Energieform der Telepathie geschehen. Der Kontakt findet im Zustand des Schlafes statt; unter Umständen auch im Wachzustand, wenn die Energien, die die Seele in der ätherischen Welt aussendet, die Gedanken des Menschen in eine tiefe Konzentration führen. An dieser Stelle möchte ich hinzufügen, daß es keineswegs einfach ist, mit Menschen, die nicht an ein Leben nach dem Tod glauben, in Kontakt zu treten. In einem solchen Fall sind konzentrierte Anstrengungen nötig, um einen Kontakt herzustellen. Doch selbst wenn der Glaube an eine Weiterexistenz nicht vorhanden ist, kann die Verbindung hergestellt werden.

Es genügt, wenn nur ein kleiner Bruchteil der aufgewendeten Energie in das Bewußtsein des kontaktierten Menschen fließt, um dort Gedanken zu implantieren. Die günstigste Gelegenheit dafür ist während des Schlafes.

F: Kann eine Seele aus dem Jenseits ihre Energien einem geliebten Menschen verleihen, wenn dieser an ein Leben nach dem Tod glaubt und Hilfe benötigt?

A: Eine aus dem Dasein geschiedene Seele kann einem geliebten Menschen auf dieser Ebene durchaus behilflich sein. Will jedoch diese Seele sich selbst weiter entfalten und die Mühen nutzen, die um ihretwillen unternommen wurden – insbesondere hinsichtlich der Wiedererweckung ihres Seelenbewußtseins, welches die Voraussetzung für das Verstehen ihrer irdischen Existenz ist –, muß sie ihren eigenen Lernprozeß auf der ätherischen Ebene fortsetzen.

Entscheidet sich die Seele jedoch gegen diesen Weg und für eine Orientierung zum Irdischen hin, um einem geliebten Menschen beizustehen, dann ist dies gänzlich ihre eigene Entscheidung, die akzeptiert wird.

Allerdings übernimmt die Seele eines Verstorbenen niemals die Rolle des Lehrers, denn jeder Mensch hat bereits seine ihm zugeteilten geistigen Lehrer, die genau wissen, welcher Weg der beste für den betreffenden Menschen ist.

Die Aufgabe, die eine Seele im Leben eines von ihr geliebten Menschen übernehmen kann, ist, Trost und Ermutigung zu spenden, indem sie ihm Gedankenimpulse, Schwingungen und Energien aus ihrem Potential an Liebe schickt.

Doch ein Verdrängen der geistigen Lehrer oder eine Beschneidung ihrer Aufgabenbereiche findet nicht statt.

F: Hindert ein zu langer Kontakt mit einem geliebten Menschen die eigenständige Entwicklung der Seele in der ätherischen Welt? Sollte sie auf einen solchen Kontakt verzichten?

A: Es ist immer besser, nicht zu stark an den Verstorbenen oder umgekehrt an den Zurückgebliebenen zu hängen. Wir müssen uns darüber im klaren sein, daß eine Lösung der Verbindung für die Entwicklung beider von Vorteil ist. Einen geliebten Menschen freizugeben, ist nicht nur für die normalen Sterblichen äußerst schmerzlich – auch für die Seele in ihrer ätherischen Existenz ist dies nicht leicht.

Doch schadet ein zeitlich begrenztes Zurückbleiben, ein Verweilen der Seele in der Nähe eines geliebten Menschen ihrer Entwicklung auf keinen Fall.

Viele Seelen empfinden den Wunsch, sich um die geliebten Menschen zu kümmern, die sie zurückgelassen haben, bis sie sicher sind, daß alles in Ordnung ist, bis sie akzeptieren können, daß das, was geschehen ist, nötig war, daß sie den richtigen Zeitpunkt für einen Übergang in die ätherische Welt gewählt haben. Eine gewisse Zeit lang orientieren sich die meisten Seelen noch zum Irdischen hin, ehe sie sich ganz ihrer eigenen Entwicklung widmen.

F: Wenn wir uns im Anfangsstadium unserer Existenz als Seele auf der ätherischen Ebene befinden, uns aber noch oft mit der irdischen Existenz befassen, bewegen wir uns da in der altbekannten Umwelt unserer physischen Vergangenheit?

A: Das Bewußtsein der Seele bleibt zunächst genau das gleiche wie vor dem Übergang. Sie nimmt das wahr, was sie sehen möchte. Sie kann sich zum Beispiel als Teil einer Welt des Absolut-Schönen wahrnehmen – was immer sie innerhalb ihrer geistigen Existenz als schön empfindet. Es ist eine Seinsebene der Harmonie und des Friedens, auf der die Seele während dieser Zeit existiert. Im gleichen Maße jedoch, in dem sie begreift, daß ihr in ihrer Entwicklung Aufgaben und Ziele gestellt sind, wird sich dieser Bewußtseinsstand zurückbilden, bis er gänzlich in Vergessenheit gerät. Doch bleibt die Seele tatsächlich eine Zeitlang innerhalb ihres irdischen Bewußtseins. Ich spreche hier allerdings von einer Seele, die einen fortgeschrittenen Bewußtseinszustand vor dem Übergang erreicht hatte.

F: Begegnen wir, wenn wir sterben, den Seelen derer, die wir einmal geliebt haben?

A: Oft ist es so, daß uns Angehörige erwarten, wenn wir den Körper verlassen – zwar ist es nicht die Regel, doch es kommt vor. Dies ist natürlich nur möglich, wenn sich diese Seelen nicht bereits auf eine neue Inkarnation vorbereiten. Wahrscheinlicher ist es, Freunden gleichen Alters zu begegnen, als zum Beispiel Vater und Mutter, die sich möglicherweise bereits auf ihrer Reise zu einer neuen Inkarnation befinden – vorausgesetzt natürlich, sie haben sich nicht gegen eine Inkarnation entschieden. Dies ist ganz alleine ihre Entscheidung, und sicherlich wären sie in einem solchen Fall anwesend, um auf ihre Angehörigen zu warten.

Selbstmord

F: Ist es je gerechtfertigt, seinem eigenen Leben ein Ende zu setzen? Ich denke dabei zum Beispiel an Anhänger des Buddhismus, die den freiwilligen Feuertod sterben, um gegen unerträgliche Mißstände zu protestieren; Menschen, die durch ihren Opfertod versuchen, anderen zu helfen. Dies ist an sich ja ein Akt der Liebe...

A: Ein Akt der Liebe – doch ein Akt der Liebe, mit dem Mißbrauch getrieben wird. Im Bewußtsein eines solchen

Menschen mag sich die Ansicht bilden, daß er durch sein Verhalten in einer dramatischen Aktion der Welt seine Überzeugung kundgetan hat – in der Hoffnung, er könnte dadurch etwas verändern. Doch wir sollten hinzufügen, daß dies niemandem hilft.

Meist stecken hinter Selbstmord andere Beweggründe, die als totale Negierung und als grober Mißbrauch des freien Willens der Menschen betrachtet werden müssen. Eine Seele, die aus den von Ihnen beschriebenen Gründen ihrer physischen Existenz ein Ende setzt, hätte zwar nicht die gleichen, ernsthaften Probleme, sich mit dem Jenseits abzufinden, wie ein durchschnittlicher Selbstmörder, doch auch sie hätte zu lernen, daß sie ihr Karma auf diese Weise nicht beendet.

Sie muß begreifen, daß sie ihre Mission zu Ende führen muß, denn der Schmerz, der mit dem Leben geboren wird, birgt für jeden Menschen einen Sinn. Er ist Gelegenheit und Lektion zugleich, die erlernt und ausgeführt werden müssen.

F: Ich beziehe mich nun auf die Menschen, die aus den üblichen Gründen Selbstmord begehen – sei es aus Unfähigkeit, mit der Realität fertig zu werden, aus Enttäuschung oder ähnlichem. Entfernt sich die Seele durch einen solchen Akt von ihren Lehrern, ihren Führern und vom Göttlichen? Verirrt sie sich auf einem falschen Weg? Muß sie in Verwirrung leben, ehe sie sich wiederfindet?

A: Eine Trennung der Verbindung seitens des Lehrers gibt es nicht. Bringt ein Mensch sich in eine Situation, in der er mit der Realität nicht mehr zurechtkommt und deshalb Selbstmord begeht, dann betritt seine Seele für gewöhnlich die ätherische Welt voller Angst und Mißtrauen. Doch der Lehrer ist stets gegenwärtig, um der Seele beizustehen. Kommt es zu einem Abbruch der Verbindung, dann geht das immer von der Seele aus – doch ist dies nie eine vollständige Trennung. Seelen, die mit einem von Angst und Mißtrauen geprägten Bewußtsein ins Jenseits treten, üben eine Anziehung auf gleichartige Seelen aus.

Eine Seele wie diese wird für lange Zeit zum Irdischen hin orientiert bleiben. Sie wird ausschließlich mit geistesverwandten Seelen in Verbindung treten, und sie wird in einer Welt der Einsamkeit und Angst leben, die sie selbst heraufbeschwört.

Der Lehrer ist stets gegenwärtig; er spricht mit ihr, er hört zu und hilft, wo es nur möglich ist, um der Seele verständlich zu machen, wo sie ist, was sie ist und welches das Ziel ihrer Entwicklung ist.

Allmählich reift in diesen Seelen das Verständnis, sie öffnen sich und treten mit ihrem Lehrer in Kommunikation. Wenn dieser Punkt erreicht ist, ist der Lehrer in der Lage, ihnen die geeignete Unterstützung zu geben. Von seiten des Lehrers besteht also eine ständige Kontaktbereitschaft.

F: Dauert es lange, bis eine solche Seele wieder in einen physischen Körper reinkarnieren kann?

A: O ja. Doch verglichen mit den Tausenden und Abertausenden von Seelen, die ins Jenseits eintreten, sind diese vom Selbstmord belasteten Seelen eine kleine Minderheit. Niemand kann vorhersagen, wie lange es dauern wird, bis eine solche Seele begreift und Kontakt mit ihrem Lehrer aufnimmt.

Hölle und Verdammnis

F: Gibt es eine Hölle, einen Ort der Verdammnis?

A: Ja, den gibt es. Und zwar in dem Sinne, als er einen

extrem negativen Seinszustand beschreibt. Diese sogenannte »Hölle« existiert auf beiden Existenzebenen – auf der ätherischen und auf der physischen.

Im Zustand der physischen Inkarnation belädt sich die Menschheit durch ihr eigenes negatives Bewußtsein dergestalt mit Problemen, daß ihr das Leben wie eine Hölle erscheint. Doch diese Hölle ist von Menschen geschaffen und existiert alleine, weil die Menschen in ihrer Torheit die ihnen angebotene spirituelle Führung nicht wahrnehmen und ein negatives, nach materiellen Gesichtspunkten orientiertes Leben vorziehen. In diesem Sinne erschafft sich der Mensch seine eigene Hölle.

Auf der Ebene der Körperlosigkeit existiert ein Bereich, in welchem diejenigen Seelen leben, die ein Leben der völligen Entartung und der Gewalttätigkeit, außerhalb aller moralischen Gesetze, gelebt haben und die die Führung durch ihre Lehrer ablehnen. Sie sind auf der Suche nach verwandten Seelen, nach Seelen, die genauso sind wie sie. Das ist nicht weiter schwierig, denn im Laufe der Jahrhunderte haben sich viele solcher Seelen zusammengefunden, die die negative Problematik, die auf der physischen Seinsebene existierte, auf die ätherische Seinsebene übertrugen. Diese Seelen leben in einem Bereich, der genau das Gegenteil von dem ist, als das die Hölle gemeinhin beschrieben wird: Es gibt dort kein Höllenfeuer und keine unerträgliche Hitze, vielmehr herrscht unvorstellbare Kälte und Feuchtigkeit.

Sie leiden unnötig, diese Seelen, doch ihr Bewußtsein ist bereits so weit im Negativen verstrickt, daß sie sich gar nicht mehr anders begreifen können als in dem Zustand, in den sie sich selbst gebracht haben. In ihrer Torheit haben sie sich diesem Bereich gänzlich verschrieben, denn dort finden sie Trost bei jenen, die handeln und denken wie sie. Dies ist eigentlich eine ziemlich tragische

Situation, und es stimmt uns traurig, zusehen zu müssen, aber glücklicherweise wenden sich früher oder später auch diese Seelen – eine nach der anderen – der Hilfe ihrer Lehrer und Brüder zu, die stets in ihrer Nähe harren, sie beeinflussen und sie bitten, mit ihnen zu kommen.

F: Können Sie uns sagen, was mit der Seele von Adolf Hitler geworden ist? (Normalerweise ließ sich Yan Su Lu nie auf Fragen ein, die mit individuellen Schicksalen zu tun hatten, doch er beantwortete diese Frage, ohne zu zögern.)

A: Seine Seele ist bisher noch nicht reinkarniert. Sie lebt in einer Existenz, die sie selbst willentlich verursacht hat – in einem Zustand der Verwirrung und des Leids, in einem immensen Kraftfeld irregeleiteter Energien. Diese Energien umfassen einen Bereich, den er sich selbst geschaffen hat und der äußerst unangenehm und unerfreulich ist . . .

Wenn ich sage, daß es ein »äußerst unerfreulicher« Zustand ist, muß ich hinzufügen, daß Worte das Ausmaß des »Unerfreulichen« nicht wirklich erfassen können. Es ist ein großes Unglück, daß sich Seelen selbst in eine solche Situation bringen, doch ihr Ego ist so ungeheuerlich, daß sie einfach nicht fähig sind, den Umfang ihres Irrtums zu erkennen. Doch haben sie einmal erkannt, daß sie Hilfe brauchen, ist das Ausmaß ihres Karmas, der zu bewältigenden physischen Erfahrung, so groß, daß viele von ihnen eine Entscheidung lange hinauszögern, denn sie wissen, daß es ihnen nicht erspart bleibt, mit äußerst begrenzten physischen Fähigkeiten ins Diesseits zurückzukehren. Ihre Seelen hätten extreme Erniedrigungen und Mißhandlungen zu erleiden – nicht nur in einem Leben, sondern in vielen. Und deshalb ist der Entschluß, das, was man getan hat, ungeschehen zu machen, so ungeheuer schwierig. Und doch ist ein solcher Entschluß unumgänglich, wie jede dieser Seelen früher oder später einsieht.

Wie ich bereits gesagt habe, sind diese Seelen sehr tief im Negativen verstrickt, und manchmal dauert es Jahrhunderte, bis sie in der Lage sind, sich aus diesen Irrungen zu befreien.

F: Bedeutet dies, daß jemand wie Hitler sechsmillionenmal durch Mord sterben muß?

A: Nein. Er wird zwar die körperlichen und seelischen Grausamkeiten, die er anderen zugefügt hat, am eigenen Leibe erfahren – doch nicht sechsmillionenmal ...

F: Besteht die Möglichkeit, daß er als Tier und nicht als Mensch reinkarniert wird?

A: Dies ist nicht möglich, denn das menschliche Bewußtsein kann sich nur im menschlichen Körper reinkarnieren.

F: Enden alle, die Morde oder andere Gewaltverbrechen begehen, an diesem Ort der Verdammnis?

A: Die Seelen, die an diesem Ort existieren, haben in mehr als nur einer Inkarnation ihre negativen Energien ausgelebt. Nur dann bringen sie sich in diese Lage, wenn sie in mehreren Inkarnationen Schlimmeres als zum Beispiel einen Mord begangen haben. Denn eine Seele, die den negativen Übergang (Mord) eines Menschen auf ihr Gewissen geladen hat, ist in der Regel nicht allzu versessen darauf, auch im Jenseits den gleichen Weg zu gehen. Sie kennt die quälenden Folgen ihres Handelns und wird sich für einige Zeit zum Diesseits hin orientieren, voller Angst und Verwirrung, jedoch nicht in diesem ungeheuren Ausmaß, wie es Adolf Hitlers Seele erlebt.

F: Gibt es etwas wie »Versagen«, oder ist alles nur ein Lernprozeß?

A: »Versagen« ist ein Wort, das die Menschen erfunden haben, um sich vor notwendigen Entscheidungen zu drücken. »Versagen« ist dem geistigen Gehalt nach ein negatives Wort. Lernprozesse sind positiv. Wir können ein Wort wie »Versagen« nicht akzeptieren.

Entscheidung für eine neue Inkarnation

F: Setzt sich das Selbst aus der Summe früherer Existenzen zusammen? Oder, anders gefragt: Sind frühere Inkarnationen ein Teil des gegenwärtigen Selbst?

A: Die Seele bringt in jede Inkarnation die Erfahrungen aus früheren Existenzen mit ein. Da eine noch nicht sehr weit entwickelte Seele viele, sehr viele Erfahrungen zu machen hat, kann sie dies nur nach und nach tun. Sie muß also eine Entscheidung treffen, ehe sie in eine Reinkarnation eintritt, und sie wird diejenige Existenz wählen, die sie in die Lage versetzt, eines oder mehrere spezifische Probleme aus ihrer Vergangenheit zu bewältigen.

Doch leider lernt die Seele nicht in jeder Inkarnation Entscheidendes hinzu; oft läßt sie günstige Gelegenheiten und Erfahrungsmöglichkeiten ungenutzt, die sich anbieten würden, ihr Ziel – die angestrebte Verhaltensstruktur – zu erreichen und das vorhandene Problem zu bewältigen. Es kann mehrere Inkarnationen dauern, ehe dies erreicht wird.

Wir wollen deshalb ganz entschieden klarstellen, daß es nur sehr wenigen Seelen gelingt, die Probleme aus ihrer Vergangenheit während einer einzigen Lebensspanne zu bewältigen. Die Seele wird also die Umstände, die wahrscheinlich in früheren Inkarnationen gegeben waren, immer wieder neu inszenieren – in der gegenwärtigen Existenz und in späteren Inkarnationen –, bis sie ihre Lektion gelernt und die Problematik in den Griff bekommen hat.

F: Woher weiß eine reinkarnierende Seele, welche Eltern sie wählen und in welchen Leib sie sich inkarnieren soll?

A: Lange bevor der Akt der Inkarnation stattfindet, durch-
läuft die Seele – mit Unterstützung ihrer Brüder und
Lehrer – eine Art Schulung auf den Gebieten, auf denen
sie in der bevorstehenden Inkarnation die wesentlichsten
Lernprozesse zu bewältigen hat. Doch die Entscheidung
liegt alleine bei der Seele selbst.
Niemand schreibt ihr vor, zu inkarnieren oder welche
Eltern sie dabei zu wählen hat.
Die Seele tut dies freiwillig und aus eigenem Antrieb.
Doch sie kann dabei auf die Weisheit ihrer Lehrer zurückgreifen. Sie zeigen ihr die idealen Eltern, das soziale Milieu, die Rasse usw. ihrer zukünftigen Existenz. Die Seele
ist sich jeglichen Leids bewußt, das in dieser Existenz auf
sie zukommen wird, denn jede Problematik, die es zu
bewältigen gibt, birgt ein gewisses Maß an Leid. Die
Seele akzeptiert diese Tatsache, denn sie weiß, daß dies
die einzige Möglichkeit ist, die Probleme aus ihrer Vergangenheit zu bewältigen. Deshalb entscheidet sie sich
aus freiem Willen, ihre Verhaltensmuster und Existenzstrukturen weiterzuführen. Diese Strukturen, die die Beziehungen zu den Eltern, Freunden und anderen geliebten Menschen bestimmen, werden der Seele dargelegt.
Sie weiß also, was sie erwartet, und sie geht bereitwillig.
F: Wie entsteht die Anziehungskraft, die Affinität zwischen
den Eltern und der neugeborenen Seele? Welche Art von
Kraft führt diese Seelen zusammen?
A: Jede inkarnierende Seele bringt in ihre neue Existenz eine
bestimmte Struktur mit.
Treffen sich zwei Seelen – eine männliche und eine weibliche –, und entschließen sie sich, ein Kind zu haben, dann
ist dies kein Zufall.
Denn noch ehe diese beiden Seelen in ihre gegenwärtige
Existenz traten, war es bereits beschlossene Sache, daß sie
sich begegnen würden, um ihre vorgegebenen Existenz-

strukturen zu erfüllen und ein Kind zu zeugen. Die Seele, die sich auf eine neue Inkarnation vorbereitet, versteht diese Struktur, erkennt sie und akzeptiert sie – so wie sie ihre eigenen Existenzstrukturen akzeptiert –, und sie ist bereit, diese Lebensumstände zu teilen.

Wir haben es also in jedem Fall mit Strukturen zu tun – mit Strukturen, die jede der beteiligten Seelen bereitwillig akzeptiert hat.

Prädestination und freie Willensentscheidung

F: Ist alles im Leben vorherbestimmt?

A: In einem gewissen Sinne, ja. Und zwar insofern, als die Seele – ehe sie in eine physische Existenz inkarniert – bereits ihre Wahl getroffen hat, welche Erfahrungen, welche Lernprozesse sie in dieser bevorstehenden Existenz zu bewältigen hat. Diese Lernprozesse dienen der Evolution der Seele, der Verarbeitung früherer Erfahrungen – positiver oder negativer Art – sowie der Integration und Aufarbeitung des Karmas.

Vorherbestimmung existiert auf der geistig-seelischen Ebene. Sobald die Seele den Körper übernommen hat und der neue Mensch geboren ist, übernimmt das Bewußtsein des Individuums mehr und mehr die Verantwortung und führt seinerseits die Person den bevorstehenden Erfahrungen zu. Die eintretenden Verflechtungen und Verquickungen des Bewußtseins mit dem Ego können problematische Folgen haben; vor allem wenn eine Überbewertung des Ego-Bewußtseins auf Kosten der Verwirklichung der spirituellen Ziele der Seele stattfindet.

Eine Konstellation dieser Art kann zu einem unüberwindbaren Hindernis werden, auf welches die Seele mit dem Übergang von der physischen Existenzebene auf die spirituelle Ebene reagiert. Der Grund dafür ist in dem Umstand zu suchen, daß die Seele in einem solchen Fall keine Möglichkeit mehr sieht, die Mission zu erfüllen, deretwegen sie eigentlich inkarniert wurde.

Es gibt nur zwei Gründe für den Tod als Schlußpunkt der physischen Existenz des Menschen: die erfolgreiche Bewältigung des Lernprozesses, das heißt die Erfüllung der Mission, oder die Unerfüllbarkeit dieser irdischen Mission.

F: In welchem Umfang ist unser Leben vorbestimmt? Das heißt, inwieweit können wir mit unserem freien Willen auf die Situationen Einfluß nehmen?

A: Das Schicksal ist an die Seele gebunden, wie ich schon sagte. – an die spirituelle Existenz. Das Bewußtsein, die freie Willensentscheidung, hat die Wahl, die von der Seele angestrebte Richtung der Entwicklung entweder zu akzeptieren oder sie abzulehnen. Hat die Seele einmal den Weg der geistigen und seelischen Entfaltung eingeschlagen, dann sind die Menschen in den meisten Fällen auch in der Lage, ihr physisches Bewußtsein, ihr Ego-Bewußtsein zu überwinden und den spirituell orientierten Verhaltensstrukturen ihres Evolutionsplans zu folgen.

Doch sind die Menschen während ihrer physischen Existenz nicht notwendigerweise allein und ausschließlich um ihre geistige Entfaltung bemüht, sie setzen sich auch mit anderen Erfahrungen auseinander: zum Beispiel mit der Entdeckung und Erweiterung ihrer mentalen Fähigkeiten. Ebenso muß während vieler dieser diesseitigen Lebenserfahrungen die körperliche Erlebnisfähigkeit und Bewußtwerdung vertieft werden.

Immer wieder kann man beobachten, wie in solchen Fällen die freie Willensentscheidung die Entwicklung beeinflußt. Doch die Seele lernt aus solchen Erfahrungen während ihrer Reinkarnation und wird schließlich den mehr spirituell orientierten Verhaltensstrukturen ihres Evolutionsplans folgen.

F: Wie können wir erkennen, ob eine von uns getroffene Entscheidung aus einer karmischen Bestimmung resultiert oder auf unseren freien Willen zurückzuführen ist?

A: Es hängt zum großen Teil von Ihrem Erfahrungsschatz ab, welche Beweggründe Ihre Entscheidung beeinflussen. Diejenigen, die den Nutzen und die Vorteile der Meditation oder eines Gesprächs mit dem Vater oder ihren Lehrern zu schätzen wissen, werden ganz intuitiv erkennen, ob die Entscheidung, die sie fällen, mit ihrer Vergangenheit oder mit der Gegenwart zu tun hat. In der Meditation kann man die Antwort finden.

F: Erklären Sie bitte den Unterschied zwischen Fatalismus und dem Akzeptieren von Gegebenheiten. Wie können wir erkennen, ob wir ein gewisses Stadium an Weisheit erreicht oder lediglich eine fatalistische Einstellung zum Leben haben?

A: Diejenigen, die ihr Leben mit einer fatalistischen Einstellung leben, werden nur eine sehr begrenzte Anzahl von spirituellen Erfahrungen machen. Menschen mit dieser Grundhaltung versperren sich selbst den Zugang zu den geistigen und seelischen Energiequellen, die eine Erweiterung ihres Bewußtseins und ihrer Lebenseinstellung versprechen. Doch diejenigen Menschen, die die Ereignisse und den Inhalt ihres Lebens akzeptieren und billigen – ja sogar nach mehr verlangen –, haben mit Gewißheit bereits den Weg spiritueller Entfaltung eingeschlagen, denn sie begreifen, daß es keine Begrenzungen und Beschränkungen gibt und daß ganz alleine sie es sind, die die Verantwortung für ihre Lebensführung tragen.

Leben zwischen den Leben

F: Gibt es eine Mindestzeitspanne, die eine Seele braucht, um zu begreifen, welche Erfahrungen sie in einer neuen Inkarnation zu machen hat?

A: Es gibt keinen festgesetzten Zeitablauf. Die durchschnittliche Zeitspanne zwischen zwei Inkarnationen umfaßt etwa 30 bis 100 Jahre.

F: Es ist behauptet worden, daß mehrere Millionen Reinkarnationen möglich sind. Ist das wahr?

A: Ich würde nicht unbedingt »Millionen« sagen. Dies trifft zwar zu, doch nicht auf diesem Planeten. Millionenfache Reinkarnation in andere Daseinsformen – ja, doch nicht auf diesem Planeten. Einige Tausend vielleicht.

F: Sie sprechen von anderen Daseinsformen. Meinen Sie damit Daseinsformen auf anderen Planeten?

A: Ja.

F: Können Sie uns mehr darüber erzählen? Gibt es viele Welten, in die man wiedergeboren werden kann?

A: Es existieren alle Formen des Lebens. Nicht unbedingt nur derselben Art, wie Sie Ihre physische, mentale und spirituelle Existenz erfahren. Es gibt spirituelle Daseinsformen, und es gibt physische Daseinsformen.

F: Können Sie für uns das Jenseits beschreiben?

A: Ich verstehe, was Sie meinen. Einem bestimmten Plan der Evolution folgend, existieren auch in anderen Sonnensystemen mentale Lebensformen. Dies sind aber nur einige von vielen Daseinsformen, die der unendliche und unermeßliche Vater Wirklichkeit werden ließ. Diese Daseinsformen lernen und entwickeln sich entsprechend den Schwingungen des ihnen eigenen Reifungsprozesses und wagen schließlich den Schritt in andere Daseins- und Ausdrucksformen. Jeder einzelne Planet hat seine ihm eigenen

Daseinsformen. Dies bedeutet jedoch nicht unbedingt, daß Sie die Erfahrung anderer Existenzmöglichkeiten, anderer Daseinsformen zwangsläufig innerhalb Ihres eigenen Sonnensystems fortsetzen müssen. Dies trifft nicht zu. Es gibt viele Sonnensysteme, die ähnliche Schwingungsfrequenzen besitzen wie die Erde. Ihre Seelen können sich also durchaus zu anderen Sonnensystemen begeben und andere Existenzformen erfahren; und in den meisten Fällen ist es tatsächlich so, daß diese anderen Aspekte Ihrer Seelen dort existieren und Daseins- und Energieformen erfahren, deren Schwingungsebenen eine große Ähnlichkeit haben mit den Bedingungen, wie Sie sie hier erleben.

F: Lebt die Seele von der Sonnenenergie? Aus welcher Kraft existiert die Seele?

A: Sie dürfen nicht vergessen, daß auf solchen Existenzebenen die physischen Funktionen nicht mehr von Belang sind. Wir müssen also in dieser Hinsicht die Seele und den Körper differenziert betrachten. Natürlich sind Ihnen die lebenswichtigen körperlichen Funktionen bekannt, doch scheinen Sie zu vergessen, daß die Seele auf keine einzige dieser Funktionen mehr angewiesen ist. Ich spreche von der Notwendigkeit, Nahrung und Flüssigkeit zu sich zu nehmen. Diese Dinge spielen auf diesen Existenzebenen keinerlei Rolle mehr – nicht einmal in der Vorstellung. Oder, anders gesagt: Die Seele befaßt sich nicht mit Ernährung.

Der Energiestrom, der die Seele erreicht, versiegt nie und währt ewig. Es liegt im Wesen der Energie, daß man sie als zugegen hinnimmt. Sie ist einfach da. Sie denken ja auch nicht über die Luft nach, die Sie atmen; genausowenig, wie die Seele – sobald sie die ätherische Welt betreten hat – an Nahrung oder Energie denkt. Sie ist einfach da.

F: Warum leben wir? Warum müssen wir geboren werden? Warum können wir nicht von Beginn an innerhalb des göttlichen Prinzips bleiben? Was hat die Trennung verursacht?

A: Ihr eigenes Bewußtsein hat diese Trennung verursacht. Denn es gab eine Zeit, da waren alle Seelen auf diesem Planeten das, was Sie als vollkommen bezeichnen würden. Im Verlauf der Evolution verstiegen sich diese Seelen in ihrer Gesamtheit zu dem Glauben, sie seien größer als der Vater. Ihre Religion nennt dies den Sündenfall der Menschheit. Der bewußte Mensch, das Ego, übernahm die Vorherrschaft über das geistige Prinzip, und je mehr diese Lebensart an Einfluß gewann, desto stärker wurde der spirituelle Aspekt in den Hintergrund gedrängt – bis schließlich das Bewußtsein über viele, sehr viele Evolutionen hinweg die Prävalenz übernahm und auch behauptete. Es entstand eine tiefe Kluft zwischen dem spirituell orientierten Bewußtsein und dem physischen, auf das Ego orientierten Bewußtsein. Der spirituelle Aspekt blieb auf der Strecke, und im Verlauf der Menschheitsevolution war schließlich der Punkt erreicht, an dem das Spirituelle nur mehr ein kleines Samenkorn war neben dem riesigen, weitverzweigten Baum des Ego-Bewußtseins.

F: Wenn wir die letzten Phasen unsrer Befreiung – wie ich es nennen möchte – erreicht haben werden, werden wir uns als eins mit dem Göttlichen begreifen. Gibt es eine bessere Beschreibung dafür?

A: Das einzige Ziel unserer Existenz auf diesem Planeten ist die Harmonie zwischen den drei Aspekten des Menschen – dem geistigen, dem mentalen und dem physischen. Hat die Evolution einer Seele auf diesem Planeten eine Ebene erreicht, auf der sie diese drei Aspekte beherrscht, dann besteht für sie keine Notwendigkeit mehr, erneut zu reinkarnieren. Wir sprechen hier von Lehrern. Aber um diese Ebene zu erreichen, sind viele Inkarnationen auf dem Pfad geistiger und seelischer Entwicklung nötig.

Doch liegt es an jedem einzelnen von Ihnen, die gleichen Ziele im Auge zu behalten wie Ihre großen geistigen Lehrer. Denn Sie alle verfügen über die gleiche Kraft, doch die finden Sie nur in Ihrem Innersten.

F: Ist es für uns überhaupt möglich, Gott zu verstehen? Gibt es irgendeine Möglichkeit, ihn zu beschreiben; eine Vorstellung, die es uns einfacher macht, ihn zu begreifen?

A: Dies ist eine Frage, die jeder einzelne selbst beantworten muß. Denn jeder bewußte Geist interpretiert den unendlichen Vater auf seine eigene Weise. Nur durch ständiges Suchen und Fragen erhalten Sie auf einer ganz persönlichen Ebene eine Antwort.

F: Auf welche Weise können wir das Wissen, das Sie uns vermittelt haben, am besten anwenden?

A: Es gibt so vieles zu sagen, und wir könnten unsere Gespräche noch viele Stunden lang fortsetzen. Entfaltung und Wachstum Ihrer geistigen und seelischen Möglichkeiten werden am besten gefördert, wenn alles, was Sie denken und sagen, und alles, was Sie unternehmen, unter dem Vorzeichen der Liebe geschieht. Denn aus der Liebe erwachsen Verständnis, Toleranz und Empfindsamkeit. Das Bedürfnis zu helfen, der Wunsch, alles für Ihre Mitmenschen zu tun, was in Ihrer Macht steht – ohne dabei Gegenleistungen zu erwarten –, sind wichtige Impulse. Doch sobald wir beginnen, uns für unsere guten Taten selbst zu applaudieren, verlieren diese Handlungen ihr Gutes, denn der Wunsch nach Anerkennung unseres positiven Verhaltens entsteht aus unserem Ego. Und das Ego ist der Sündenfall der Menschheit – und wird es auch immer bleiben. Denn der Vater, der uns in seiner unerforschlichen Weisheit unseren freien Willen gegeben hat, wußte, daß das Böse sein häßliches Haupt heben würde – doch auch dies ist notwendig, will der Mensch den Unterschied zwischen Gut und Böse verstehen.

Je mehr wir uns von diesem Ego reinigen und den Weg der geistigen und seelischen Entfaltung einschlagen – um das zu werden, was er uns zu werden bestimmt hat –, desto größer ist die Bedeutung, die das Wort Liebe in unserem Leben gewinnt. Denn dann erkennen wir alles mit den Augen und mit dem Bewußtsein der Liebe, und der Drang des Menschen, zu streiten, zu kritisieren, zu kämpfen und Kriege zu führen, erlischt; denn diese Dinge haben keinen Platz im Reich der Liebe.

F: Danke, Yan Su Lu.

Schlußbemerkung zum zweiten Teil

Wer also ist Yan Su Lu? Ist er der Teil von Charles Roberts' gesamtem Bewußtsein, der spirituell am weitesten entwickelt ist; der zwei Millionen Jahre alte Weise, von dem C. G. Jung annahm, daß er Teil eines jeden Menschen ist? Oder ist Yan Su Lu ein eigenständiges Wesen? Oder ist er vielleicht sogar der Schutzengel unserer kindlichen Hoffnungen? Eines steht für mich allerdings außer Zweifel: Yan Su Lu ist zu Erkenntnissen von großer Weisheit befähigt. Die Tatsache, daß er sich als *Schutzgeist* vorstellte, kann für jeden einzelnen von uns eine tröstliche Verheißung sein – auch wenn er nicht, wie es mir vergönnt war, persönlich eine derart lebendige und beeindruckende Verkörperung des jahrtausendealten inneren Wissens der gesamten Menschheit erleben durfte.

Existiert in uns tatsächlich ein weiser Alter oder eine große Mutter, eine Wesenheit, die uns erwartet, wenn wir dieses Leben verlassen, und die uns lehrt, das Wesentliche aus unseren irdischen Erfahrungen herauszufiltern? Eine Wesenheit, die uns mit Verständnis und Liebe dabei hilft, unsere Erfahrungen in die Struktur eines umfassenderen Selbst zu integrieren? Ich glaube inzwischen, daß eine solche Wesenheit existiert. Die östliche Philosophie nennt diesen übergeordneten Aspekt Krishna- oder Buddha-Bewußtsein; im Westen spricht man von Christus-Bewußtsein. Wir verbringen unser ganzes Leben auf der Suche danach, doch die meisten von uns sind sich dessen gar nicht bewußt. Es fällt uns schwer, Hilfe und Rat seitens dieses höheren Selbst überhaupt wahrzunehmen oder auch nur an seine Existenz zu glauben. Doch sicherlich existiert eine Verbindung zwischen diesem übergeordneten Aspekt unseres Wesens und der Instanz, die wir landläufig unser Gewissen nennen, denn es ist instinktiv in der Lage, zwischen Gut und Böse zu unterscheiden.

Doch was sollen wir tun, wenn wir einen Punkt der Bewußtwerdung erreichen, an dem wir einen direkteren Kontakt wünschen – zum Beispiel einen Austausch, eine Beziehung mit unserem ganz persönlichen Yan Su Lu? Genügt es, wenn wir einfach sagen: »Ich möchte mit dem Weisen in mir sprechen«, und uns dann zurücklehnen und darauf warten, welche Gedanken uns in den Sinn kommen?

Mein Ratschlag hierzu ist folgender: Sollten Sie eine Stimme hören oder eine Erscheinung sehen, stellen Sie ihre Echtheit in Frage! Haben Sie keine Scheu, die Dinge bis zu ihrem Ursprung zu verfolgen. Denn wir sollten nie vergessen: Es gibt zahllose Masken des eigenen Ego! Und der menschliche Geist – wenn er sich in einer passiven, möglicherweise unkritischen Phase befindet oder ganz einfach nur offen für alles Neue ist, kann ein sensibles und fruchtbares Feld für Selbsttäuschungen sein. Irgendwo in uns mag der ewige Weise existieren – ebenso wie der ewige Narr oder andere Aspekte in uns sind, die auf die Ereignisse, die uns widerfahren, ansprechen. Das menschliche Bewußtsein scheint gleichzeitig auf einer Vielzahl von Ebenen zu existieren – wahrscheinlich auf weit mehr Ebenen, als wir im Augenblick zu erkennen in der Lage sind.

Sollte Ihnen die Stimme, die Sie hören, Dinge verheißen, die Zukunft weissagen oder Ihnen schmeicheln, wie ernst dürfen Sie sie dann nehmen? Hören Sie genau hin, und wägen Sie kritisch ab! Sind diese Mitteilungen allgemeiner Natur und konstruktiv? Sind sie offenbar auf Sie ganz persönlich gemünzt, oder sind sie zum besseren Verständnis des Universums gedacht? Mit welchem der zahllosen Selbst haben Sie Kontakt aufgenommen?

Und noch ein Ratschlag: Ehe Sie die Weisungen dieser Stimme in die Tat umsetzen, vergewissern Sie sich, daß Ihr Tun keinem lebenden Wesen ein Leid zufügt oder eine Expansion Ihres persönlichen Egos zum Ziel hat. Die Strömungen in den Tiefen unseres Unterbewußtseins sind mächtig, und wir müssen äußerste Vorsicht walten lassen, wenn wir uns ihnen nähern. Ich habe mich bemüht, mein Experiment mit Charles und Yan Su Lu so behutsam wie nur möglich zu gestalten, um die Gefahr eines unbedachten Eindringens in die verborgenen Bereiche des Geistes zu vermeiden.

Laut C. G. Jung ist in jedem von uns dieser Aspekt des Weisen als Personifikation des geistigen Prinzips immerwährend gegenwärtig. Die Frage ist lediglich, in welcher Form sich unser Bewußtsein damit auseinandersetzt und auf welche Weise wir uns seiner Existenz gewahr werden. Ich hatte Gelegenheit, die subtilen Varianten im Wesen Yan Su Lus zu bemerken und zu beobachten. Es kam selten vor, daß er zögerte oder daß seine Worte ihre gewohnte Tiefe und Exaktheit verloren. Ich fragte mich, ob dieser gelegentliche Verlust an Tiefe, dieses Zaudern, das beinahe den Anschein einer Verzögerungstaktik erweckte, ihre Ursache in der Person von Charles Roberts hatte, der sich im Zustand der Trance zwischen den verschiedenen Aspekten seines Selbst hin und her bewegte, um eine klare Verbindung mit dem höchstentwickelten und weisesten dieser Aspekte – mit Yan Su Lu – zu finden.

Als ich Yan Su Lu dazu befragte, erklärte er mir, daß er manchmal um einen Gedanken oder eine Fragestellung »kreisen« müsse, ehe er in der Lage sei, die richtige Verbindung mit Charles' Geist und Wortschatz herzustellen. War jedoch dieser Kontakt einmal gefunden, dann erwies sich die Verbindung zwischen Charles und seinem in ihm existierenden Lehrer als sehr stabil und tief; ein Umstand, der für die meisten von uns und für unser Verhältnis zu dem am höchsten entwickelten Aspekt unserer eigenen Existenz wahrscheinlich nicht zutrifft.

Meine ursprüngliche Absicht war es gewesen, Charles zu helfen, seine Ausbrüche, die ihn tief unglücklich machten, zu verstehen und kontrollieren zu lernen. Nach der irischen Regression begann sich ein Wandel in seiner Verhaltensstruktur abzuzeichnen. Dies sollte jedoch kein Allheilmittel sein, und Charles hatte weiterhin seine Entscheidungen zu treffen, eine davon betraf die Frage, ob er sich von seiner Frau Dorothee trennen und sich wieder verheiraten sollte. Doch die Zeit mit Yan Su Lu schien Charles in vieler Hinsicht eine Neuorientierung seines Wertsystems ermöglicht zu haben. Seine zweite Ehe wurde geschieden, und er ist nun wieder mit Dorothee verheiratet – sehr glücklich – und hat eine weitaus befriedigendere und verantwortungsvollere Position, die ein beträchtliches Maß an Takt und Weisheit beansprucht.

Yan Su Lu war vielleicht für mich noch stimulierender als für Charles, obwohl ich nicht bezweifle, daß er froh ist, den Zugang zu einer Quelle geistigen und seelischen Wissens gefunden zu haben, um den Prozeß seiner Selbstverwirklichung fortzuführen, der durch seine Begegnung mit Yan Su Lu ausgelöst worden war.

Die bedeutendsten geistigen Lehrer der Welt haben uns den Rat gegeben, das Wesen Gottes in uns selbst zu suchen. Auch Yan Su Lu wiederholt diesen Ratschlag. Was wir damit anfangen, liegt ganz in unserer eigenen Hand. Der von mir sehr verehrte indische Philosoph und Mystiker Paramahansa Yogananda schrieb: »Ihrem Wesen entsprechend streben die Seelen aller Kreaturen durch unbewußtes Erinnern an ihren göttlichen Ursprung danach, diesen Ursprung wiederzufinden.«

Findet im Universum tatsächlich eine geistig-seelische Weiterentwicklung statt, dann ganz sicherlich mit dem Ziel einer letztendlichen Einheit und Harmonie allen Lebens. Bis dahin werden wir jedoch immer wieder zaudern und Irrwege beschreiten; und manchmal erwecken wir dabei den Anschein, als hätten wir den Weg der Weisheit gefunden. Doch meist bleibt uns nichts als die Hoffnung, uns nicht gänzlich verirrt zu haben. Wir dürfen die eigentlich bedeutsamen Dinge des Lebens nicht aus den Augen verlieren, und wir sollten die Worte der Weisen dieser Welt beherzigen, die uns erklären, wie wir eine Brücke schlagen können, die uns mit unserem wirklichen und eigentlichen Ursprung verbindet.

Wer immer Yan Su Lu sein mag, er ist ein Teil dieser Suche des Menschen nach Weisheit. Selbst ein winziger Funke dieser Weisheit ist in der Lage, heilend auf unseren Geist und Körper zu wirken. Die seelischen Spannungen, die angesichts der Vorstellung um unsere Begrenztheit und Sterblichkeit unsere Existenz überschatten, können gelindert werden. Wir können mehr Sicherheit, Glück und Wohlbefinden in einer neuen unendlichen Welt erlangen und das Wagnis eingehen, unsere Unsterblichkeit zu akzeptieren.

C. G. Jung, selbst ein wagemutiger Forscher und Entdecker neuer Dimensionen, versicherte uns: »Niemand weiß, wo der Mensch endet.«

Und der amerikanische Philosoph Emerson schrieb: »So wie die Pflanze in der Erde ruht, ruht der Mensch im Herzen Gottes: Er nährt sich an dem nie versiegenden Quell und stillt sein Verlangen aus der unerschöpflichen Kraft. Wer kennt die Grenzen der menschlichen Entwicklung?«

Ich fragte Yan Su Lu einmal, was seiner Ansicht nach das eigentliche Ziel der Menschheit sei. Er antwortete: »Unser letztes Ziel ist es, dieses Leben so zu meistern, wie Jesus es getan hat.«

DRITTER TEIL

Weitere Gespräche mit Yan Su Lu

Yan Su Lus Wiedererscheinen

Ohne es zu beabsichtigen, hatte ich Charles Roberts aus den Augen verloren. Wir schrieben den April 1986, und meine Praxis hatte mich über längere Zeit hinweg, während der ich nicht mehr mit meinem früheren Patienten und seinem chinesischen Beschützer gesprochen hatte, völlig in Anspruch genommen. Im Laufe meiner Arbeit waren mir immer wieder andere Schutzwesen begegnet, die unter Hypnose hervortraten und deren Informationen ich hilfreich für die Behandlung meiner Patienten fand. Ich beschäftigte mich mit der Geschichte von Schutzengeln und Schutzgeistern, und meine Notizbücher füllten sich rasch mit faszinierenden Fakten. Unter den Schutzwesen, die ich kennengelernt hatte, befand sich keines, das von einer so ausgeprägten Persönlichkeit war wie Yan Su Lu. Doch ihre Aufgabe war dieselbe – sie waren Lehrer und Beschützer, die ihre Schüler liebevoll durch das Leben, in die Seinsstadien nach dem Tode und wieder ins Leben begleiteten.

Jetzt hielt ich einen Brief meines Verlegers in den Händen, in dem er anfragte, ob es weiteres, im ersten Buch noch nicht veröffentlichtes Material über Yan Su Lu gebe und ob ich bereit sei, für ein zweites Buch tiefer in den Wissensschätzen des chinesischen Weisen zu forschen.

Damit bot sich mir die Gelegenheit, mich wieder mit dem Fall zu befassen und von einem kenntnisreichen Standpunkt aus die Möglichkeit zu prüfen, ob jeder Mensch beschützt, geliebt und hilfreich unterstützt wird und eine Verbindung zu diesem fürsorglichen und weisen Wesen herstellbar ist.

Ich rief Charles an und unterrichtete ihn von dem Angebot, ein zweites Buch über seinen Fall und seine besondere Beziehung zu seinem Beschützer zu schreiben. Er schien zuerst überrascht, dann erfreut, und wir vereinbarten auf der Stelle einen Sitzungstermin. An dieser abendlichen Zusammenkunft in meinem Haus nahmen Charles, seine Frau Dorothee, Maya und Nicole, meine Frau und meine Tochter, und ich selbst teil. Charles sah gut aus, auf die für einen dunklen Typ charakteristische Weise so attraktiv wie immer, aber umgeben von einer Aura größerer persönlicher Zufriedenheit. Uns allen schien es, daß er und Dorothee glücklich verheiratet waren und daß ihr Zusammenleben harmonisch verlief. Ich war begierig zu erfahren, ob Charles und Yan Su Lu ihre Beziehung in derselben Weise fortgesetzt hatten, seit ich ihnen das letzte Mal begegnet war.

Bei unserer Zusammenkunft an jenem Abend gegen Ende April herrschte eine herzliche Atmosphäre. Wie schon seit geraumer Zeit bei unseren Sitzungen üblich, machte ich mich nicht daran, Charles zu hypnotisieren, sondern beschränkte mich auf meine Rolle als Beobachter, während Charles sich in den Bewußtseinszustand versetzte, der es dem Wesen namens Yan Su Lu ermöglichte, sich zu Wort zu melden. Nach kurzem Schweigen faltete Charles die Hände und sprach mit würdevoller Stimme:

Y: Es ist einige Zeit vergangen, nicht wahr? Es ist gut, daß wir wieder zusammengekommen sind, denn vor uns liegt eine Menge Arbeit, und es ist unbedingt erforderlich, daß wir unsere Sitzungen wieder regelmäßig aufnehmen. Wir müssen Charles in den Zustand zurückversetzen, in dem wir ihn beim letzten Mal verlassen haben. Das heißt nicht, daß wir keinen Kontakt aufnehmen können, denn offensichtlich ist es möglich, aber es wird notwendig sein, im Laufe unserer Zusammenarbeit die

Verbindung zu vertiefen. Wir sind in der Lage, Fragen zu beantworten, aber nicht über eine lange Zeitspanne. Haben Sie verstanden?

J: Ja, wir haben verstanden. Haben Sie, Yan Su Lu, sich seit unserer letzten Begegnung in irgendeiner Weise verändert? Sind Sie noch immer Charles' Lehrer?

Y: Nein, nichts hat sich verändert, seit wir das letzte Mal miteinander gesprochen haben. Wenn ich bereit bin, mich zurückzuziehen, wird das vorher angekündigt werden. Aber das wird noch eine ganze Weile nicht der Fall sein. Es ist noch viel zu tun im Hinblick auf das, was wir uns vorgenommen haben.

J: Findet, wenn Sie Charles' Körper übernehmen, eine Energieübertragung statt, und wenn ja, ist sie meßbar?

Y: Wie Sie wissen, ist jede Energie meßbar. Die Energieübertragung von meinem geistigen Ich auf Charles erfordert von uns beiden einen großen Energieaufwand. Sie werden feststellen, daß sein Energieniveau vor Beginn und nach Beendigung des Channelings sehr unterschiedlich ist. Sein Energieniveau müßte, nachdem wir das Channeling beendet haben, wesentlich niedriger sein.

Der Gedanke, Charles zu testen, war mir schon während unserer früheren Sitzungen gekommen, und ich hatte Schritte in die Wege geleitet, den Test bei einer sehr bekannten Forschungsgesellschaft durchzuführen, die sich mit dem Versuch beschäftigt, die feinen Energieströme des Bewußtseins zu messen. Leider konnten die Vorbereitungen nicht zu Ende geführt werden, und ich ließ das Vorhaben, Charles in seinem bewußten und veränderten Seinszustand zu testen, fallen. Mir standen natürlich andere, herkömmlichere Methoden zur Verfügung, die Gehirn-/Gefühlsreaktionen zu messen, aber ich neigte zu der Überzeugung, daß die feinen Veränderungen, die ich während der Charles-Yan Su Lu-

Übertragungen beobachtete, durch gewöhnliche Meßtechniken nicht aufgezeigt würden. EEG und Lügendetektor waren für manchen Zweck brauchbar, nicht aber, nach meinem Dafürhalten, für die gründliche Erforschung der flüchtigen und wechselhaften Bewußtseinszustände, mit denen wir uns beschäftigten.

Es gibt erweiterte geistige Energien, von denen Mystiker und Heilige gesprochen, in denen sie geweilt haben, und doch können wir nicht wagen, anzunehmen, daß unsere modernen Apparaturen empfindlich genug sind, sie zu erfassen. Wie sollte beispielsweise die Schwingungsstärke der Spiritualität – oder des Egos – aussehen? Ich hoffte, Yan Su Lu weitere Fragen bezüglich seiner Definition von Energie stellen zu können und darüber, was er gemeint hatte, als er mit derartigem Nachdruck behauptet hatte, daß diese Energie während ihres Übergangs von seiner geistigen Seinsform in Charles gemessen werden könne.

Leider blieb keine Zeit für eine weiterführende Unterhaltung, denn Charles beendete diese erste Sitzung bald mit der Begründung, daß er müde sei.

Aus Termingründen war es mir nicht möglich, auf der Stelle eine weitere Sitzung mit Charles anzuberaumen. Es verging fast ein ganzer Monat, bis wir wieder in meinem Haus zusammenkamen – ein Grüppchen von vier Menschen: Maya, Charles, Dorothee und ich.

Charles atmete tief durch und trat in den Zustand ein, in dem sich seine Stimme in die von Yan Su Lu verwandelte. Die Sitzung war kurz, eigentlich eher ein Vortrag. Yan Su Lu begann:

Y: Guten Abend. Wie schon in der Vergangenheit besprochen, ist es äußerst schwierig, die Schwingungsebene zu erhalten, die notwendig ist, damit Charles die Belastung durchhält. Sie müssen begreifen, daß er, wenn er in der

Lage sein soll, sich als Träger des Wissens zum Channeling zu benutzen, sich in diesen sporadischen Zusammenkünften nicht all dessen bedienen kann, was ich zu geben habe. Um dieses Benutzen auf der höchsten Ebene des Wissens zu erreichen, muß der Channel fähig sein, seine Energie bis zum äußersten Punkt zu sammeln, damit die Verbindung zwischen ihm und mir nicht körperlich, sondern geistig den höchsten Grad erreicht. Denn wenn das nicht geschieht, wird das Wissen, das Sie zu erlangen suchen, unvollkommen bleiben. Wenn es Ihnen nicht gelingt, unsere Sitzungen in regelmäßigen Abständen stattfinden zu lassen, werden wir sie nicht fortsetzen. Das alles ist nicht zufällig geschehen, sondern es ist in Bewegung gesetzt worden, um seine Vollendung zu erfahren. Aber wir stellen fest, daß etwas unsere in der Vergangenheit dargelegten Absichten behindert. Wenn der Wunsch nicht vorhanden ist, besteht keine Veranlassung, unsere Sitzungen beizubehalten, denn sie werden nichts anderes erbringen als das unvollständige Wissen, das durch einen Channel vermittelt werden kann, der nicht in die Lage versetzt wurde, die Schwingungsebene zu steigern, weil die Zusammenkünfte unregelmäßig stattfanden und nicht immer eine vollkommene Verbindung hergestellt werden konnte. Damit meine Sicht des Wissens durch Charles übermittelt werden kann, muß er sich so öffnen, daß er meine Gedankenübertragung sofort und ohne Frage empfangen kann. Andernfalls wird das Wissen nicht mitgeteilt werden. Wir gelangen jetzt zu einem außerordentlich wichtigen Punkt unserer Beziehung, denn während es in einigen Sitzungen, in denen es um Fragen ging, die uns bewegten, recht einfach war, schlagen wir jetzt vor, daß wir unsere intellektuellen Beziehungen verstärken. Das ist nur möglich, wenn alle hier anwesenden Personen ernsthaft bestrebt sind, die geistige

Ebene zu erweitern, und zwar, was von größter Wichtigkeit ist, innerhalb dieses Channels. Heute abend werden keine Fragen gestellt. Wir erwarten, daß das heute Gesagte von Ihnen überdacht wird, und wir werden Sie nochmals fragen, ob der Wunsch danach besteht – dann können wir fortfahren. Wenn nicht, besteht keine Notwendigkeit, weitere Sitzungen abzuhalten. Damit wünsche ich Ihnen allen eine gute Nacht – Gott sei mit Ihnen.

Mir leuchtete Yan Su Lus Sorge ein. Wir hatten in der Vergangenheit ebenfalls die Erfahrung gemacht, daß regelmäßige Sitzungen notwendig waren, um eine geeignete Verbindung herzustellen. Wenn er mehr und regelmäßige Sitzungen brauchte, konnte ich das einrichten. Wir hatten interessante Zeiten erlebt, und es sah ganz so aus, als würde die Zukunft uns mehr davon bescheren.

Unsere zweite Sitzungsperiode begann mit den üblichen Begrüßungsformalitäten, an denen mein chinesischer Freund Gefallen hatte. Ich fragte ihn, ob er gewillt sei zu erklären, welche Wirkung seine enge Schüler-Lehrer-Beziehung auf Charles und dessen Familie gehabt hatte.

In seiner Erwiderung bezog er sich zum ersten Mal auf Charles als Medium und ließ sich ausführlich über seine früheren Erfahrungen mit negativen Wesenheiten aus.

Y: Die direkte Wirkung meines Einflusses auf Charles war bis vor kurzem nicht sonderlich groß. Charles hat in der Vergangenheit während seiner anfänglichen Entwicklung als Medium negative Rückwirkungen und Begegnungen erfahren. Als er erkannte, daß nicht nur positive Seelen in ihn eindringen konnten und wollten, sondern auch negative, bekam er es mit der Angst zu tun und weigerte sich lange Zeit, seine Begabung anzuwenden, aus Furcht, daß die negativen Kräfte die Herrschaft übernehmen könnten. Und wir müssen zugeben, daß seine Furcht begründet war, denn in jener Zeit hatte Charles noch nicht gelernt, sich zu schützen und die notwendigen Vorkehrungen zu treffen, damit nur die positiven, liebevollen Wesenheiten, seine Lehrer, zu ihm durchdringen konnten. Ich nahm damals persönlich keinen Kontakt mit Charles auf, aber andere taten es. Ich brachte mich durch telepathische Kommunikation mit Charles ein, aber meine Anleitung wurde erst deutlich, als Sie, Dr. Jussek, mich in der Hypnose erkannten. Von jenem Zeitpunkt an vergingen noch Jahre in Charles' Leben, in denen sein Vertrauen nur langsam wuchs und seine Bereitschaft, sich mir zu öffnen, bestenfalls als zögerlich bezeichnet werden konnte. Dennoch hat er es während dieser Sitzungen zugelassen, daß die positiven Kräfte, wie er sie nennt, kamen und ihn beschützten. Er hat darauf vertraut, daß die Dinge sich positiv entwickeln, und wie Sie sehen, ist es auch so gekommen. Wir sind Charles in Zeiten zu Hilfe gekommen, als negative Wesenheiten ohne Erfolg versuchten, ihn als Medium zu benutzen. Denn Charles hat inzwischen gelernt, daß er nicht nur mir und seinen anderen Lehrern vertrauen kann, sondern daß er uns darüber hinaus jederzeit um Hilfe bitten kann und daß ihm diese Hilfe augenblicklich gewährt wird. Aber verstehen Sie bitte, daß wir uns den negativen Kräften erst entgegenstellen können, wenn Charles selbst mit der Bitte um Beistand an uns herantritt und damit nach seinem eigenen freien Willen handelt.

Die Art, wie Yan Su Lu Charles beharrlich drängte, ihm und den anderen Lehrern zu vertrauen, bereitete mir Schwierigkeiten. Charles hatte eine verständliche Abneigung dagegen, vollkommen übernommen zu werden, aber war es notwendig, daß Yan Su Lu Charles' Körper benutzte, um zu ihm durchzudringen? Bestand nicht die Möglichkeit, eine unschädliche telepathische Übereinstimmung herzustellen, in der Charles hören konnte, was gesagt wurde und sich dennoch die freie Entscheidung bewahrte, Dinge, die nicht seine volle Zustimmung fanden, bei sich zu behalten?

Im frühen Christentum war die Vorbereitung der Seele auf die Aufnahme des göttlichen Lichts mit der Reinheit des Geistes, des Körpers, der Gefühle und der Ziele verbunden. Damals galt noch die aus den älteren Religionen übernommene Tradition, daß der Mensch mit dem Göttlichen nur in dem Maße seiner bewußten Bemühung um die Reinigung eines geistigen Kanals in Berührung kommen konnte. Im Laufe der Zeit verengte sich der Blickwinkel so weit, daß es nur noch darum ging, das Gute vom Bösen zu unterscheiden – die Erscheinung des Bösen auszumerzen. Schließlich wurde alles, was mit der Wahrnehmung der inneren Welten zu tun hatte, als teuflisch gebrandmarkt, wenn nicht bewiesen werden konnte, daß die Wahrnehmung reinen Geistes war. Jeanne d'Arc und viele andere einfühlsame Wesen, die Einblick in andere Seinsbereiche hatten, fielen diesen schwarz-weiß gefärbten Auslegungen zum Opfer.

Beim Herangehen an die Geheimnisse des Lebens gibt es keinen Ersatz für die geistige Vernunft (spiritual common sense). Gewiß dürfen wir nicht außer acht lassen, daß es negative und positive Nutzung von Energie gibt, irreführende sowie von Wahrheit durchdrungene Visionen. Aber ohne ein wohlfundiertes Wissen darüber, wie wir uns darauf vorbereiten können, diese Dinge zu verstehen, werden wir ähnliche Qualen erleiden wie Charles und Dorothee. Die alten, hochgeachteten Regeln aller Kulturen waren dazu bestimmt, uns hin zu dieser geistigen Vernunft und fort von den Gefahren der Unwissenheit zu führen.

Ich verstand Yan Su Lus Dringen darauf, daß Charles seine Meditation und seine geistigen Übungen beharrlicher betrieb, damit eine sichere Verbindung auf der höchstmöglichen Ebene, die sein Schüler erreichen konnte, herstellbar war. Diese Verbindung – das erklärte Charles immer wieder – war auch vonnöten, damit »niedere Wesenheiten« nicht, wie in der Vergangenheit geschehen, in ihn eindringen konnten.

Dies ist nun der geeignetste Zeitpunkt, um Dorothee Roberts vorzustellen und ihr Gelegenheit zu geben, die Geschichte des Kampfes mit den negativen Kräften, die sie und Charles an sich gezogen hatten, zu berichten.

Dorothees Bericht

Ich möchte jetzt von einer ungewöhnlichen Liebesgeschichte erzählen, einer, die mein Herz gerührt und mir tiefere Einsicht verschafft hat in die emotionalen Belastungen, denen das Leben von mehr oder weniger stark medial begabten Menschen fast immer ausgeliefert ist.

Ohne Zweifel bestand zwischen Charles und Dorothee ein starkes Band der Anziehung, aber darüber hinaus wurde ihre anstrengende Beziehung von einer unerschütterlichen fürsorglichen Liebe zusammengehalten. Gemeinsam hatten sie heftige Stürme überstanden, und nun erkannte ich in Dorothees Miene die tiefe Hoffnung, daß Charles' mediale Veranlagung, die zu ihren Schwierigkeiten beigetragen hatte, ebenso eingesetzt werden konnte, um sie beide in liebevoller Weise gesunden zu lassen.

Die normalen Probleme einer Ehe sind vielleicht beschwerlich, doch als ich Dorothee zuhörte, wenn sie in manchen unserer Sitzungen Yan Su Lu befragte, erkannte ich, wie sehr sie hoffte, daß diese anscheinend gütige und weise Persönlichkeit wahrhaftig zum Mentor für Charles werden würde. Ich sah deutlich, wie sehr ihr daran gelegen war, die komplizierten Probleme zu begreifen, die Charles' Nerven über die normalen Verhaltensmuster des Lebens hinaus erschütterten.

Durch welches seltsame Wechselspiel seiner untergeordneten Schicksalsbestimmung war diese ernsthafte und gütige Frau an Charles geraten, und was hatte ihn zu ihr geführt? Ich wollte Charles mit den Augen eines Menschen sehen, der ihm sehr nah stand, um seine und Yan Su Lus gewohnte Zurückhaltung in bestimmten Themenbereichen zu durchbrechen.

Dorothee Roberts ist eine kluge und attraktive Frau, deren Auffassungsgabe mich gleich zu Beginn beeindruckt hat. Ich fragte sie, ob sie einen Beitrag über ihr Leben mit Charles zu dem Buch beisteuern wolle. Sie schrieb daraufhin folgendes:

Ich habe mir viele Gedanken darüber gemacht, was Sie für Ihr Buch im Sinn haben. Ich stimme mit Ihnen überein, daß es interessant sein könnte zu erfahren, welche Erfahrungen ich als Frau eines Mediums gemacht habe. Ich glaube, daß es von Nutzen wäre, wenn ich sowohl über die negativen als auch über die positiven Seiten berichten würde, wie beispielsweise die Tatsache, daß Charles anfangs mit einigen bösartigen, niedrigen Wesenheiten in Verbindung kam. Wir mußten einen Exorzisten veranlassen, ihn dazu anzuleiten, den Channel zu verstärken, damit nur positive Kräfte durchkommen konnten. Das brachte ein paar lustige, aber auch beängstigende Erlebnisse mit sich, die ich Ihnen gern erzählen will.

Ich glaube, die meisten Medien neigen dazu, ihre grundlegende Menschlichkeit zu verbergen, um realistischer zu erscheinen. Im übrigen halte ich es für wichtig, darauf hinzuweisen, daß Gefahren damit verbunden sind. Medium zu sein ist keine Sache, mit der man spielen darf, und man sollte auch nicht bedingungslos daran glauben, sondern es immer wieder prüfen und beobachten.

Wann hat »es« begonnen? »Es« ist die Woge der Veränderung. 16 Jahre lang lebte ich wohlbehütet in den Parametern eines Lebens, das gegen Unbilden gefeit und wohlgeordnet zu sein schien – es gab keine neuen Vorstellungen oder Situationen, auf die ich mich hätte einstellen müssen.

Dann trat Charles in mein Leben. Heute ist mir klar, daß seither die Woge der Veränderung nie zum Stillstand gekommen ist. Sie hat mich und Charles auf einen seltsam normalen und auf paradoxe Weise merkwürdigen Lebensweg geschwemmt. Inzwischen betrachte ich die Woge der Veränderung als die treibende Kraft unserer metaphysischen Odyssee. Der Beginn unserer metaphysischen Entwicklung war die unmittelbare Folge meines Entschlusses, Charles zu verlassen, nachdem ich zwei Jahre mit ihm befreundet gewesen war. Ungeachtet seiner damaligen agnostischen Weltanschauung vertiefte sich Charles nach unserer Trennung in die Welt der Esoterik. 1963 nahm die Öffentlichkeit noch keinerlei Notiz von dem Wort »Esoterik«, ganz zu schweigen davon, daß sie seine Bedeutung verstanden hätte, ebensowenig wie unsere Bekannten oder ich selbst.

Ich war noch einmal zurückgekehrt, um Charles zu besuchen und unsere Trennung endgültig zu besiegeln, und ich erinnere mich mit einem Lachen daran, wie aufgeregt er mir von seinem neuerworbenen Glauben an die Reinkarnation berichtete. Während ich mir seine eben erst angeeigneten Kenntnisse belustigt anhörte, staunte ich insgeheim über die unglaublichen Auswirkungen, die mein Entschluß, ihn zu verlassen, auf sein Leben hatte. Tatsächlich war ich überzeugt, daß er ein wenig verrückt geworden sei. Es war schließlich allgemein bekannt, daß man verrückt sein mußte, um an die Reinkarnation zu glauben.

Seit jenem Tag sind 24 Jahre vergangen. Und heute gibt es ein Buch, in dem Charles mitteilt, was eine »Wesenheit« namens »Yan Su Lu« durch ihn zu sagen hat. Ich möchte Ihnen nun einen kleinen Teil meiner Erfahrungen im Zusammenhang mit einem medial veranlagten Menschen zugänglich machen.

Aufgrund meiner Erfahrungen bin ich zu der Überzeugung gelangt, daß nicht nur die Tatsache, ein Medium zu sein, für einen Menschen große Verantwortung mit sich bringt, sondern daß auf den Schultern derer, die an den Phänomenen der Metaphysik und medialen Begabung interessiert sind, eine ebensogroße Verantwortung ruht.

Meine Erinnerung führt mich zurück in das Jahr 1968. Wir sind seit drei Jahren verheiratet. Inzwischen habe ich mich Charles' Verrücktheit längst angeschlossen und glaube ebenso leidenschaftlich wie er nicht nur an die Reinkarnation, sondern auch an das andere Beiwerk der Esoterik: übersinnliche Kräfte, mediale Begabung, Geister, Astrologie und die Kraft des positiven Denkens, um nur ein paar Dinge zu nennen.

Ich sitze mit Charles auf dem Fußboden, und wir spielen mit einer Buchstabentafel (Ouija-Brett). Wie gewöhnlich erweckt er die Tafel zum Leben. Zu irgendeinem Zeitpunkt fragt er ganz arglos, ob es sich auch auf andere Weise mit uns verständigen kann. Es antwortete: »Die Lichter dämpfen.« Nun ja, ich erwarte, daß ein paar Lichter die Frequenz wandeln, und siehe da, plötzlich verzerrt sich das Gesicht meines Mannes, und er wirft den Kopf in den Nacken. Und ehe ich mich versehe, ist Charles von einer dominanten neuen Persönlichkeit besetzt.

Merkwürdigerweise war das einzige, worüber ich mir den Kopf zerbrach, die Tatsache, daß ich nackt dasaß, ein Zustand, der in Charles' Gegenwart vollkommen normal und angenehm war, nicht aber vor einem Fremden. Eilig nahm ich der Situation ihre Blöße. Die Unterhaltung, die sich ergab, als ich mich angezogen hatte, war intensiv und spannend.

Der Name der Wesenheit war Paul. In unserer ehrlichen Unbedarftheit nahmen wir an, daß Charles mit einem geistigen Lehrer in Verbindung getreten war. Ich erkundigte mich munter nach Dingen, die unsere Zukunft betrafen. Seine Antworten erfolgten in einer Vielzahl verschiedener Betonungen, und sie belustigten und befriedigten mich gleichermaßen. Wie großartig! Wir hatten soeben unseren persönlichen himmlischen Führer entdeckt. Wie außerordentlich seltsam, wenn ich es mir heute überlege, daß wir keine Angst hatten, sondern lediglich erstaunt waren über das, was da gerade geschehen war.

Dennoch wurde uns, ungeachtet unseres Widerstrebens, der Wahrheit ins Auge zu sehen, schon bald klar, daß unser neu entdecktes Kommunikationssystem seine Schattenseiten hatte. Waren wir zum Beispiel auf einem Fest, konnte ich beobachten, wie Charles sich fast unmerklich veränderte und Pauls clevere Redensweise übernahm. Oder ich lag nachts in Charles' Armen und fand mich plötzlich in der Umarmung eines Fremden – oder vielmehr eines nur noch beinahe Fremden. Es handelte sich hier offensichtlich nicht um einen geistigen Führer, sondern um jemanden, der versuchte, in unsere Welt einzudringen, indem er den Körper meines Mannes übernahm. Wir zogen einen uns bekannten geistigen Lehrer hinzu und baten ihn, uns und unser Leben von Paul zu befreien. Paul hatte bereits begonnen, nach eigenem Gutdünken die Herrschaft zu übernehmen.

Die Geisteraustreibung gestaltete sich völlig anders, als ich es aus dem Kino kannte. Kein Kreuz, keine Gesänge. Nur Howard, unser geistiger Lehrer, und Liz, seine Frau, die ruhig unser Haus betraten und sich im Eßzimmer an den Tisch setzten. Howard konnte scheinbar Pauls geistigen Führer sehen und mit ihm sprechen, während Liz die Unterhaltung übertrug, die sich durch ihre Hand automatisch niederschrieb. So erfuhren wir, daß es Pauls Absicht gewesen war, mich zu vernichten, indem er Charles vernichtete. Der Grund war ein abgrundtiefer Frauenhaß, den er in seinem früheren Leben entwickelt hatte. Howard versuchte nun die Negativität in Pauls Bewußtsein zu neutralisieren und in ihm den Wunsch zu wecken, den Weisungen seines himmlischen Lehrers zu folgen, anstatt sich weiterhin mit dem irdischen Leben zu identifizieren.

In den folgenden zwei Jahren befaßten wir uns nunmehr ernsthaft damit, Verbindung zu einem höheren geistigen Lehrer auf der Astralebene herzustellen.

Jeden Abend zündeten wir feierlich Kerzen an (um die Energien zu reinigen) und meditierten. Sogar Charles' Körper schien den Wunsch nach Schwerelosigkeit und Reinheit zu haben. Er hatte das Bedürfnis, Vegetarier zu werden.

Schließlich schien es uns, als habe Charles es nunmehr mit einer höheren Energieform aufgenommen. Da ich damals in anderen Umständen war, stellten wir auch Fragen, die sich auf die bevorstehende Geburt bezogen. Wir dachten, daß ein geistiger Lehrer über das Wissen, nach dem wir jetzt strebten, verfüge. Abgesehen von unserer ungestümen Neugier wollten wir uns vorbereiten, die kleine Seele, die unserer Obhut bald anvertraut werden sollte, zu führen.

Unser Sohn wurde uns nicht nur in bezug auf sein Geschlecht beschrieben, sondern auch hinsichtlich seiner früheren Leben. Wir wurden sowohl über seine Charaktereigenschaften aufgeklärt als auch über die Beweggründe, die seinen Lebensweg bestimmen würden. Welch außerordentliche Gnade war es doch für uns, unsere oder unseren eigenen geistigen Führer zu haben, die uns helfen würden, unseren Sohn auf seinem Lebenswege anzuleiten.

Nie werde ich den Gefühlsansturm vergessen, der mich

überwältigte, als ich mein Neugeborenes in den Armen hielt. Begeistert hieß ich mein kleines Töchterchen willkommen in unserem Leben – und zornig wies ich die Wesenheiten von mir, denen es gelungen war, uns an der Nase herumzuführen, die uns glauben gemacht hatten, sie seien geistige Lehrer.

Wenn auch unser Glauben an die Welt des Übersinnlichen nicht erschüttert war, so war Charles' Bestätigung als Channel unsichtbarer Wesenheiten doch augenblicklich und – wie wir glaubten – für immer beendet.

Heute erscheint es mir, als ob die Wesenheiten, mit denen wir es zu tun hatten, erdgebundene Seelen waren, die sich als das ausgaben, was wir suchten. Wir hatten noch viel zu lernen, noch viele Berge und Täler zu durchqueren, um die unvermeidlichen Veränderungen durchzumachen, die notwendig waren, um den Kontakt mit dieser Dimension wieder aufnehmen zu können.

Trotz meiner Enttäuschung und meines Zornes wurde ich das Gefühl nie los, daß alles geplant war und einen bestimmten Zweck verfolgte.

An die darauffolgenden Jahre habe ich nur unzusammenhängende Erinnerungen. Jedoch schien es, als könnten wir nicht unbehelligt bleiben vom Verlangen erdgebundener Wesenheiten, ihr Spiel mit unserem Leben zu treiben.

Immer dann schienen sie die Kraft zu entwickeln, in Charles einzudringen, wenn er ganz besonders müde oder niedergeschlagen war.

Wann immer ich die ersten Anzeichen einer Veränderung bemerkte, machte ich es mir zur Routine, Charles zu rütteln und ihm ein kaltes Tuch aufzulegen. Oft ohrfeigte ich ihn buchstäblich. Nicht allzu hart, aber wenn nötig, fest genug, um ihn wieder zurück in sein eigenes Bewußtsein zu bringen.

Es gab Zeiten, da hatte ich wahrhaftig das Gefühl, einen Winkel des Schattenreiches betreten zu haben.

Es ist eine Sache, einer Glaubensstruktur anzuhängen, die die Existenz einer anderen Dimension anerkennt. Etwas ganz anderes ist es, diese Dimension zu erleben, ohne zu wissen, wie damit umzugehen ist. Ich teilte Charles' Abneigung, über diese Dinge zu sprechen, nicht. Im Gegenteil, es bereitete mir ein gewisses Vergnügen, mit anderen über die Einzigartigkeit unseres Lebens zu reden. Dies hing wohl auch damit zusammen, daß ich versuchte, den fortwährenden Zwiespalt, den das Eindringen dieser geheimnisvollen Dimension in unserem Leben verursacht hatte, zu bewältigen. In meinem Beruf als Handpflegerin hatte ich Gelegenheit, meine vielschichtigen Gedanken und Erlebnisse außer meinem Freundeskreis auch noch Menschen aus den unterschiedlichsten Milieus mitzuteilen.

In Gedanken muß ich immer lachen, wenn ich daran denke, wie, fast unweigerlich, als Reaktion auf meine tiefgreifenden Kundgaben die Bemerkung folgte: »Aber Sie wirken doch so normal?« Dann dachte ich immer: »Das stimmt. Stimmt es wirklich?« Und: »Was ist normal?« Später dachte ich oft, wie schade es doch ist, daß der Wahnsinn der Wirklichkeit, wie wir sie leben, von der Gesellschaft als das Normale akzeptiert wird, während man schief angesehen wird, wenn man an eine neue Wirklichkeit glauben will, in der Gerechtigkeit und Liebe herrschen.

Inzwischen ist es Herbst 1977. Ich stehe in einer Buchhandlung in Encino. Eine sehr gut aussehende Frau bestellt gerade ein Buch. Aus der Unterhaltung mit der Verkäuferin entnehme ich, daß es sich um ein Buch handelt, in dem es um Rückführungen geht. Durch ihre fröhliche, natürliche Art angezogen, verwickelte ich mich in das Gespräch und erfuhr, daß sie mit einem Arzt verheiratet war, der die Rückführungen für dieses Buch geleitet hat. Zu dieser Zeit war ich sehr besorgt über ein Problem in meiner Ehe, für das ich mir durch das Bewußtmachen lang vergangener Erinnerungen,

lang vergessener Gefühle, die in Charles' Bewußtsein verborgen liegen, Hilfe versprach. So bat ich sie, einen Termin
zu reservieren für eine Unterredung mit ihrem Mann.

Merkwürdig! Ich hatte den Laden betreten in der Absicht,
ein Buch zu kaufen. Statt dessen fand ich die Hoffnung, eins
der wichtigsten Dinge in meinem Leben zu retten, meine
Ehe. Das Resultat der Behandlung war nicht nur die Stabili-
sierung meiner Ehe, sondern zusätzlich – ein Buch!

Dorothee und Yan Su Lu

Dorothee hatte eingehend und mit gutem Grund darüber
nachgedacht, warum ihr Leben gewisse Wendungen genommen hatte. Sie liebte ihren Mann ohne Zweifel und wünschte
sich vor allem anderen, daß ihr Verständnis füreinander
wachsen sollte. Ihre Geschichte war geprägt von Schmerz,
Verwirrung, Suchen und Bemühung, und ich empfand Be-
wunderung für Dorothees ausgeprägte Kraft und Entschlos-
senheit, Antworten auf ihre Fragen zu finden.

Ich entdeckte, daß sich in den Sitzungen viele Beispiele für
Dorothees Fragestellungen an Yan Su Lu finden ließen. Bei
näherer Betrachtung dieser Unterhaltung stieß ich auf Dorothees wiederholte Bemühungen, sich Klarheit über die
verwirrende Situation ihres Lebens mit Charles zu verschaffen. Ihre Fragen zeugten davon, daß hier ein sehr kritischer
Geist am Werk war, der bereit war zu glauben, daß Charles
ein spiritueller Mensch war, durch den ein sehr weit entwik-
keltes weises Wesen sprach. Die Liebe dieser Frau war begleitet von einem vorsichtigen, beschützenden Charakterzug,
der manchmal dazu führte, daß sie das, was sie hörte, ernsthaft in Frage stellte.

Es folgen jetzt Auszüge aus Dorothees Gesprächen mit
Yan Su Lu, beginnend bei der ersten Sitzung mit ihm, an der

sie teilnahm. Es war der 28. Februar 1978, und ich leitete die Unterhaltung mit der Frage an Yan Su Lu ein, ob er damit einverstanden sei, daß Charles' Frau ihm ein paar Fragen stellte. Er willigte ein, und Dorothee wandte sich an den dunkelhaarigen Mann, mit dem sie verheiratet war, der aber mit der Stimme dessen sprach, der sich selbst Yan Su Lu nannte.

D: Als Charles vor einigen Jahren versuchte, eine Verbindung herzustellen, was ging da schief?*

Y: Die Verbindung war zu jener Zeit von Charles' Seite her äußerst beschränkt. Sie müssen wissen, daß die Verbindung mit einer, sagen wir, entwickelten Wesenheit ein Gegenüber voraussetzt, das ebenfalls entwickelt ist. Zu der Zeit, als Charles versuchte uns zu erreichen, war er nicht stark genug. Damals konnte unsere Energie nicht in den Channel eingehen und eine Ebene finden, auf der sie Charles hätte erreichen können.

Da der Channel nicht stark genug war, wurde er von Eindringlingen besetzt. Wie Sie wissen, geschah das viele Male, und, das möchte ich hinzufügen, es könnte auch wieder geschehen. Aus diesem Grunde müssen wir darauf bestehen, daß Charles sich seiner Meditation eingehender widmet, damit sich seine spirituellen Energien weiterentwickeln. Dadurch wird er einen stärkeren Channel bilden und es uns, indem er sich erhebt, erleichtern, ihm zu begegnen. Denn bis jetzt konnten wir noch nicht so weit gehen. Wir würden es begrüßen, wenn wir uns nur so weit (er zeigt es mit den Händen an) hinunterbegeben müßten und wenn Charles geistig so weit (er

---

* Ich glaube, daß Dorothee sich hier auf Charles' anfängliche Erfahrungen mit »Wesenheiten« bezieht und auf die Möglichkeit, daß einer oder mehrere von ihnen ernstzunehmende geistige Lehrer sein mochten.

zeigt es wieder) aufsteigen könnte. Das würde die Kommunikation erheblich erleichtern. Die früheren Verständigungsversuche mußten eingestellt werden, weil Charles seine Begabung und seine Kraft mißbraucht hat, und aus diesem Grund war es notwendig, daß er diese Lektion begriff. Und tatsächlich hat Charles, wie er in späteren Jahren erkennen wird, in dem besagten Zeitraum ein Wissen erworben, dessen Bedeutung sich ihm in der Zukunft erschließen wird. Wenn er seine Spiritualität weiterentwickelt hat, wird er sich diesem karmischen Leben nicht mehr unterziehen müssen. Wir möchten noch einmal betonen, daß sehr viel mehr Meditationsübungen vonnöten sind, damit dieser Channel gestärkt und verhindert wird, daß diejenigen, die ihn auf negative Weise benutzen, in ihn eindringen können.

D: Charles und ich sind beide der Überzeugung, daß wir uns in diesem Leben irgendwie an der Arbeit der Kirche, der Verbreitung geistigen Wissens beteiligen könnten. Können Sie sich dazu äußern?

Y: Das würden wir in der Tat begrüßen; und es entspricht Charles' Anlagen, solche Pflichten zu übernehmen. Wenn er bereit ist, werden wir ihm mit unserem Rat und unserer Anleitung zur Seite stehen.

Aber der Zeitpunkt ist noch nicht gekommen, denn wie Sie beide, Charles und Sie, bewiesen haben, gibt es in Ihrem Leben noch viele Dinge, mit denen Sie sich befassen müssen, bevor Sie sich dieser Aufgabe stellen können.

D: Ist es gefährlich, mit Hilfe der Buchstabentafel, des automatischen Schreibens oder durch ein Medium mit der Geistwelt in Verbindung zu treten?

Y: Es wäre naiv anzunehmen, daß man durch derartige Spielereien mit einem großen Meister in Verbindung treten kann. Es ist höchst unwahrscheinlich, daß ein solcher Kontakt hergestellt werden könnte. Die Person, die auf diese Weise versucht, eine Verbindung herzustellen, würde sich der Begegnung mit Wesenheiten öffnen, die zwar nicht unbedingt schlecht sein müssen, die aber erdgebunden sind und den menschlichen Körper zu beherrschen versuchen. Es gibt für sie keine einfachere Methode, das zu erreichen, als die von Ihnen beschriebenen Praktiken. Ja, es würde eine erhebliche Gefahr damit verbunden sein, denn es gibt außerordentlich schlaue Wesenheiten, die versuchen würden, Sie zu täuschen, indem sie vorgeben, über spirituelles Wissen zu verfügen, was auch durchaus möglich wäre; da sie jedoch in spiritueller Hinsicht nicht entwickelt sind, würde das weitergegebene Wissen allenfalls die intellektuelle Ebene erfassen. Entwickelten Seelen, die sich im Besitz der Weisheit befinden, wäre es unmöglich, ihre Schwingungen so weit hinunter zu lenken, daß auf diese Weise ein Kontakt hergestellt werden könnte.

Wie wir schon erwähnten, sind ich selbst und Charles nicht allein. Ohne die Mitwirkung anderer Lehrer, die sich ihrer Energien bedienen, wäre es mir nicht möglich gewesen, den anfänglichen Kontakt mit Charles herzustellen. Er hat den notwendigen Stand der Entwicklung noch nicht erreicht, um unmittelbar mit mir in Verbindung zu treten. Es ist außerordentlich schwierig.

D: Wie kann jemand in diesem Fall wissen, ob er überhaupt damit fortfahren soll?

Y: Warum sollte jemand den Wunsch haben, damit fortzufahren?

D: Als Charles sich damit zu beschäftigen begann, zog er Wesenheiten auf sich, die in keiner Weise entwickelt waren. Aber schließlich hat er Verbindung mit Ihnen aufgenommen. Woher weiß man also, ob man den Versuch ganz aufgeben oder in der Weise weitermachen soll, wie es Charles tat?

Y: Der Kontakt mit uns war nicht das Ergebnis von Charles'
beharrlichem Fortfahren. Denn zuvor hatte er bei seinen
Kommunikationsversuchen keinen wirklichen Kontakt
hergestellt, sondern wurde zum Spielball der entleiblich-
ten Wesenheiten, die ihn nach ihrem Gutdünken benutzten. Die Verbindung mit mir wurde in Dr. Jusseks Praxis
hergestellt. Damals wußten wir, daß es der richtige Zeitpunkt war, diesen Kontakt herzustellen. Wir möchten
eindringlich davon abraten, mit Hilfe der von Ihnen erwähnten Praktiken geistige Anleitung zu suchen.

D: Ich verstehe diese Antwort nicht ganz, denn mir scheint,
daß Charles' erster Kontakt mit Ihnen durch die Hypnose
zustande kam. Wenn aber jemand, der sich in derselben
Lage befindet wie Charles, hypnotisiert wird, woher
weiß er dann, daß er tatsächlich mit demjenigen in Kontakt tritt, mit dem er Verbindung aufnehmen soll?

Y: Indem der Channel diese Form der Kommunikation bei-
behält, würde sich die Wesenheit innerhalb kürzester Zeit
verraten, wenn sie kein wirklicher Lehrer ist, sondern
einer, der sich dafür ausgibt und den Channel nur für
seine eigenen Zwecke nutzen will. Einer solchen Wesenheit wäre es unmöglich, die Kommunikation mit dem
Channel auf einer rein spirituellen Ebene aufrechtzuer-
halten. Früher oder später würde diese Wesenheit ihrer
Verstellung müde, und ihre wahre Natur würde sich
offenbaren. Dann würden Ausdrucksformen und Wünsche übermittelt, die vorher nicht vorhanden waren.

D: Da Charles und ich unsere Erfahrungen auf oftmals sehr
schmerzhafte Weise machen mußten, möchte ich Sie fragen, ob Sie uns sagen können, worauf wir achten müssen. Was würde beispielsweise ein wahrer Lehrer nicht
tun oder sagen? Sie, Yan Su Lu, würden zum Beispiel in
Fragen des persönlichen Lebens keine Ratschläge erteilen . . .

Y: Das ist richtig. Wie wir schon am Anfang betonten, besteht unser uneingeschränktes Ziel darin, das spirituelle Wesen der Menschen zu erleuchten. Mit den Problemen, die die Person betreffen, muß jeder sich individuell befassen. Es ist nicht unsere Aufgabe, derartige Ratschläge zu erteilen. Wir sind nicht hier als Bestandteil parapsychischen Experimentierens. Wir erteilen keine Ratschläge darüber, woran geglaubt oder was nicht getan werden soll. Was wir sagen, ist unsere – und nur unsere – Erklärung der Wahrheit.

D: Gut. Ich habe noch eine weitere Frage: Da Charles' Leben offensichtlich nicht bedingungslos dem Spirituellen gewidmet ist – also, ich meine, es gibt viele Menschen um uns herum, deren Leben viel umfassender von der Spiritualität durchdrungen ist –, warum haben Sie dann Charles ausgewählt, um sich durch ihn mitzuteilen?

Y: Das hängt mit Charles' früheren Existenzen und seiner spirituellen Entwicklung zusammen. Charles hatte eine Vielzahl von Leben, in denen er sich tief in die Mystik versenkte, und aufgrund dieser Anlage hat er in seinem gegenwärtigen Leben diese Kommunikationsform gewählt.

D: Ich habe diese Frage gestellt, weil ich dachte, daß der Kontakt mit einem Lehrer eher jemandem gelingen würde, der sich bedingungsloser dem spirituellen Leben gewidmet hat.

Y: Es muß nicht unbedingt eine völlige Ergebenheit in ein spirituelles Leben bestehen, aber die Person muß über spirituelle Anlagen verfügen. Hätte Charles die spirituellen Grundlagen, die in ihm existieren, nicht, hätte diese Art der Verbindung niemals stattfinden können.

D: Was meinen Sie mit spirituellen Grundlagen?

Y: Ein Zusammenwirken verschiedener Dinge. Eines davon ist das Verlangen nach völligem Aufgehen im spirituellen Weg. Das zweite ist die enge Verbindung der männlich-weiblichen Empfindungsfähigkeit. Die männlichen und weiblichen Empfindungen sind von unterschiedlichen Energien getragen, aber je tiefer die Beschäftigung mit dem Spirituellen geht, um so mehr verbinden sich diese Energien miteinander. In Charles ist diese Verbindung angelegt, die Empfindungsfähigkeit und darüber hinaus die Liebe zu seinen Mitmenschen. Neben dem Wunsch, von innen heraus zu wachsen, besteht das Bedürfnis, dieses Wachstum mit anderen zu teilen. Diese Anlagen sind die spirituellen Grundlagen, von denen ich spreche.

D: Warum kann Charles heute mit Ihnen kommunizieren, obwohl er doch vor Jahren viel mehr tat, um sich in geistiger Hinsicht weiterzuentwickeln? Er rauchte damals nicht und aß kein Fleisch.

Y: Zu der Zeit, als Charles versuchte, eine Verbindung zu uns herzustellen, gab er sich Mühe, ein spirituelles Leben zu führen. Doch das, was seinem Körper innewohnte, stimmte nicht mit dem Körper selbst überein. Mit anderen Worten, die Ebene seines Bewußtseins war nicht weit genug entwickelt, um einen geeigneten Kontakt zuzulassen. Wie ich schon sagte, erfüllte Charles in Gedanken und Geist nicht die für sein Bemühen erforderlichen Voraussetzungen. Selbst jetzt, an dem Punkt, den er erreicht hat, ist er noch nicht auf der Ebene angelangt, auf der er direkt und unmittelbar mit mir in Kontakt treten kann. Andere Brüder stellen ihre Energien zur Verfügung, um Charles' Schwingungen anzuheben, so daß ich mit ihm in Verbindung treten kann.

Ihre nächste Frage wird lauten: Muß man Vegetarier sein, um auf dem spirituellen Weg voranzukommen? Lassen Sie mich an diesem Punkt sagen, daß es nicht notwendig ist, das Fleischessen und Rauchen aufzugeben. Aber mit der Zeit, wenn die Seele eine höhere Entwicklungsstufe erreicht, wird es notwendig werden, diese Gewohnheiten abzulegen.

In einem weiteren Gespräch zwischen Dorothee und Yan Su Lu stellte ich fest, daß Dorothee ein sehr ausgeprägtes Gefühl für ihre eigene Stärke entwickelte, als sie eine nach ihrem Dafürhalten fehlerhafte Spiritualität aufzeigte, wie sie sich früher in einer der Sitzungen offenbart hatte. Ich gebe diesen Teil der Sitzung hier wieder, und obwohl die folgende Unterhaltung nicht unmittelbar zwischen Yan Su Lu und Dorothee stattfand, gibt sie doch einen Einblick in Yan Su Lus Reizbarkeit – eine Eigenschaft, die uns allen von Zeit zu Zeit deutlich wurde.

J: Sie erklären, daß Sie Charles' Lehrer sind. Dorothee hat offensichtlich einen eigenen Lehrer. Wenn das so ist, stehen Sie mit ihrem Lehrer in Verbindung?

Y: Es steht uns nicht zu, persönliche Differenzen oder Persönlichkeiten, die zwischen mir und Ihnen oder anderen Seelen stehen, auszunutzen.

J: Ich möchte gerne wissen, Yan Su Lu, ob Sie nicht nur über Charles wachen, sondern ebenfalls über Ihre Frau Dorothee und über Ihre Tochter. Mit anderen Worten, sind Sie der Lehrer der ganzen Familie?

Y: Würden Sie die Frage bitte neu formulieren, denn so war sie vollkommen falsch gestellt.

J: Ich möchte gerne wissen, ob Sie nicht nur über Charles wachen, sondern auch über Dorothee, Ihre Frau, und über Ihre Tochter . . .

Y: (unterbricht) Es sind nicht meine Frau und meine Tochter.

J: Ich meine damit Charles' Frau und Charles' Tochter.

Y: Würden Sie bitte noch einmal von vorn beginnen?

J: Ich möchte gerne wissen, Yan Su Lu, ob Sie nicht nur über Charles wachen, sondern auch über Charles' Frau Dorothee und über Charles' Tochter.

Y: Es wäre ziemlich albern, wenn ich diese Frage mit Nein beantworten würde, denn es gehört zu der Verantwortung eines jeden liebenden Lehrers, Energie an all diejenigen weiterzugeben, die mit uns in Berührung kommen. Daher überträgt sich, auch wenn ich nicht sagen würde, daß ich unmittelbar für sie verantwortlich bin, doch alle liebende Energie, die von mir ausgeht, auf jeden, der mit Charles in Verbindung steht.

J: Ich möchte natürlich immer noch wissen, da doch jeder einen Lehrer hat und da Dorothee einen Lehrer hat, ob es Ihnen möglich ist, mit ihrem Lehrer in Verbindung zu treten, wenn Sie wollen.

Y: Wie ich Ihnen schon an früherer Stelle gesagt habe, stehen wir offensichtlich in dieser Welt in Verbindung miteinander. Es wäre lächerlich zu behaupten, ich könnte nicht mit Dorothees oder Ihrem oder irgendeines anderen Menschen Lehrer kommunizieren. Selbstverständlich findet eine Kommunikation zwischen uns statt. Das versteht sich von selbst.

Dorothee zögerte nicht, Yan Su Lu ins Gebet zu nehmen, wenn sie das Gefühl hatte, daß er sich nicht so verhielt, wie sie es von einem wahren spirituellen Lehrer erwartete. Bei mancher Gelegenheit schienen sich während dieser Sitzungen in Yan Su Lus Tonfall und Worten eher Charles' Gemütszustand widerzuspiegeln als die Güte und Verständnis ausstrahlende Energie, an die wir uns gewöhnt hatten.

Kurze Zeit nach dem Austausch schroffer Worte zwischen Yan Su Lu und mir begann Dorothee unsere nächste Sitzung mit einigen Fragen, die ihr am Herzen lagen.

Y: Guten Abend.

Alle: Guten Abend.

Y: Können wir anfangen, bitte.

D: Ich möchte Ihnen ein paar Fragen zur vergangenen Woche stellen. Ich fand Ihr Verhalten völlig anders als gewöhnlich, und ich persönlich habe es als bestürzend empfunden. Ihr Ton war oftmals überaus ärgerlich, ungeduldig und gelegentlich sogar grob. Außerdem fand ich Ihre Antworten kurzangebunden und wenig einfühlsam. Können Sie uns etwas dazu sagen, ob irgend etwas anders war, können Sie überhaupt etwas dazu sagen?

Y: Wenn eine Veränderung in unserem Verhältnis festgestellt wird, möchten wir uns entschuldigen, denn wir können Ihnen aufrichtig sagen, daß die negativen Begriffe, die Sie genannt haben, von dieser Wesenheit nicht so empfunden wurden. Das bringt einen interessanten Punkt zur Sprache, auf den wir noch nicht eingegangen sind, und das ist die Reaktion des Channels auf das, was er in seinem halb bewußten Zustand aufnimmt, wenn er die Fragen hört. Es ist uns nicht möglich, und das ist auch richtig so, die Durchgabe des Materials völlig zu steuern. Die Signale, die wir durch das Nervensystem des Mediums senden, werden von dessen Gehirn aufgenommen, verarbeitet und auf unsere Einwirkung abgestimmt. In anderen Worten: Die Gehirnleistung des Channels stimmt sich auf unsere Einwirkung ab, je nach dem persönlichen und emotionellen Befinden des Mediums, der Tiefe der Versenkung und dem Inhalt des von uns durchgegebenen Materials. Eine völlige Kontrolle der Durchsagen wäre also nicht angebracht. Wir waren von Anfang an übereingekommen, dem Wunsch des Channels zu entsprechen, sein Bewußtsein nicht völlig aufgeben zu müssen.

Aber es gibt Zeiten, in denen der Channel möglicherweise die Ebene nicht erreicht, die wir für ihn anstreben, um ein bestmögliches Ergebnis zu erhalten. Wenn der Channel verärgert oder in einem negativen Gemütszustand ist, kann sich das auf seinen Einfluß in diesen Fragen auswirken. Das wird nicht oft der Fall sein, weil wir es nicht zulassen. Sollte es öfter vorkommen, müßten wir die Sitzungen abbrechen.

Wir finden, daß wir fortfahren können, solange die Durchgabe vom Channel auf der ersten Aufnahmestufe, wie wir es benennen, empfangen wird und solange kein Schaden angerichtet wird durch eine Verzerrung des Inhaltes.

Wenn Ihre Reaktion von Zorn oder gekränkten Gefühlen geprägt ist, dann bitten wir um Verzeihung. Das liegt nicht in unserer Absicht, denn die Energie, die durch Charles übermittelt wird, ist und wird immer eine Schwingung von Liebe und Demut sein. Sollten Sie es jedoch anders aufnehmen, so sind wir immer mit Freude bereit, darauf einzugehen. Falls es in Zukunft wieder vorkommen sollte, dann zögern Sie bitte nicht, uns darauf hinzuweisen und Charles darauf aufmerksam zu machen. Auf dieser Ebene wollen wir uns nicht in unseren Zusammenkünften voranbewegen.

D: Ich danke Ihnen. Ich schätze Ihre Antwort.

Yan Su Lu erklärt sich selbst

(in bezug auf seine Lehren zur Zeit des Übergangs und nach dem Übergang; die Astralenergie im Vergleich zur physischen Energie, Bewußtsein und Aufgabe eines Seelenlehrers)

Yan Su Lu hat sich selbst niemals als einen großen Meister bezeichnet. Er sprach von sich als Charles' Lehrer mit einem eigenen Bewußtsein. Oftmals hat er betont, daß er die Wahrheit so mitteilte, wie er sie sah, selbst wenn seine Sicht der Dinge sich von der anderer Lehrer unterschied.

Diese Sicht der Wahrheit war es, die mich außerordentlich interessierte. Über einen Zeitraum von einem Jahr hatte ich viele Fragen über das Leben und das Bewußtsein zusammengetragen, die ich Yan Su Lu selbst zu stellen gedachte. Ich wollte in allen Einzelheiten von ihm wissen, wie seine Beziehung zu Charles beschaffen war, wie sie zusammenarbeiteten, was seiner Meinung nach seine Bestimmung war, wenn er sich als Beschützer und Lehrer betätigte. Die folgende Unterhaltung ist ein Ergebnis meiner Neugier:

Y: Guten Abend.

J: Guten Abend, Yan Su Lu.

Y: Wenn es Fragen gibt, die Sie heute abend stellen möchten, dann fangen Sie bitte an. Wir wären aufs höchste erfreut, sie in aller Demut zu beantworten.

J: Yan Su Lu, in welcher Weise existiert Ihr Energiekörper? Können Sie uns beschreiben, wie Sie Ihre Energieform aufrechterhalten?

Y: Dieser Frage würden wir so begegnen: Auf welche Weise heben Sie Ihre Hand? Es ist die Reaktion auf einen Anstoß aus dem Gehirn. Energie ist die Voraussetzung dafür, daß der physische Körper lebt. Energie, die von der Seele ausgeht. Ähnlich verhält es sich in der ätherischen Welt; denn wenn es dort auch keinen physischen Körper gibt, findet doch eine Energieumwandlung statt. Wir haben keine physischen Umrisse, die wir Ihnen beschreiben könnten. Wir haben keinen materiellen Körper, den wir Ihnen erklären könnten.

Er besteht vielmehr einfach in gedanklicher Form, mit

der sich die Seele auf ihr angenehmere Weise verbinden kann. In meinem Dasein habe ich mich entschlossen, in den Grenzen meiner vorherigen chinesischen Existenz zu leben, denn in diesem Lebensabschnitt war es mir möglich, die Ziele zu verwirklichen, die mir vor meinem Eintritt ins ätherische Leben gesetzt worden sind. Aus diesem Grund ist es ein Lebensabschnitt, mit dem ich viele angenehme, glückliche und von Liebe durchdrungene Erinnerungen verbinde. Daher habe ich mich entschlossen, im Rahmen dieser Persönlichkeit und dieses Lebens durch Charles zu sprechen.

Was die Beschreibung dessen betrifft, wie mein ätherischer Körper aussehen könnte, kann ich wieder nur Möglichkeiten äußern, kann versuchen, mit Ihrem physischen Auge eine nebelhafte Erscheinung im Rahmen menschlicher Begriffe entstehen zu lassen, die keiner Haare, keiner Extremitäten, Arme oder Beine bedarf. Es ist eine komprimiertere Erscheinung. Nebelhaftigkeit wäre die treffendste Beschreibung, die ich geben könnte, doch es gibt keine Nebelhaftigkeit in meiner Welt, es handelt sich um Energie. Energie kann man nicht sehen, aber man überträgt Energie auf andere Personen. In derselben Weise wird in meiner Welt die Verbindung zwischen den Seelen hergestellt. Gedankenübertragung, Energieübertragung, seelische Telepathie, wenn Sie so wollen.

J: Brauchen Sie Ruhepausen – müssen Sie schlafen – so wie wir?

Y: Nein, wir brauchen keine Ruhepausen, wie sie Ihr physischer Körper benötigt. Sie haben einmal gefragt, was ich mit meiner Zeit anfange, wenn ich nicht bei Charles bin. Wie ich in der Vergangenheit schon erklärt habe, gibt es auch andere, denen ich zur Seite stehe, nicht nur in dieser, sondern auch in anderen Welten. Es ist meine Bestimmung, diese Seelen auf dem Weg ihrer Entwicklung zu begleiten. Wenn ich daher nicht bei Charles bin, kann man annehmen, daß ich mich bei ihnen befinde. Mir bleibt auch Zeit für mich selbst, denn es ist notwendig, daß ich mein eigenes Wachstum auf diesem Pfad vorantreibe. Diese Zeit nutze ich zu meditativen Übungen.

J: Auf Ihrer Seinsebene gibt es, wie Sie erklärt haben, offensichtlich noch andere Energieformen. Manchmal bezeichnen Sie sie als »Brüder und Schwestern«. Ich nehme an, Sie sprechen von männlichen und weiblichen Energieformen. Wie verkehren diese »Wesen« miteinander?

Y: Wir sprechen hier von Gedankenaustausch. Wenn Sie das in dem Wort »Verkehr« enthalten sehen möchten, dann wäre es zutreffend.

J: Wie ist es Ihnen möglich, ohne Gehirn zu denken?

Y: Die Seele benötigt kein Gehirn zum Denken. Nicht das Gehirn bringt das Denken hervor, sondern die Seele befähigt das physische Hirn zu denken.

J: Wie können Sie sich auf der Seinsebene, auf der Sie sich jetzt befinden, an vergangene Existenzen erinnern? Wo werden diese vergangenen Existenzen auf Ihrer Seinsebene gespeichert?

Y: Alle Existenzen, in denen wir gelebt haben, sind in der gewaltigen Aufnahmefähigkeit der Seele gespeichert. Kein einziger Lebensabschnitt gerät in Vergessenheit, denn wenn es so wäre, würde es kein karmisches Wirken geben. Das Karma kann nur durch die Erinnerung an vergangene Taten existieren. Darum wird jeder Lebensabschnitt im Seelenbewußtsein gespeichert und erinnert, und es wird fortwährend davon Gebrauch gemacht, damit die Seele sich weiterentwickeln kann.

J: Haben Sie eine Vorstellung, wie lange Sie Ihre Energieform als Yan Su Lu beibehalten und wann Sie diese Welt verlassen werden?

Y: Meine eigenen Lehrer haben mich wissen lassen, daß ich in der gegenwärtigen Bestimmung noch viele Ihrer Jahrhunderte verharren werde, was Ihnen, verglichen mit der Dauer eines Lebens, vielleicht lange erscheint, in Wirklichkeit aber für uns hier eine sehr kurze Zeitspanne ist.

J: Was ist der Ursprung Ihres Wissens und Ihrer Weisheit?

Y: Was ist der Ursprung allen Wissens und aller Weisheit? Die Metapher, das Wort, das Sie benutzen, ist Gott. Das allumfassende Bewußtsein.

J: Welches sind die besonderen Quellen Ihres Wissens? Wenn Sie Ihr Wissen aus Büchern beziehen, zum Beispiel, können Sie diese Bücher näher bezeichnen, und wenn Sie es aus anderen Quellen beziehen, können Sie uns mehr darüber sagen?

Y: Mein Wissen ist auf die gleiche Weise entstanden wie das Ihre. Denn als ich auf Ihrem Planeten lebte, war ich viele Male wiedergeboren, hatte mannigfaltige Erfahrungen gesammelt, und die Bücher, von denen Sie sprechen, waren natürlich durch das Wesen der Zeit und des Ortes Beschränkungen unterworfen. Doch sie standen für die geistige Bildung zur Verfügung und haben in der einen oder anderen Gestalt immer zur Verfügung gestanden. Ich habe mein Wissen also auf dieselbe Weise wie Sie erlangt: durch Suchen, Aneignen von Kenntnissen, indem ich mich verschiedenen Lehrern jener Zeit und jener Inkarnation anschloß. Nicht unbedingt immer den besten, aber von jedem einzelnen etwas lernend, so, wie es bei Ihnen jetzt der Fall ist.

Denn indem Sie sich auf diesem Pfad bewegen, führt Sie das spirituelle Bewußtsein unweigerlich zu denjenigen, von denen Sie etwas lernen. Das kann ein einziger Gedanke sein; es kann eine Vielzahl von Vorstellungen sein oder auch eine vollständige Philosophie. Das hängt natürlich vom Stand Ihrer Entwicklung ab, sowie davon, was Sie zum jeweiligen Zeitpunkt suchen.

Auf diese Weise findet man die spirituelle Wahrheit, entwickelt sich Stück für Stück, von Lehrer zu Lehrer, von Buch zu Buch, weiter, immer im Bewußtsein, daß die eigentliche Quelle des Ganzen im Inneren liegt. Wir erhalten es vom Vater und durch Meditation. Aber es ist weise, sich anzuhören, was verschiedene Personen zu sagen haben; weise, selbst zu erkennen, was die Wahrheit ist. Die Wahrheit wird sich von Person zu Person unterscheiden, so daß Sie meditieren und mit dem Vater in sich sprechen müssen, um die Antwort auf die Frage nach der Wahrheit zu finden. Und wenn dieser Stand Ihrer persönlichen Entwicklung mit dem Lehrer oder den Vorstellungen, mit denen Sie konfrontiert werden, übereinstimmt, dann ist das eine große Gnade für Sie. Wenn nicht, so beklagen Sie sich nicht, denn das steht Ihnen nicht zu. Wenden Sie sich statt dessen an andere, denn Sie werden finden, was Sie brauchen. Es wird immer da sein und auf Sie warten.

J: Ich danke Ihnen. Können Sie einen Lehrer oder Meister nennen, der einen besonderen Einfluß auf Ihre Lehren ausübte?

Y: Namen wären zum gegenwärtigen Zeitpunkt überflüssig, da niemand die Person erkennen würde.

J: Haben Sie, Yan Su Lu, auf der Ebene, auf der Sie sich befinden, gegenwärtig einen höheren Lehrer, von dem Sie lernen?

Y: Selbstverständlich. Wir alle haben Lehrer, gleichgültig, welche Schwingungsebene, welche Verständigungsebene wir erreicht haben. Unsere Lehrer begleiten uns immer. Sie sind uns nie fern, denn wenn wir suchen, finden wir, und wir finden durch die Quelle, zu der uns unser Lehrer führt.

J: Der Lehrer, der Sie jetzt begleitet – lernen Sie durch Telepathie oder durch Worte von ihm?

Y: Auf telepathische Weise, und es gibt deren mehr als nur eine.

M (Maya): Darf ich eine Frage stellen?

Y: Natürlich, fragen Sie.

M: Sie sagten, daß es Ihre Bestimmung ist, einer Anzahl von Seelen in ihrer Entwicklung auf diesem und auf anderen Planeten zur Seite zu stehen. Wie erreicht Sie diese Bestimmung? Werden Sie durch den Stand der Entwicklung jener Seelen herbeigerufen, üben ihre Schwingungen eine Anziehung auf Sie aus, oder ist es eine andere Energie, die Sie zu jener besonderen Gruppe von Wesenheiten treibt?

Y: Lassen Sie mich sagen – und das gilt für alle Energie –, daß es keine Zufälle im Universum gibt. Daher geschieht es nicht zufällig, daß ich zu diesen anderen Seelen hingezogen werde, die meines Beistands bedürfen. Meine Hinlenkung zu diesen Seelen ereignet sich nicht ohne Unterschiede. Es ist bereits vor langer Zeit von meinem Lehrer so eingerichtet worden, daß ich bei einem bestimmten Entwicklungsstand einer Seele zu deren Beistand herbeigerufen werde, genau wie viele andere Lehrer in dieser Welt. Wir werden nicht durch Zufall von bestimmten Seelen magnetisch angezogen. Es ist kein Zufall, daß ich bei Charles bin oder bei den anderen Seelen, denen ich zur Seite stehe. Sie müssen verstehen, daß alles in diesem Universum sich in den Grenzen eines geregelten Systems abspielt. Auch wenn es Ihnen durch Ihr physisches Auge nicht geregelt erscheint, bewegt sich unser Universum in den Bahnen eines geregelten Systems.

M: Liegt die Tatsache, daß Sie zu diesen Seelen hingezogen
   werden und daß diese Seelen in der Lage sind, Sie aufzunehmen, im Magnetismus begründet...

Y: (unterbricht sie) Nein, nein, bitte, nein. Ich bedauere
   diese Wortwahl, da ich es offensichtlich nicht richtig
   erklärt habe. Ich wurde dazu ausersehen, diesen Seelen
   beizustehen. Das geschieht weder durch Zufall noch
   durch magnetische Anziehung. Es verhält sich nicht so,
   daß sie an einem bestimmten Punkt der Zeit angelangt
   sind und ich, der ich im Raum schwebe, sie sehe und
   ihnen zu Hilfe eile. Nein, so geschieht es nicht. Alles hat
   seinen festen Platz. Man hat mich gefragt, und ich habe
   mich gerne bereit erklärt, diesen Seelen, die auf ihrem
   spirituellen Pfad Anleitung brauchen, beizustehen. Diese
   Forderung ist von meinen Lehrern und von den Lehrern
   dieser Seelen an mich herangetragen worden, und ich
   habe diese Aufgabe bereitwillig übernommen.

M: Ich danke Ihnen.

Y: Bitte.

J: Heute haben Sie kurz Ihre letzte Inkarnation, die auf das
   Jahr 1232 zurückgeht, erwähnt. Können Sie uns mehr
   über diese Inkarnation berichten, uns mehr Einzelheiten
   mitteilen und uns wissen lassen, wer Ihre Eltern waren
   und was für ein Leben Sie geführt haben? Ich erinnere
   mich, daß Sie sagten, daß Sie den Übergang mit 14
   Jahren vollzogen und daß das Ihr letztes Leben auf der
   Erde war.

Y: Damit Sie verstehen, was vor uns liegt, möchte ich
   Ihnen das Leben, nach dem Sie sich gerade erkundigt
   haben, erläutern. Es war eins von Tausenden, die ich
   geführt habe, seitdem ich auf diesem Planeten weilte.
   Als ich daher das 14. Lebensjahr vollendet hatte, war es
   nicht mehr notwendig, daß ich dieses Dasein weiter-
   führte, denn meine Fähigkeit, meine medialen Sinne la-

gen so klar auf der Hand, daß meine Seele frei war, den physischen Körper abzustreifen und den spirituellen Fortschritt in der ätherischen Welt fortzusetzen. Ich will nicht behaupten, ich hätte ein gottähnliches Bewußtsein erlangt, denn damit würde ich ein existierendes Ich voraussetzen. Ich will auch nicht behaupten, ich sei ein großer Meister, denn das wäre nicht wahr.

J: Als Sie früher mit Charles in Verbindung standen, wie haben Sie ihm da Ihr Wissen vermittelt? Auf die gleiche Weise wie heute, oder war es damals anders?

Y: Es war nicht so wie heute, denn wie Sie sehen, ist die Wissensvermittlung nicht direkt an Charles gerichtet. Vielmehr ist es eine Wissensvermittlung, an der er teilhat, jedoch ist das Wissen für jeden bestimmt, der sich dieser Art des Lernens geöffnet hat, der merkt, daß seine Energie mit dem, worüber wir hier sprechen, übereinstimmt. Charles versteht diese Dinge natürlich besser als die meisten anderen, aber ein direktes Lehren ist in dieser Weise nicht möglich. Nicht in seinem gegenwärtigen Leben.

J: In einer unserer früheren Sitzungen haben Sie erklärt, Yan Su Lu, daß Sie Charles' Stimmbänder und sein Nervensystem übernehmen, wenn Sie in seinen Körper eingehen. Wie steht es mit seinen Augen und Ohren? Sehen Sie durch seine Augen? Hören Sie mit seinen Ohren?

Y: Natürlich bleiben die Sinnesorgane dieselben. Wir benutzen gewissermaßen diesen Channel, und wir benutzen auch seine Sinne. Wenn er nicht hören könnte, würde der Channel nicht in dieser Weise benutzt, denn es würde eine hochentwickelte spirituelle Persönlichkeit erfordern, die telepathischen Energien zu verstehen, die im Spiel wären, wenn Charles nicht hören könnte. Daher müssen wir uns des Gehörs bedienen. Das Sehen ist für unsere Sitzungen nicht wesentlich, wohl aber das Gehör.

J: Wenn Sie jetzt die Augen öffnen würden, wäre es Yan Su Lu, der sieht, oder wäre es Charles?

Y: Es wäre Charles.

J: Danke. Um uns Klarheit zu verschaffen, möchte ich Ihnen einige Fragen zu den beiden Inkarnationen stellen, die Sie in früheren Sitzungen erwähnten. Während unserer ersten Sitzung im Februar 1978 sagten Sie, daß Ihre letzte Reise auf diesem Planeten im Jahre 1232 in China stattfand und daß Sie den Übergang im Alter von 14 Jahren vollzogen. In unserer Sitzung am 11. Mai 1978 erklärten Sie, daß Sie sich an all Ihre Inkarnationen erinnern. Würden Sie uns etwas über die Inkarnation erzählen, die derjenigen in China vorausging? Sie sagten, daß Sie den Übergang im Jahre 1215 in Asien vollzogen, als Sie zwölf Jahre alt waren. Zu jener Zeit, erklärten Sie, waren in Ihnen die männlichen und weiblichen Eigenschaften im Gleichgewicht. Sie sagten, daß Sie sich eine letzte Gelegenheit auf dieser Erde zugestanden. Warum mußten Sie, wenn das so ist, 1232 in einer weiteren Inkarnation in China zurückkehren?

Y: Es gab in bezug auf die Ausdehnung meiner spirituellen Mitte für mich noch etwas auf der körperlichen Ebene zu lernen. Eine Lektion, die ich noch zu lernen hatte. Mit diesem Gedanken wurde ich noch einmal für kurze Zeit in den inkarnierten Seinszustand versetzt, um dieses Ziel abzuschließen und zu vollenden. Es war zu jener Zeit nicht notwendig, daß ich an allen anderen Erfahrungen teilhatte, sondern ich wählte ein Leben, in dem gewährleistet war, daß mich diejenigen, denen die Lehren der damaligen Zeit oblagen, umgaben und mich in meiner letzten Lektion unterstützten.

Für diese kurze Existenz war eine weitgehende Isolierung

notwendig. Ich verbrachte einen Großteil der Zeit in völliger Isoliertheit, denn nur auf diese Weise war ich in der Lage, die höchste Ebene der Öffnung meiner spirituellen Zentren zu erreichen. Eines möchte ich an diesem Punkt klarstellen, und zwar, daß es sehr schwierig ist, die Vorgänge, die sich zu jenem Zeitpunkt in meinem Körper abspielten, vereinfacht darzustellen, doch ist es am besten folgendermaßen zu erklären: Es existieren innerhalb der seelisch-spirituellen Zentren vielfältige Verständnisebenen, und wir müssen uns im Zuge unserer Weiterentwicklung diesen Ebenen nähern und eine nach der anderen erfassen. Nur so werden wir in der Lage sein, nicht nur das, was uns umgibt, zu verstehen, sondern vor allem auch unsere eigene Seele und die Energien, deren wir uns bedienen müssen, um unsere Entwicklung auf dem spirituellen Pfad voranzutreiben.

J: Immer wenn Charles einen Übergang ins Jenseits vollzog, wurde er von einem Freund und Lehrer erwartet. Waren Sie es, der jedesmal zur Stelle war, um ihn zu empfangen und ihn zu unterweisen?

Y: Ich war nicht jedesmal zugegen. Das ist immer von dem besonderen Lebensabschnitt abhängig und von dem Erfahrungsmuster, das für ihn notwendig ist. Einige der Übergänge erforderten meine unmittelbare Anwesenheit nicht, und es gab andere Brüder und Lehrer, die ihn in diesen besonderen Erfahrungen begleiteten. Meine Verbindung mit Charles, meine Beziehung zu ihm, war immer dann sehr stark, wenn er in einer Existenz ein tiefes Verlangen nach spirituellem Wachstum und Verständnis hatte. Das bedeutet allerdings nicht, daß ich nicht bei ihm gewesen wäre, wenn er die materiellen Seiten des Lebens verfolgte und dringend Hilfe brauchte.

J: Charles hat in der Hypnose ein Leben beschrieben, in

dem er ein chinesischer Verwalter war. Standen Sie ihm in der Zeit des Übergangs zur Seite?

Y: Ja, ich war bei ihm.

J: Kennen Sie die anderen, die in den Existenzen, die nicht von Ihnen begleitet waren, bei ihm waren?

Y: Ja, aber es wäre überflüssig, Namen zu nennen. Sie würden Sie nicht erkennen.

J: Wußten Sie immer, wann Charles sich in einem Übergang befand, selbst wenn Sie nicht unmittelbar bei ihm waren?

Y: Ja. Ich habe seine Lebensabschnitte und seine Übergänge ebenso wie seine Seelenverfassung über viele Existenzen hinweg beobachtet. Und die Beziehung zwischen Charles und mir wird in dieser Weise andauern. Wie in der Vergangenheit verhält es sich jetzt und wird es sich in Zukunft verhalten. Denn mein Interesse an Charles ist nicht nur das eines Lehrers für seinen Schüler, sondern auch das eines Bruders, aufgrund der Liebe nämlich, die zwischen ihm und mir besteht, und diese Liebe verbindet uns über viele, viele Existenzen hinweg.

Um das klarzustellen: Wenn es auch stimmt, daß ich nicht bei jedem Übergang anwesend war, habe ich ihn doch in den meisten seiner Lebensabschnitte begleitet, habe ihm geholfen, ihn, wann immer ich konnte, unterwiesen, ihm im Schlaf Informationen zukommen lassen.

J: Können Sie mir ein vergangenes Leben nennen, in dem sich Charles besonders stark mit der materiellen Ebene beschäftigte und in dem Sie ihn begleiteten?

Y: Dazu kommt mir sein Leben in Italien in den Sinn. Dieses Leben prägte ihn in vielfältiger Weise. Er war sehr stark mit materiellen Belangen beschäftigt. Den größten Teil seines Lebens verbrachte er damit, seine physischen Sinne zu befriedigen. Sein Streben nach Macht war groß, und einem anderen Menschen das Leben zu nehmen, bedeutete ihm nichts. Sein spirituelles Bewußtsein war bestenfalls schwach ausgeprägt. In diesem Leben begleitete ich ihn, denn wir erkannten beide, daß seine Seele eine schwierige Zeit durchleben würde, wenn sie erst den Körper verließ. Seine Lebensspanne betrug nur 24 Jahre Ihrer Zeitrechnung. Es bestand große Verwirrung, denn sein Leben war so sehr materiellen Interessen unterworfen, daß die Seele, als sie sich zum Verlassen des Körpers entschloß, sich in Schwierigkeiten befand. Damals war ich bei Charles. Wenn Sie wissen wollen, von welchem Jahrhundert wir sprechen, so wäre das ungefähr 300 Jahre nach Christus.

J: Erklären Sie uns, auf welche Weise Sie die vom Körper gelöste Seele lehren. Können Sie uns, Schritt für Schritt, beschreiben, wann Sie Kontakt zu dieser Seele aufnehmen und wie Sie dieser Seele Ihr Wissen vermitteln?

Y: Sprechen Sie von der Zeit, in der die Seele sich im Übergang befindet oder nach der Vollendung des Übergangs?

J: Beide Möglichkeiten, bitte.

Y: Dann lassen Sie uns ein Beispiel nennen: Wenn Charles zu der Erkenntnis käme, daß er das physische Dasein bald verlassen muß, dann würde ich beginnen, ihn mit Botschaften an sein Unterbewußtsein darauf vorzubereiten, ihn leiten und unterweisen, damit seine Seele keine Überraschungen erlebt. Der Augenblick der Verwirrung, dem sich jede Seele während des Übergangs ausgesetzt sieht, hängt ganz und gar von dem spirituellen Weg ab, den diese Seele während des entsprechenden Lebens beschritten hat.

Eine Seele, die keinerlei religiöse Neigungen hatte, würde große Verwirrung erfahren. Darum würde in der Zeit kurz vor dem Tode sehr viel mehr Energie vom Lehrer auf die Seele übertragen. Wenn sich die Seele dem körperlichen Ende nähert, bereiten wir sie, so gut wir können, innerhalb des Bewußtseins, vor. Wenn der Übergang eingetreten ist, erkennen wir, vorausgesetzt, die Seele verfügt über ein elementares spirituelles Wissen, anhand der Energie, die sie uns entgegensendet, sehr schnell, wie sehr wir diese Seele mit unseren eigenen Energien umfangen und in einen Bereich überleiten müssen, in dem sie zur Ruhe kommt.

Wir führen die Seele, und dieses Wort ist von größter Wichtigkeit, denn wir übernehmen sie nicht. Sie hat immer noch die Möglichkeit zu entscheiden, ob sie uns folgt oder nicht. Wenn sie beschließt, es nicht zu tun, lassen wir ihr die Freiheit, die Richtung einzuschlagen, die ihr am angenehmsten ist. Für diejenigen, die Angst haben vor der liebenden Energie, kann das eine schmerzliche Erfahrung sein, denn diejenigen Seelen, die es auf sich nehmen, ihren freien Willen auszuüben, um der Liebe und Energie zu entgehen, die von ihren Lehrern ausgehen, werden erdgebunden und bewegen sich in den Grenzen der Vorstellungen und Gefühle, die sie während ihres körperlichen Lebens beherrschten.

Dieser Zustand ist eine überaus frustrierende Erfahrung für die Seele, denn sie kann die Gefühle und Empfindungen ihrer physischen Existenz in einem Körper nie mehr erleben. Und doch setzt sie ihre Bemühungen fort. Irgendwann bitten diese Seelen dann um Hilfe und Leitung, und wir sind zur Stelle. Wir – das heißt, die Lehrer – kommen ihnen zu Hilfe. Wir verlassen sie niemals, wir richten unsere liebende Energie immer auf sie, in der Hoffnung, daß sie irgendwann in der Lage sein werden, das in sich aufzunehmen, was wir ihnen begreiflich machen wollen – schlicht und einfach Liebe.

J: Sie nutzen den Schlaf eines Menschen, um ihn zu unterweisen. Geschieht das manchmal auch im Traumzustand, und wenn ja, wie stellen Sie sich im Traum dar?

Y: Wenn Sie danach fragen, wie ich mit Charles arbeite – und wir wollen uns auf Charles beschränken –, dann kann ich Ihnen sagen, nein, wir haben uns seiner Traumzustände nicht bedient. Denn wir haben erkannt, daß auf der gegenwärtigen Ebene die Übermittlung positiver Gedanken am schnellsten durch das Unbewußte und Unterbewußte geschieht, wenn Charles schläft.
Wenn wir uns in seine Traumphasen einschalten müßten, würde das zur Verwirrung führen, und er würde die Botschaft nicht so klar empfangen wie in der telepathischen Kommunikation. Der Traumzustand ist ein Hilfsmittel der Seele, um sich selbst auszudrücken, wenn auch gelegentlich verworren; er ist Ausdruck der Erfahrungen im gegenwärtigen oder in vergangenen Leben eines Menschen. Doch weil es im Traumzustand zu dieser Verwirrung kommt, haben wir uns entschlossen, ihn in unsere Kommunikation mit Charles nicht einzubeziehen.

J: Bedienen sich mehr oder weniger alle Lehrer des Schlafzustandes, oder gibt es andere, die den Traumzustand vorziehen?

Y: Wie ich schon betont habe, ist der beste und direkteste Weg, sich der Seele mitzuteilen, die telepathische Verbindung im unbewußten, unterbewußten Zustand. Der Traumzustand wird von Lehrern nicht einbezogen. Dieser Bereich bleibt der Seele des Menschen überlassen, um eigene Fragen aufzuwerfen.

J: Ist es einem Menschen möglich, das Bewußtsein vom dinglichen Körper zu trennen?

Y: Das Bewußtsein, das Sie hier ansprechen, ist nicht Teil des physischen Körpers. Das Bewußtsein ist keine physische Materie, es ist eine Energie. Wenn man sich der Methode der Astralreise bedient, dann tut man das in einer Bewußtseinsform, die vom Körper getrennt ist.

Astralenergie existiert unabhängig von der materiellen Energie. Der Astralleib wird nicht vom materiell existenten Körper beherrscht. Es handelt sich um zwei verschiedene Erscheinungsformen von Energie.

J: Vielen Dank. Wir haben schon an anderer Stelle über das Bewußtsein gesprochen. Können Sie mir sagen, ob das Bewußtsein nur dann in Funktion treten kann, wenn es in Verbindung mit dem Gehirn steht?

Y: Die Funktion des Bewußtseins ist unabhängig von physischer Materie.

J: Sind Sie in der Lage, jede Frage zu beantworten, die ich Ihnen stelle, oder nur bestimmte Fragen zu bestimmten Themenbereichen?

Y: Die Antwort wird bestimmt durch die Kompliziertheit der gestellten Frage, der Ebene meines Bewußtseinszustandes sowie der Verfassung des Channels zum gegebenen Zeitpunkt. Allerdings konzentrieren wir uns hauptsächlich auf Themen spiritueller Natur, um nicht von unserer Bewußtseinsstufe abweichen zu müssen.

J: Wenn ich Ihre früheren Erklärungen richtig verstanden habe, hat Charles noch andere Lehrer neben Ihnen. Sind alle anderen Lehrer stets bei ihm geblieben, oder haben sich einige von ihnen sozusagen ausgeklinkt?

Y: Sie kommen und gehen.

J: Aber Sie selbst sind immer bei ihm geblieben.

Y: Andere haben das auch getan. Sie müssen das so verstehen, daß ich mich in manchen Inkarnationen entferne und in anderen wiederkehre. Ebenso verhält es sich mit anderen Lehrern. Abhängig davon, welche Schwierigkeiten eine Seele im Laufe eines bestimmten Lebens erfährt, wird die Beziehung hergestellt, die bestimmt, welcher Lehrer am besten geeignet ist, die Seele in dieser Inkarnation zu unterstützen. Das wird nicht immer derselbe Lehrer sein, das Wissen jedoch ist immer dasselbe, denn es kommt von ein und derselben Quelle – vom Vater.

So, wie Yan Su Lu sich uns gegenüber darstellte, schien er, was das Wesen seiner Beziehung zu Charles betraf, vollkommen sicher. Meine Fragen konnten seinen Standpunkt in dieser Hinsicht niemals erschüttern. Wir sprachen im Laufe der Zeit über viele Themen. Gelegentlich führte mich eine Antwort von Yan Su Lu zurück zu einem hochgeschätzten Buch über Philosophie oder Religionsphilosophie, mit dessen Hilfe ich mich mit bestimmten Gedanken wieder vertraut machte. Mein Anliegen war weniger, Mängel in den Lehren meines chinesischen Freundes zu finden, als vielmehr die Hauptströmungen zu erkennen, denen seine Lehren entstammen. Ich stellte fest, daß einige seiner Gedanken im Widerspruch zu den traditionellen religiösen Vorstellungen standen, während andere leicht als Bestandteile der »ewigen Philosophie« zu identifizieren waren, jener allgemein anerkannten Substanz von Grundsätzen und Lehren, die sich im stillen geistigen Erbe aller großen Religionen finden.

Was nun folgt, sind fünf nach Themen geordnete Kapitel, in denen ich eine Sammlung der interessantesten Unterhaltungen, die ich mit Yan Su Lu geführt habe, wiedergebe. Ich habe sie leicht überarbeitet, um die Übergänge zwischen einem Themenbereich und dem nächsten fließender zu gestalten, dennoch zeigen sie deutlich das Wesen seiner Lehren als Einheit.

Ich habe im wesentlichen Yan Su Lu ohne Kommentar von mir zu Wort kommen lassen, weil ich möchte, daß die Leser ihre eigenen Schlüsse ziehen und möglicherweise die verborgenen Kräfte in sich selbst herausfinden können.

Heilen und Geistheilen, Tod und Sterben

J: Können Sie uns sagen, Yan Su Lu, wodurch Krankheiten verursacht werden und worin ihr Sinn liegt?

Y: In dem Maße, in dem sich das Bewußtsein des Menschen entwickelt und zu spiritueller Erleuchtung gelangt, wird die Notwendigkeit für Krankheiten, wie wir sie heute in Ihrer Gesellschaft kennen, aufhören zu bestehen. Die Lebensdauer wird einen Zuwachs erfahren, wie Sie ihn heute noch nicht verstehen können. Krankheit ist nur ein Teil der Route, die die Seele einschlägt, um den Übergang des menschlichen Körpers in die ätherische Welt zu nutzen. Es ist nur ein Weg, den die Seele zum Übergang beschreitet, wenn der Auftrag des gegenwärtigen Lebens erfüllt ist.

J: Viele Anzeichen sprechen dafür, daß der Bewußtseinszustand eine große Rolle für unser Wohlbefinden oder Kranksein spielt. Offensichtlich beeinflußt das Bewußtsein die Abwehrkräfte des Menschen gegen Krankheiten. Mir ist bekannt, daß die medizinische Forschung immer größeres Augenmerk auf die mögliche Funktion von Fühlen, Denken und Empfindung in der Krankheit legt.* Wie denken Sie über die natürlichen Heilkräfte unseres Körpers?

Y: Jede Person trägt in sich die Fähigkeit, ein Leben in vollkommener Gesundheit, ohne Krankheiten und Beschwerden zu führen. Lassen Sie uns von dieser Prämisse ausgehen und weiterführend erklären: Wir wissen natür-

---

* Dieses Wissenschaftsgebiet nennt sich Psychoneuroimmunologie (PNI) und befaßt sich mit der Rolle, die Bewußtsein und Gefühl für die Funktion des Immunsystems spielen. Siehe: Stephen Locke, M. D. und Douglas Solligan: The Healer Within, E. P. Dutton Publishers, New York, 1986

lich, daß die meisten Menschen in Ihrer Gesellschaft und in der ganzen Welt sehr unter ihren körperlichen Beschwerden zu leiden haben. Krankheiten greifen überall um sich, und die Krankheiten des Körpers verursachen viele Leiden. Die körperlichen Leiden haben vielfältige Ursachen, deren einschneidendste lebenslange Verkrüppelungen und Verstümmelungen des Körpers ausmachen. Das sind Geschehnisse, die die Seele aus karmischen Gründen auf sich nimmt, die mit dem zu tun haben, was in vergangenen Inkarnationen gelernt worden ist. Doch wenn wir unser Augenmerk auf die am häufigsten auftretenden Krankheiten des Körpers richten, können wir folgendes sagen: Gleichgültig, wie schwer das Leiden ist, wenn der Betroffene daran glaubt, daß er es überwinden kann – mit Hilfe aller gesammelten Kräfte, unter Aufbietung aller Energien, die in ihm liegen, durch die Suche nach der ihm innewohnenden Kraft zur Selbstheilung, die Bitte um den Beistand von Lehrern, die Konzentration auf die Krankheit durch Vergegenwärtigung, bildliche Vorstellung und den Glauben an seinen Zustand vollkommener Gesundheit –, so ist das die Wahrheit. Die Krankheit ist unwahr. In Wahrheit ist der Körper im Zustand vollkommener Gesundheit. Dafür sind Glauben und Vertrauen erforderlich. Jeder Mensch trägt die Fähigkeit in sich, sich selbst zu heilen und jede Krankheit abzuschütteln. Wir sprechen von einer Heilkraft, die in der Lage ist, alles Erforderliche so zu verändern, daß vollkommene Gesundheit daraus entspringt.

J: Wie Sie an früherer Stelle sagten, Yan Su Lu, gibt es Wesen, die so weit entwickelt, so beseligt sind, daß ihre einzige Aufgabe darin besteht, zu lehren und zu helfen und Gottes Wort und seine Liebe zu überbringen. Sind diese Menschen noch Krankheiten unterworfen?

Y: In dem ätherischen Seinszustand, zu dem sie sich entschlossen haben, nein. Für diese Wesenheiten gibt es keine Krankheiten.

J: Wenn diese Wesen aber nicht in einem ätherischen Seinszustand, sondern in körperlicher Gestalt auftreten...?

Y: Dann würde es natürlich sehr stark vom vorherigen Karma und den Erfahrungen abhängen, die noch erworben werden müssen.

J: Wie können wir die alten Heilmethoden, wie Rhythmus, Klang und Farbe mit den Fortschritten der modernen Medizin verbinden?

Y: Die »Fortschritte« der modernen Medizin werden jenen Seelen zugänglich gemacht, die das eigentliche Wesen des Heilens nicht verstehen oder nicht willens sind, die geistige Anstrengung zu unternehmen, die erforderlich ist, damit sich ihnen ihre Heilkräfte erschließen. Darum erwarten sie von der Wissenschaft, daß sie das für sie tut, wozu sie selbst nicht in der Lage sind. Und das ist auch richtig, besonders, wenn man bedenkt, daß die Entdeckungen und/oder Wiederentdeckungen in der Medizin einen Teil des Evolutionsprozesses ausmachen. Doch ich muß hinzufügen, daß sie mit äußerster Vorsicht angewendet werden müssen. Es ist unwahrscheinlich, daß die Entwicklung der Menschheit den Stand erreicht, der für die Nutzbarmachung der eigenen Heilkräfte notwendig ist und sie auf diese Weise durch die ätherische Welt allgemein wirksam macht.

Die Anwendung von Farb-, Rhythmus- und Klangenergien ist eine Sache. Es hängt von der Person ab, die sich dieser Energien bedient, welche sie für sich am angemessensten findet. Charles benutzt in seinen Heilversuchen ein helles Blau und ein leuchtendes Weiß. Anderen Menschen würden andere Farbschattierungen mehr entsprechen oder auch andere Energien überhaupt, wie zum

Beispiel der Klang. Es ist nicht die Farbe, die zählt, sondern die Energie, die durch den Heiler aus der ätherischen Welt herübergebracht wird.

J: Danke. Können Gebete – von Freunden beispielsweise – helfen, einen Menschen zu heilen, wenn sie ausschließlich für ihn gesprochen werden?

Y: Nur, wenn die kranke Person an diese Energie glaubt und sie anerkennt. Andernfalls ist es vergeblich.

J: Was kann ein Mensch tun, um sich Gesundheit und Wohlbefinden zu bewahren?

Y: Ich würde Ihnen einen schlechten Dienst erweisen, wenn ich Ihnen diese Frage in einem einzigen Satz beantworten würde. Es gibt so viele Bereiche, die der Körper des Menschen beherrschen muß, um in gesunder und positiver Verfassung leben zu können. Es ist nicht nur eine Frage der richtigen Ernährung, Bewegung und medizinischen Behandlung. Es hat sehr viel mit der karmischen Verbindung zwischen dem gegenwärtigen Leben und allen vorangegangenen Inkarnationen zu tun. Ein Mensch kann im gegenwärtigen Leben eine Seele besitzen, die alles nur Erdenkliche getan hat, um sich gesund zu halten, um aus dem Körper einen Tempel für die Seele zu machen, was außerordentlich notwendig ist. Dennoch ist es möglich, daß dieser Körper aufgrund eines früheren Karmas viele Leiden erdulden muß, wie beispielsweise Krankheit, den Verlust von Gliedmaßen und/oder die Unfähigkeit, im Vollbesitz seiner geistigen und körperlichen Kräfte zu handeln. Das ist nichts Ungewöhnliches. Wenn die Seele ihren Weg eingeschlagen und begriffen hat, daß sie nur zum Ziel gelangen kann, wenn sie im gegenwärtigen Leben alles Erforderliche tut, dann sät sie die Samenkörner für die vor ihr liegenden Inkarnationen aus, so daß sie mit der Zeit, indem sie geistig wächst, auch körperliche Fortschritte macht. Schließlich werden sich diese Fähigkeiten miteinander verbinden, um das eigentliche Ziel der Menschheit zu erlangen.

J: Yan Su Lu, Sie haben erklärt, daß alles in diesem Universum von Bewußtsein durchdrungen ist. Reagiert dieses Bewußtsein auf positive und negative Denkmuster des Menschen? Kann es beispielsweise Erdbeben, Überschwemmungen und andere Katastrophen herbeiführen?

Y: Der negative Einfluß auf die Erde, der vom Menschen durch seine negativen Gedanken und Handlungen bewirkt wird, wirkt sich in der Tat auf den natürlichen Lauf dieses Planeten aus, wenn man von den notwendigen Veränderungen und Anpassungen der geologischen Bewegung und der Umweltbedingungen spricht. Das Gleichgewicht des Planeten ist gestört, was die Katastrophen, wie Sie es nennen, herbeiführt. Aufgrund seines Dranges, die Natur nach seinen Bedingungen zu beherrschen, ist der Mensch in diesen Katastrophen gefangen und muß nun ihre Folgen tragen. Das geschieht keineswegs zufällig. Ich möchte Sie noch einmal daran erinnern, daß viele Seelen diesen Weg des Übergangs gewählt haben, um ihre karmische Schuld zu begleichen. Wenn wir das andere Extrem nehmen, können wir uns die positive Erfüllung vorstellen, zu der sich der Mensch entwickeln könnte, wenn er die Kraft des positiven Denkens und der Liebe nutzt. Denn dann würden wir, anstelle der Katastrophen und Unfälle, eine gewaltige Schönheit der Natur erleben, die sich in lebhafteren Farben zeigt, als Sie es sich gegenwärtig im entferntesten ausmalen können. Das physische Auge hat die volle Schönheit dieses Planeten noch nicht geschaut, aber es wird schließlich geschehen.

J: Können wir – können unsere Kinder – bei der gegenwärtigen Vergiftung der Luft, des Wassers und des Bodens überleben? Gibt es etwas, das wir tun können?

Y: Was Sie im Augenblick auf diesem Planeten erleben, ist ein Anfang, die erwachende Erkenntnis dessen, was Sie ihm antun. Leider werden diejenigen, die zum gegenwärtigen Zeitpunkt leben und die klar genug sehen, um die Zerstörung zu begreifen, die angerichtet wird, die Früchte der Bemühungen von Menschen wie Ihnen, die das empfindliche Gleichgewicht zwischen Mensch und Natur verstehen, nicht erleben. Dennoch wird es geschehen. Es muß geschehen, denn mit der spirituellen Entwicklung der Seele geht die Fortentwicklung des Planeten einher. Sie ist natürlich abhängig davon, wie weit der Geist derjenigen, die ihn, aus Unwissenheit und Habgier, unwissentlich zerstören, von diesen Gedanken durchdrungen wird. Was Ihnen also heute als negativer Begriff des Menschen von der Natur begegnet, wird sich schließlich in eine positive Reaktion verwandeln.

J: Können Sie uns etwas über die Bedeutung von Träumen sagen?

Y: Da das Bewußtsein eine bedeutende Rolle im Traumzustand spielt, brauchen wir unseren alltäglichen Träumen keine allzu große Wichtigkeit beizumessen, denn Träume können durch Erlebnisse, Entbehrung oder körperliche Anstrengung vom selben Tag ausgelöst werden. Das Essen kann den Traumzustand positiv und negativ verstärken, doch es werden lediglich Gedanken und Erinnerungen aus dem Unterbewußtsein hervorgeholt. Wir stellen fest, daß in dem Maße, in dem eine Person in Einklang ist mit ihrem spirituellen Weg und sich auf diesem Weg weiterentwickelt, das Unterbewußtsein zum Auslöser für den Traumzustand wird. Das wird dadurch deutlich, daß in diesem Traumzustand mehr bedeutungsvolle Botschaften auftauchen.

J: Wirken sich Träume heilend auf unseren Körper aus?

Y: Sie können eine heilende Wirkung auf den Körper haben,

entsprechend dem Entwicklungsstand einer Person und dem Grad ihrer Bemühung darum, sich selbst zu heilen. Wenn der Bewußtseinszustand zu einer hohen Ebene der Meditationsfähigkeit geführt worden ist und sich die gesamte Konzentration auf das Un-Wohlsein richtet, dann kann der Traumzustand mit dieser Energieebene – diesem Zustand tiefer Meditation, dem hohen Grad gedanklicher Konzentration – in Übereinstimmung gebracht werden. Das würde dann im Traumzustand eintreten, um der Person, die von Un-Wohlsein betroffen ist, zu helfen und sie zu unterstützen.

J: Würden Sie sagen, daß chemische oder hormonelle Störungen durch Träume ausgeglichen werden können?

Y: Auch das nur aufgrund der konzentrierten Bemühungen einer Person darauf, sich selbst zu heilen.

J: Aber in diesem Falle könnte eine Veränderung der körperimmanenten Bedingungen eintreten, wie beispielsweise eine Stärkung des Immunsystems?

Y: Alles, was notwendig ist, die Gesundung des Körpers zu bewirken, würde hier zum Tragen kommen. Wenn das Unterbewußtsein erst wachgerufen ist und die Konzentration hergestellt und auf einer sehr hohen Ebene auf das Selbst gerichtet ist, dann wirkt der Traumzustand selbstverständlich als Spiegel des Unterbewußtseins, indem er die ihm innewohnenden Energien in einem immerwährenden Kreislauf der gesammelten Energie – Heilenergie – in das Bewußtsein zurückführt.

J: Können uns Träume einen Hinweis auf unseren Gesundheitszustand geben?

Y: Das ist möglich, ja.

J: Können Sie näher darauf eingehen, wie Träume zu deuten sind?

Y: Das müssen wir Ihrer persönlichen Reaktion auf Ihre Träume überlassen, denn es gibt keine Regeln, denen die

Bedeutung von Träumen unterworfen ist. Jeder Mensch hat eine sehr persönliche Ausprägung und muß seine Träume vor dem Hintergrund seines eigenen Bewußtseins und Wissens beurteilen. Dies, in Verbindung mit den Botschaften, die in den Träumen vermittelt werden, versieht uns mit der erforderlichen Antwort.

J: Kommt es zu Wechselwirkungen zwischen dem Wachzustand und den Traumerfahrungen? Wenn es beispielsweise im täglichen Leben etwas gibt, das unbefriedigend ist oder fehlt, kann dieses fehlende Element dann in den Träumen aufgezeigt werden, so daß schließlich ein gesundes emotionales Ventil entsteht, sozusagen ein Ausgleich unserer emotionalen Energien?

Y: So etwas ist möglich, aber wir wollen Sie nicht in die Irre führen, denn wir wollen dem Traumzustand nicht eine solche Bedeutung zumessen. Er stellt nur ein unbedeutendes Werkzeug dar, dessen man sich bedienen kann, um sich selbst zu heilen. Die Bemühungen sollten sich vielmehr nach innen, auf die Entwicklung der spirituellen Zentren richten. Nur so kann die eigentliche Bedeutung unserer Lebensmuster und Erfahrungen klarer umrissen werden. Der Traumzustand und Träume sind nur eines von vielen brauchbaren Hilfsmitteln.

J: Wie sehen Sie die Bedeutung des Schlafzustandes?

Y: Im Schlafzustand ist das Bewußtsein ausgeschaltet und übernimmt keine Funktion. Er erlaubt es dem Unterbewußtsein, sich die Ruhe und Stille, die der Körper erlebt, zunutze zu machen, und ermöglicht die Aufnahme telepathischer Botschaften von den Lehrern. Diese Botschaften werden in den Spiralzentren gespeichert und zu jeder Zeit an das Bewußtsein weitergegeben. Wenn jemand den Wunsch hat, diese Gedanken zu verstehen, so liegt es an dieser Person, ob er sich den Zeiten des Friedens und der Meditation überläßt, die man herbeiführen muß, um dieses Wissen und die Botschaften zu empfangen, die uns nicht nur aus uns selbst heraus, sondern auch von Lehrern außerhalb unseres Ich zugehen.

J: Wie können wir den alltäglichen Streß bewältigen?

Y: Ja, wie bewältigt man den Alltagsstreß ... Die Antworten sind so einfach und doch für den einzelnen so schwer zu verstehen. Nur durch bedingungsloses Vertrauen in Gott kann ein Mensch einen Ansatz finden, um mit den Belastungen Ihrer Gesellschaft umzugehen. Es ist einfach unmöglich für einen teilnehmenden Menschen zuzusehen, was um ihn herum geschieht, ohne Skepsis und Pessimismus zu entwickeln und zu dem Schluß zu gelangen, daß es sich nicht lohnt, ein Leben in einer Gesellschaft fortzusetzen, die es fertigbringt, ein solches Elend, solchen Haß, solches Leid und ein so negatives Denken auf sich zu ziehen, wie es in der heutigen Welt der Fall ist. Wenn nun jeder einzelne Bewohner dieses Planeten sagen würde: »Schluß jetzt! Ich kann diesen Planeten keine einzige Minute mehr ertragen!« – sagen wir, alle Menschenseelen würden zur selben Zeit zu diesem Entschluß kommen –, dann würde das Leben aufhören zu existieren. Das eigentliche Wesen dieses Planeten würde aufhören zu bestehen. Denn Sie müssen verstehen, ob es Ihnen nun gefällt oder nicht, daß Sie selbst es sind, die das, was Sie um sich herum sehen, über viele Lebensspannen hinweg auf diesem Planeten geschaffen haben. Und wenn wir nun auf dem hypothetischen Standpunkt stehen, daß jede Seele den Entschluß fassen müßte, ihre Existenz zu beenden und nicht weiterzuleben, dann habe ich folgende Botschaft für Sie: Sie würden wieder und wieder und immer wieder zurückkehren. Denn das ist die Lehre, die jeder einzelne Mensch, entsprechend dem Karma seiner vorausgegangenen Leben, erfahren muß, ob es nun eine bittere oder eine süße Erfahrung ist.

Der Streß ist natürlich nur ein kleiner Bereich. Streß ist ein Begriff, der, angewendet auf die Psyche des modernen Menschen, noch verhältnismäßig neu ist. Wenn man bedenkt, was die Seelen in Ihrer Dritten Welt täglich durchmachen, erscheint der Druck, dem die Menschen in der modernen Welt ausgesetzt sind, geringer, nicht wahr? Doch der Druck existiert, und er läßt sich nicht einfach dadurch leugnen, daß man an andere Seelen denkt, die unter ungünstigeren Umständen leben. Dem Streß und dem Druck kann leicht durch die Anwendung von Meditation begegnet werden. Man gibt uns oft zu verstehen, daß das eine vereinfachende Betrachtungsweise sei, aber wie könnten wir, oder warum sollten wir, eine so einfache Sache komplizieren? Gott weiß, daß diese Seelen kommen müssen, um zu verstehen, zu lernen und zu wachsen. Darum läßt er Sie nicht allein.

Wenn Sie nur fest daran glauben, daß Gott da ist, Ihnen zuhört und hilft, wenn er gerufen wird – nicht einfach durch das Beten festgelegter Worte, sondern durch eine tiefempfundene Verständigung; nennen Sie es Meditation oder Unterhaltung, wie es für Sie richtig ist, solange Sie sich nur darum bemühen –, dann dringen Sie zu Ihren eigenen geistigen Quellen vor, die Ihnen positivere und lohnendere Erfahrungen und Wege bringen, den Druck, der Sie lähmt, abzuschütteln. Es gibt viel zu sagen über den Druck, den Streß des alltäglichen Lebens, und wir können ihn in seine zutreffenden Kategorien aufgliedern, entsprechend der Ebene der Menschlichkeit, von der aus wir sprechen.

M: Können Sie uns etwas über die Beziehung von Heilenergien und zerstörerischen Energien erzählen, wie sie zum Beispiel im Voodookult Verwendung finden, der ausgeübt wird, um zu heilen, zu beherrschen und sogar zu vernichten?

Y: Die Beziehung zwischen Heilenergie und zerstörerischer Energie entspricht der Energie der Liebe und des Hasses, sehr dicht beieinander, was die Energie betrifft, die benötigt wird, um sich dieser Gefühle zu bedienen, aber auch, da das eine negativ, das andere positiv ist, getrennt in ihren Auswirkungen. Wir alle verfügen über Heilenergien. Jeder, den diese Worte erreichen, sollte wissen und begreifen, daß er die Fähigkeit hat, das Maß des Unbehagens oder Unwohlseins in seinem Körper oder seinem Geist wenigstens zu mildern. Nur durch eine Weiterentwicklung auf dem geistigen Pfad kann man die Kunst des Heilens, die sich jeder von Ihnen irgendwann einmal wird aneignen können, für sich in Anspruch nehmen und schließlich beherrschen. Gegenwärtig gibt es einige Seelen, die diese Energie in höherem Maße beherrschen als andere. Das will nicht heißen, daß sie auf dem geistigen Pfad weiter fortgeschritten sind, doch aufgrund ihrer vorangegangenen Erfahrungen auf dem Gebiet des Denkens und Glaubens wurden sie in die Lage versetzt, einen höheren Entwicklungsstand zu erreichen.

Diese Heilenergie geht von zwei Stellen aus: zum einen vom einzelnen Menschen selbst, in dem die Heilenergien im Solarplexus entstehen, und zum anderen von der ätherischen Welt, in der die Energien darauf warten, vom Menschen benutzt und durch seinen Körper in ihn selbst oder denjenigen, den er behandelt, geleitet zu werden. Dabei handelt es sich um positive Energie.

Sie sprechen im Augenblick von Voodoo. Möchten Sie das Gespräch über das Heilen, die Frage nach der positiven Energie, fortführen, oder haben Sie noch andere Fragen zu diesem Thema? Würden Sie es vorziehen, sich mit mir über den negativen Aspekt zu unterhalten? Sie müssen wissen, daß die Frage vielfältige Verzweigungen beinhaltet.

M: Wenn Sie von einem Menschen sprechen, der die Kunst des Heilens beherrscht, bezieht er diese Heilkraft, wie Sie sagten, aus sich selbst und aus der ätherischen Welt, oder kommt sie nicht von Gott und der Heiler fungiert nur als Channel?

Y: In diesem Fall muß ich mich entschuldigen, daß wir das Wort Gott nicht genannt haben. Wenn ich den Begriff des Ätherischen benutze, dann meine ich damit Gott. Es ist gut, daß Sie darauf hingewiesen haben, und ich möchte betonen, daß wir, wenn ich vom Ätherischen im positiven Sinne spreche, immer Gott meinen.

M: Es kommt vor, daß Menschen, die sich keineswegs auf einer hohen spirituellen Ebene befinden, sondern eher auf einer ichbezogenen Ebene, sich mit beachtlichem Erfolg als Heiler betätigen, was mich an das Phänomen von Poltergeistern erinnert...

Y: (unterbricht sie) Könnten Sie das bitte näher beschreiben...

J: Ich glaube, Maya will damit sagen, daß wir »Poltergeistenergien« kennen, die sich auf einer niederen Ebene bewegen. Nehmen Sie zum Beispiel das Phänomen des Löffelverbiegens. Wenn eine bestimmte Person einen Löffel verbiegen kann, dann verfügt sie ganz offensichtlich über eine gewisse Kraft, nämlich die, den Löffel zu verbiegen, hat aber möglicherweise keine erkennbare spirituelle Energie.

Y: Wir dürfen diese Energie nicht mit der Kraft zu heilen verwechseln. Es sind zwei verschiedene Dinge.

M: Es gibt Heiler, die keinen sehr großen Entwicklungsstand haben, jedoch mit großem Erfolg Krankheitssymptome lindern und manchmal sogar gänzlich verschwinden lassen. Während meiner Kindheit und Jugend bin ich ihnen immer wieder begegnet und habe sie beobachtet, und ich hatte stets das Gefühl, daß von ihnen eine dunkle

Energie, fast eine hypnotische Kraft, ausging. Ich sehe das als eine sehr starke erdgebundene Energie, die zerstörerisch wirken, aber auch Symptome beseitigen kann. In letzter Zeit habe ich von Heilern gehört, die in der Lage sind, die Bauchdecke ohne Hilfe eines Skalpells zu öffnen – man nennt sie Parachirurgen.

Ich kannte eine Zigeunerin, die von zynischem und negativem Wesen war; dennoch wurde sie zu vielen Kranken gerufen, die überzeugt waren, daß ihre Krankheitssymptome geheilt waren, nachdem die Frau sie behandelt hatte. Und ich habe von einem Russen gehört, der eine Art Zauberei ausübte und schwer kranke Menschen von ihren Symptomen heilte. Gewöhnlich hielt es nicht lange an. Manchmal verlagerten sich die Symptome und traten als etwas ebenso Schlimmes wieder zutage, doch diese Heiler hatten sehr viele Patienten und verdienten eine Menge Geld an ihnen. Sie waren zu dieser Zeit legendäre Gestalten.

Y: Nun, lassen Sie uns den Grund aufzeigen, warum die Personen, von denen Sie sprachen, wohl so viele Patienten gehabt haben mögen. Vorausgesetzt natürlich, daß die meisten Menschen unwissend sind und die spirituellen Grundwahrheiten, von denen wir hier sprechen, nicht verstehen, und vorausgesetzt, daß in dieser Welt die christliche Glaubensphilosophie und die asiatischen Philosophien bestimmte mystische Fähigkeiten mit sich bringen, die von den Predigern zum eigenen Vorteil verwandt werden können – darin unterscheiden sie sich nicht sehr von den Scharlatanen, die Sie erwähnt haben. Der Grund, warum diese Personen so viele Patienten anziehen, ist darin zu suchen, daß die bedauernswerten Seelen, die Heilung suchen, ihre eigenen Fähigkeiten, sich selbst zu helfen, nicht kennen und überzeugt sind, daß ein anderer Mensch ihnen von einem Leidenszustand zur Gesundheit verhelfen kann. Sie wollen unbedingt daran glauben, und darum fragen sie nicht danach, ob der Heiler positive Kräfte bewiesen hat. Der Grund dafür, daß diese Personen so viele Seelen anziehen, liegt in deren Unwissenheit. Sie haben Ihre Frage zum Teil selbst beantwortet, als Sie erwähnten, daß in der Regel keine dauerhaften Heilerfolge erzielt wurden.

Das ist wahr, denn das menschliche Bewußtsein kann sich bis zu einem gewissen Grade von etwas überzeugen, und dieser Glaube überträgt sich auf den Körper und bringt ihm vorübergehende Linderung. Doch sie ist nicht von Dauer, ähnlich als würden Sie, Dr. Jussek, einem Patienten ein Placebo anstelle eines wirksamen Medikaments verabreichen. Viele Menschen reagieren auf Placebos, als würden sie ein echtes Medikament einnehmen, aber das Endergebnis ist ein anderes. Ebenso verhält es sich mit diesen Seelen, die den Unterschied nicht verstehen zwischen einem, der ein positives und dem Heilen gewidmetes Leben führt, und einem, der seine Fähigkeiten um der persönlichen Bereicherung willen anpreist. Irgendwann werden diese Scharlatane entlarvt, vielleicht erst gegen Ende ihres Lebens, vielleicht überhaupt nicht in diesem Leben – aber die verbrecherischen Taten und der Betrug, den sie anderen Seelen zugefügt haben, werden ihnen in anderen Existenzen viele Leiden einbringen, und sie werden viel zu lernen haben.

J: Würden Sie uns mehr von den zerstörerischen Energien wie denjenigen, die im Voodoo zum Wirken kommen, erzählen?

Y: Sie fragen nach dem Unterschied zwischen dem Heilen und Voodoo. Lassen Sie uns, statt uns des Wortes Voodoo zu bedienen, die Fähigkeit des einzelnen betrachten, all seine Kraft in einer negativen Energie zu konzentrieren und diese Energie auf eine Person zu richten, über die er Unheil oder Leiden bringen möchte. Das ist möglich. Ja, es ist möglich.

Bejahung ist der Schlüsselbegriff aller energetischen Vorgänge in uns selbst. Nehmen wir einen Menschen, dem gesagt worden ist, daß er seinem Leben durch Liebe, Glauben und Meditation eine Wendung vom Leiden zur Freude geben kann. Dies wird der Seele immer und immer wieder mitgeteilt, doch weil sie es nicht annimmt, verharrt sie in ihrem Leben. Sobald sie beginnt, diese Weisungen zu akzeptieren, kann sie beginnen, ihren Weg zu ändern, die Energie zu ändern, die in ihr wirkt. Genauso verhält es sich mit der negativen Energie. Wenn Sie versuchen, alle Kräfte der Verneinung, über die Sie verfügen, auf mich zu lenken, um mich zu verunsichern oder zu vernichten, so könnte Ihnen das nicht gelingen, sofern ich nicht einwillige. Nun werden Sie vielleicht fragen, woran man merkt, wann dies geschieht.

Man registriert Unbehagen. Man weiß instinktiv, wenn man von negativen Schwingungen umgeben ist. Wenn man nun dieses negative Gefühl des Unbehagens verspürt, braucht man nichts anderes zu tun, als zu sagen: »Ich akzeptiere diese negative Energie nicht. Ich akzeptiere keine verneinende Haltung in meinem Leben. Ich bejahe nur das Licht der Liebe, die Energie, die von der Liebe geprägt ist.« Das ist Ihr Schild, Ihre Waffe gegen jeden, der Ihnen durch negative Energie Leid zufügen will.

J: In früheren Sitzungen haben wir über den Tod und das Sterben gesprochen. Sie haben gesagt, daß der Glaube an die Reinkarnation einem Menschen die Angst vor dem Tode nehmen kann. Gibt es andere Faktoren, die dazu beitragen können, daß er die Angst vor dem Tod verliert?

Y: Ganz sicher müssen wir die religiösen Überzeugungen eines Menschen berücksichtigen. Der Glaube an die

Reinkarnation ist besonders dazu angetan, diese sogenannte Angst vor dem Tod zu vertreiben. Aber in Anbetracht der Tatsache, daß nicht alle Menschen diesen Glauben teilen können oder wollen, können wir sagen, daß
der Glaube an den Vater, Gott – von welcher Seite auch
immer man den Symbolgehalt des Begriffes Gott betrachtet –, daß der tiefe Glaube an den Vater und das
Jenseits dem Menschen das tröstliche Wissen bringt, daß
der Tod keine Furcht birgt. Andernfalls wäre die Angst
ein Schatten, der ständig über dem Leben des Menschen
liegt.

J: Wir haben verstanden, Yan Su Lu. Forscher haben berichtet, daß sterbende Patienten oder Menschen, die klinisch tot waren, gelegentlich Visionen in Form von Erscheinungen haben. Sind derartige Erscheinungen auf
Zustände geistiger Verwirrung der Patienten zurückzuführen, oder sind sie glaubhafte Offenbarungen?

Y: Diese »Visionen«, von denen Sie, wie ich annehme, sprechen, treten auf, wenn eine Seele dem Übergang von der
physischen zur ätherischen Existenz nahe ist. Zu diesem
Zeitpunkt haben die Visionen die Funktion, den Übergang zu erleichtern, dem Menschen zu versichern, daß er
nichts zu befürchten hat. Leider sind gegenwärtig nicht
viele Menschen in der Lage, in den Segen solcher Visionen zu kommen. Aber schließlich werden diese Visionen
in dem Maße, in dem wir Fortschritte machen und uns
entwickeln, unumstößliche Tatsache werden, denn indem wir uns auf dem spirituellen Weg voranbewegen,
wird unser Ich-Bewußtsein geringer, und unser spirituelles Bewußtsein wird erweitert werden. Wenn also die
Angst besiegt ist, kann sich das Wissen ausdehnen. Und
wenn das spirituelle Wissen erst einmal erweitert ist,
lassen wir es zu, daß Sie viele dieser »Visionen«, wie Sie
es nennen, haben.

J: Warum überleben wir den Tod, da wir doch wissen, daß unser Ego sterblich ist und daß unsere individuelle Persönlichkeit mit unserem materiellen Körper stirbt?

Y: Wir überleben den Tod, weil es keinen wirklichen Tod gibt. Der materielle Körper, der die Seele umgibt, verändert sich von Inkarnation zu Inkarnation, entsprechend ihrer Bestimmung zu lernen. Jedesmal wenn wir wiedergeboren werden, bringen wir eine Persönlichkeit mit, die der Aufgabe des entsprechenden Lebens angepaßt ist. Unsere Persönlichkeit, unsere geistigen Fähigkeiten, unsere Talente, all das ist unserer Seele schon bei der Geburt mitgegeben. Es gibt im Laufe einer Existenz keine anderen Überraschungen als die mangelnde Bereitschaft des Bewußtseins, die ihm gestellte und von ihm gewählte Aufgabe zu erfüllen.

In solchen Augenblicken hat die Seele die Möglichkeit, ihre Existenz zu beenden oder Erfahrungen herbeizuführen, die es dem Bewußtsein ermöglichen zu lernen. Wenn das nicht geschieht, bleibt der Seele keine andere Wahl als die, das Leben des materiellen Körpers zu beenden. Die Art der Beendigung hängt davon ab, was das Beste für das Bewußtsein ist.

J: Sie haben von den Unterschieden zwischen der ätherischen und der physischen Ebene gesprochen. Können Sie uns erklären, auf welche Weise eine lebende Person eine Botschaft von einem ihm nahestehenden Verstorbenen empfangen kann?

Y: Die Energien gleichen sich in beiden Welten, lediglich die Schwingung unterscheidet sich. Wenn die Seele, die sich in der ätherischen Welt befindet, mit einem lebenden Menschen Kontakt aufnehmen will, so kann sie das auf ganz besondere Weise tun. Die geistigen Vorgänge, die sich in der materiellen Welt entwickelt haben, werden auch in der ätherischen Welt beibehalten. Mit geistigen

Vorgängen ist die bewußte Wahrnehmung der Seele gemeint. Sie stellt den Kontakt durch die Energie der Gedanken her, die auch während des Übergangs nicht verlorengeht. Mit Hilfe dieser Gedanken kann sich die lebende Person, wenn sie die Seele bewußt wahrnimmt, in die Energiebahnen, die vom ätherischen Wesen ausgehen, einschalten. Ich muß allerdings hinzufügen, daß das nicht immer gelingt.

Aber es sind Ihnen Lehrer zur Seite gestellt. Sie sind in jedem von Ihnen, hier und überall. Sie haben die Fähigkeit, Sie alle auf Ihren spirituellen Weg auszurichten, Sie darauf zu leiten und zu beraten. Leider läßt es das Bewußtsein manchmal nicht zu, daß die Botschaften, die die Lehrer senden, ihre Bestimmung erreichen. Sie werden abgewehrt. Menschen, die ihr ganzes Leben lang negative Ziele verfolgt haben, können eine solche Empfangsbereitschaft nicht erreichen. Aber die meisten von Ihnen werden im Laufe Ihres Lebens in der Lage sein, die Botschaften von ihren Lehrern zu empfangen und zu verstehen. Sie erreichen Sie in der Meditation. Sie erreichen Sie, wenn der Geist sich zur Ruhe begeben hat, und da das Wesen der Botschaft stark ist, kann sich der Mensch im Zustand geistiger Entspannung nicht dagegen verschließen, ihre Bedeutung zu verstehen.

Man spricht von spirituellen Gefühlen. Sie treten in Erscheinung, wenn Klarheit herrscht, wenn die Verwirrung ausgeschaltet ist und wenn die Gefühle eines Menschen von Liebe erfüllt sind, weil er eine solche Botschaft von einem Lehrer empfangen hat. Es ist eine wunderbare Erfahrung, auf die sich alle Menschen in täglicher Wiederholung einstellen könnten.

J: Erblickt der Mensch im Augenblick des Todes eine größere göttliche Wirklichkeit?

Y: Wir würden diese Frage sehr gerne bejahen, können es zu

unserem Bedauern aber nicht. Es gibt viele, viele Seelen, die ins Leben eintreten und es wieder verlassen, ohne je ein spirituelles Bewußtsein oder eine religiöse Zugehörigkeit entwickelt zu haben. Je weniger Neigung man zeigt, sich religiösen oder spirituellen Gefühlen zuzuwenden, um so geringer ist die Chance, daß man den materiellen Körper in geregeltem Übergang verläßt. Auf diese Weise wäre es leicht möglich, daß die Seele den Augenblick des Übergangs von der materiellen in die ätherische Welt nicht bewußt wahrnimmt und daß das Bewußtsein erfüllt ist von Verwirrung und Angst – wodurch es unmöglich wäre, daß der Übergang auf, wie Sie es nennen würden, sanfte Weise geschieht.

J: Was geschieht mit unserem Bewußtsein, wenn wir sterben, wenn wir den Übergang ins Jenseits vollziehen?

Y: Das Bewußtsein verweilt in der Seele, solange die Seele es zurückhalten will. Wenn wir den Körper verlassen, werden wir zu denen, die uns nahestehen, unseren Lehrern und unseren Freunden gebracht. Wir werden an einen herrlichen Ort geführt, an dem wir in Harmonie weilen, uns ausruhen und überdenken können, was in der zurückliegenden Inkarnation geschehen ist. Während dieser Zeitspanne ist das Bewußtsein sehr lebendig, und es ist sich seiner menschlichen Gefühle bewußt. Es nimmt die Freunde und geliebten Menschen wahr, die es im materiellen Leben zurückgelassen hat. Aber wenn diese Seele in der Lage ist zu verstehen, daß das für ihre Entwicklung notwendig ist, dann tritt sie in den Bewußtseinszustand ein, in dem sich ihr materielles Bewußtsein in eines verwandelt, das in besserem Einklang mit ihrer gegenwärtigen Umgebung steht.

Das physische Bewußtsein nimmt also in dem Maße ab, in dem sich die Seele entwickelt und zur nächsten Aufgabe fortschreitet. Wenn eine solche Seele nun das physische Bewußtsein nicht freigeben will, dann haben wir es mit den erdgebundenen Seelen zu tun, von denen wir bereits gesprochen haben. Diese Seelen wollen nicht mit ihren Freunden, ihren Lieben und ihren Lehrern gehen. Sie möchten im Zustand der Verwirrung verweilen und in der materiellen Welt bleiben, obwohl es ihnen unmöglich ist, mit denen, die sie zurückgelassen haben, in Verbindung zu treten. Dennoch ist es ihre Entscheidung, und da wir alle einen freien Willen haben, steht es diesen Seelen frei, in der Nähe der Erde zu verweilen, solange sie es wünschen und bis zu dem Zeitpunkt, an dem sie feststellen, daß der Stillstand ein negativer Seinszustand ist. Sie werden sich schließlich aus diesem Zustand lösen und auf dem Pfad ihrer Entwicklung fortschreiten.

J: Wie verhält es sich mit der Strafe für die Sünden oder der Belohnung für die guten Taten, die uns manchmal nach unserem Tode verheißen werden?

Y: Wie wir schon sagten, glauben wir nicht an die Vorstellung der »Sünde«. Es gibt in diesem Universum nur die Energie der Liebe. Die Seele, die gegen diese Energie der Liebe angehen möchte, tut das im vollen Bewußtsein dessen, was geschehen wird. Für jede gute Tat wird man mit positiven Gefühlen belohnt, jede negative Tat zieht negative Gefühle nach sich. Das ist eine Gesetzmäßigkeit. Wir betrachten Gut und Böse nicht so, wie Sie das hier tun, dennoch müssen wir die Begriffe benutzen, um unseren Standpunkt zu erhellen und zu Ihrem besseren Verständnis. Es gibt keine Belohnungen oder Strafen. Man wandelt auf dem Weg des Vaters. Alles, was man lernt, bringt nur Gutes, wenn man willens und in der Lage ist zu begreifen. Es gibt nichts Böses. Es gibt nur die Ergebnisse der negativen Entscheidungen von einzelnen Menschen, denn im Vater wohnen nur Güte und Liebe. Alles andere ist in den Gedanken der Menschen entstanden.

Töten und Todesstrafe, das Böse, Massenkarma und Seelenmission

Einer der am schwersten verständlichen Aussprüche Jesu Christi lautet: »Widersetze dich nicht dem Bösen.« Ein undurchführbarer Ratschlag, denken wir. Wenn ich einfach nur zusehe, wie etwas Furchtbares geschieht, bin ich ein Narr. Lanza del Vasto, der hochgeachtete Anhänger Gandhis und Anführer mehrerer Bewegungen der Gewaltlosigkeit in Frankreich und anderswo, machte sich Gedanken über diesen und andere Aussprüche weiser Pazifisten. »Die meisten Konflikte zwischen den Menschen«, schreibt er, »können auf menschliche Weise gelöst werden. Aber jeden zu schlagen, der geschlagen hat, jeden zu töten, der getötet hat oder versucht hat zu töten oder es vielleicht versuchen könnte – das ist keine menschliche Lösung; es ist die Handlungsweise des Brutalen. Von allen Lösungen ist die Gewaltlosigkeit die menschlichste.«

Ein Gefährte stellte ihm die Frage: »Wenn ich aber nun des Nachts von Räubern überfallen werde und mich nach besten Kräften verteidige und dabei ungewollt einen Menschen töte? Was muß ich als Gegner der Gewalt in einem solchen Fall tun?«

Del Vasto erwiderte darauf: »Die Hände heben, aber nur, um sie zu falten und laut für Ihre Angreifer zu beten; denn wenn der Tod Sie in diesem Augenblick ereilt, glauben Sie mir, sind Sie gesegnet. Aber vielleicht trifft Sie der Tod nicht. Vielleicht ist der Angreifer durch Ihr merkwürdiges Benehmen verwirrt. Vielleicht wird er von seinem sinnlosen Verbrechen zurücktreten, da doch der Hauptgrund für die Gewalt Angst ist. Und so werden Sie, ein gewaltloser Mensch, sich selbst das Leben gerettet haben. Es war nicht Ihr Ziel, aber es ist immerhin ein begrüßenswertes Ergebnis. Ich will damit sagen, daß selbst auf der Ebene des gesunden Menschenverstands die Gewaltlosigkeit nicht so ›sanft‹ ist, wie es den Anschein hat.«

Die Geschichten vom Leben Heiliger sind voll solcher Ereignisse. Martin von Tours beispielsweise, ein junger Offizier, der so tief von der christlichen Lehre der Gewaltlosigkeit überzeugt war, daß er sich lieber erbot, sich während der Schlacht unbewaffnet zwischen die gegnerischen Linien zu stellen, als seinem Gewissen zuwiderzuhandeln, und das angesichts des Hohngelächters seiner Kameraden und unter der Drohung seiner vorgesetzten Offiziere des römischen Heeres, ihn unehrenhaft zu entlassen. Doch sein Wille war von einem höheren Gesetz bestimmt, und er wurde seiner Pflichten entbunden. Er wandte sich einem außergewöhnlichen Leben zu, das die Macht überzeugter Gewaltlosigkeit unter Beweis stellte. Als die Stadt Tours einmal durch die grausamen Taten des Heeres des wilden und blutrünstigen Grafen Avitian in Furcht und Schrecken versetzt wurde, veranlaßte Martins bloße Anwesenheit in der Stadt den Grafen, sich zurückzuziehen – so groß war die ehrfurchtgebietende Macht eines Mannes, dessen ganzes Trachten auf die Gewaltlosigkeit gerichtet war.

Aber ist es jemals gerechtfertigt zu töten? Rieten Jesus und die anderen großen geistigen Lehrer zur Gewaltlosigkeit als seltene Tugend, wohl wissend, daß es fast unmöglich war, sie durchzuführen – oder glaubten sie, daß in ihr eine größere Macht und spirituelle Durchführbarkeit lag als in der Gewalt?

Ich fragte Yan Su Lu nach seinen Ansichten dazu.

J: Ist es jemals gerechtfertigt zu töten?
Y: Der Akt des Tötens bringt in jedem Fall ein großes Maß an negativer Energie mit sich. Denn wenn sich eine Seele dazu bringt, willentlich ein anderes Leben auszulöschen,

so weist das auf großen Zorn und Haß hin, was an sich schon negative Energien beinhaltet. Die Seelen, die sich in einer bestimmten Existenz entschlossen haben, ihrem eigenen Leben oder dem einer anderen Person ein Ende zu setzen, müssen in ihrem zukünftigen Karma für ihre Taten bezahlen. Wir können nicht sagen, daß es unter irgendwelchen Umständen gerechtfertigt wäre, zu töten.

J: Haben wir das Recht, uns zu verteidigen, wenn es bedeutet, daß dadurch unschuldige Menschen getötet werden?

Y: Das Karma des Planeten Erde vermischt sich mit dem karmischen Muster der menschlichen Seele. Im Verlauf unserer Entwicklung ist unsere Triebkraft nicht immer spiritueller und positiver Natur. Daher werden viele Fehler begangen. Die Existenz des Menschen auf diesem Planeten war stets vom Töten begleitet. Mord und Selbstmord entspringen derselben negativen Motivation. Aber als Ganzes betrachtet, müssen Sie verstehen, daß das Karma, das der Seele eingegeben ist, zum gegenwärtigen Zeitpunkt ein anderes ist als zu Beginn. Wir begegnen immer wieder Situationen, die negativ sind. Leben zu vernichten ist negativ. Dennoch scheint das Prinzip des Tötens im Bewußtsein der Regierungen, der Gesellschaft und des einzelnen Menschen immer noch entschuldbar. Auf diesem Planeten wächst man nicht ohne Leiden. Leiden bemißt sich auf vielerlei Art – für denjenigen, der Leben vernichtet, ebenso wie für denjenigen, dessen Leben vernichtet wird –, und die Seele muß begreifen und daraus lernen. Viele Jahrhunderte werden vergehen, bevor die Menschheit erkennt und weiß, daß das Töten niemals die Antwort sein kann. Wenn der Gedanke und die Philosophie der Reinkarnation erst einmal vollkommen Fuß gefaßt haben im Bewußtsein der Menschen, dann wird die Notwendigkeit, anderen das

Leben zu nehmen, enden. Denn die Philosophie von der und der Glaube an die Reinkarnation beinhalten eine bedingungslose Bejahung der Fortsetzung des Lebens und des damit verbundenen Lernens und Begleichens der Schulden.

J: Ich möchte Sie bitten, darüber vom Standpunkt einer Person aus zu sprechen, die in einem Akt der Selbstverteidigung tötet, von demjenigen eines Soldaten, der in den Krieg geschickt wird und von dem eines Menschen, dessen Beruf es ist, Recht zu sprechen und möglicherweise die Todesstrafe zu verhängen. Würden Sie sich zu diesen drei Punkten näher äußern?

Y: Das eigentliche Ziel auf dem spirituellen Pfad der Bewohner dieses Planeten ist es, einen Zustand zu erreichen, der dem von Jesus Christus ähnelt. Wenn man sich vorstellen kann, die Größe und Energieebene von Jesus zu erreichen, und wenn man annimmt, daß auch nur ein Teil seiner Fähigkeiten der Wahrheit entspricht... wie beispielsweise, die Fähigkeit, von den Toten aufzuerstehen, die Kranken zu heilen, zu levitieren und auf dem Wasser zu wandeln, durch die Kraft eines Gedankens Nahrung für die Hungernden herbeizuschaffen... wenn man sich also vorstellen kann, daß die Energie des Geistes von Jesus Christus sich nicht dem Verständnis und der Möglichkeit des menschlichen Geistes entzieht, dann müßte man erkennen, daß das Prinzip des Tötens null und nichtig wird, sobald es mehr Seelen gibt, die sich zu dieser Größe, dieser Ebene der Energie, auf der alles Liebe und positives Fühlen ist, entwickelt haben. Dann verliert das Prinzip des Tötens seine Gültigkeit.

Es liegt lediglich an der spirituellen Leere, daß dieses Prinzip weiterbestehen kann. Wenn die Seele sich weiterentwickelt, wird es keinen Bestand mehr haben. Doch im Augenblick ist es ein Bestandteil Ihrer sogenannten Zivilisation. Sie haben gefragt, ob es annehmbar ist, zur eigenen Verteidigung zu töten. Die Antwort ist nein!

Was ist, wenn wir uns verteidigen müssen und dabei einem anderen das Leben nehmen? Welches sind die negativen Folgen einer solchen Tat, fragen Sie, die von einem Menschen begangen wird, der von sich sagt: »Ich habe mich nur selbst geschützt?« Die negativen Folgen sind vielfältig. Wenn der Mensch tötet, gleichgültig, ob in einem Akt der Selbstverteidigung oder nicht, dann nimmt er die karmischen Folgen einer solchen Tat auf sich. Natürlich wiegt die karmische Schuld schwerer, wenn der Akt des Tötens absichtlich und freiwillig geschieht. Dann wiegen die Folgen zehnfach in bezug auf das, was die Seele in zukünftigen Existenzen lernen muß. Mit anderen Worten, je größer die negative Schwingung ist, die eine negative Tat begleitet, um so größer wird das Maß der negativen Folgen sein, die die Seele erdulden muß, bevor sie begriffen hat, daß das Töten aufhören muß, eine Berechtigung im menschlichen Bewußtsein zu finden.

Ein Mensch, der zu Gericht sitzt und Strafen verhängt, einschließlich der Todesstrafe, zieht ein negatives Karma auf sich. Denn wenn wir etwas begriffen haben, müssen wir erkennen, daß nur der Vater Leben nehmen und geben kann. Wenn wir uns die Macht anmaßen, über die nur der Vater verfügt, dann müssen wir das Notwendige lernen. Lassen Sie uns ein wenig ausholen: Wie sollte eine Gesellschaft, die sich von den primitiven Anfängen zu einer entwickelt hat, die die Existenz Gottes anerkennt und ein technisch fortgeschrittenes Stadium erreicht hat, nicht als Richter handeln können oder dürfen? Werden nicht von den Regierungen Gesetze erlassen, und sind nicht die Richter dazu da, dafür zu sorgen, daß diese Gesetze ihre rechtmäßige Anwendung finden? Ja, das ist wahr. Aber wir haben es mit der negativen Bedeutung des Tötens zu tun. Alle, die wir heute abend hier versammelt sind, stimmen überein, daß, indem der Planet sich auf dem spirituellen Pfad weiterentwickelt, viele Fehler geschehen und falsche Entscheidungen getroffen werden. Aber wir streben nach Wachstum und spiritueller Entwicklung. Um es noch einmal zu wiederholen: Die Vernichtung von Leben, ob in Selbstverteidigung oder nicht, ist stets negativ. Der Gedanke des Tötens ist noch im Bewußtsein des Menschen, weil er sich der Ebene von Jesus noch nicht genähert hat. Dennoch lernt die Seele mit jeder negativen Tat, die der Mensch begeht, dazu und wird mit jeder Inkarnation die Fesseln des menschlichen Bewußtseins weniger zu erdulden haben und sich statt dessen dem geistigen Bewußtsein öffnen und überlassen. Dann wird es keine Notwendigkeit mehr geben zu töten. Dieses Land – dieser Planet – schreitet in seiner Entwicklung fort. Wir wissen, daß es aus der begrenzten Sicht des menschlichen Auges den Anschein haben muß, als herrsche beständig Chaos und Verwirrung, doch dieser Planet folgt einer festen Ordnung und wird ihr immer folgen. Um die Antwort auf Ihre Fragen zusammenzufassen: Die Bedingungen, die sich die Seele selbst schafft, unterscheiden sich in Anlehnung an den Stand ihrer Überlegungen zum Töten, ihrer Einstellung zur Selbstverteidigung, der Art, wie sie als Richter handeln würden.

Wie können wir Ihnen erklären, daß es ein notwendiges Übel ist, das die Seele sich selbst auferlegt hat, indem sie sich des negativsten aller Prinzipien bedient. Aber mit jedem Leben, das genommen wird, begreift die Menschheit mehr, daß sich das nicht fortsetzen kann. Und wenn es weitere tausend Inkarnationen dauert, bis sie es gelernt hat, dann wird es so sein.

J: Ich verstehe. Was kann ein junger Mann tun, wenn er als Soldat in den Krieg eingezogen wird?

Y: Es ist nicht leicht, einem anderen zu sagen, was er tun soll. Sie müssen verstehen, daß wir es mit der freien Willensentscheidung zu tun haben. Und wenn sich eine Nation entschließt, gegen eine andere Krieg zu führen, dann ist das Individuum entweder in dieses Leben gestellt worden, um die negative Erfahrung zu machen, ein solches Gemetzel zu erleben, oder um in einem solchen Maße erleuchtet zu sein, daß es sich weigert, an einem so negativen Handeln teilzuhaben. Wir können den freien Willen nicht beeinflussen.

J: In manchen Ländern wurde ein Soldat, der sich weigerte, in den Krieg zu ziehen, erschossen.

Y: Und wenn nun wirklich, wie Sie sagen, Dr. Jussek, dieser Mensch und seine ganze Familie getötet werden, was geschieht dann? Es bedeutet nichts anderes, als daß sich die Seele zu diesem Punkt hinbewegt hat. Die Körper werden vernichtet – ist das der Tod? Natürlich nicht. Wir haben in der Vergangenheit schon darüber gesprochen. Wenn es keinen Tod gibt, gibt es auch keine Angst. Wenn man also die Angst vor dem Sterben aufhebt, dann gibt es keine Notwendigkeit mehr zu töten. Was kann ein Soldat erreichen, wenn diejenigen, die er quält, um sie zu unterwerfen, zu ihm sagen: »Tu mit uns, was du willst, du kannst uns nicht töten, denn es gibt keinen Tod?« Auf dem Standpunkt, auf dem Sie sich gegenwärtig befinden, ist das natürlich nur ein schwacher Trost. Dennoch wiederhole ich: Ohne Angst kann es keine Beeinflussung, keine Unterwerfung, keinen Krieg geben. Aber dann müßten alle Soldaten so handeln.

J: Dann würden Sie also Mahatma Gandhi zustimmen, wenn er sagt, daß »das menschliche Leben heilig und das Töten niemals gerechtfertigt« ist?

Y: Ja, das würden wir.

M: Wenn ein sadistischer Mensch hilflose Opfer gequält und ermordet hat, wäre es dann gerechtfertigt, ihn zum Tode zu verurteilen, um ihn daran zu hindern, weiteres Unheil anzurichten?

Y: Wir würden sagen, nein. Denn die Seele eines Mörders würde schließlich erkennen, daß es sinnlos wäre, ihre Mission auf der Erde fortzuführen, und würde ihren Abschied bewirken. Da in Ihrer Gesellschaft die Todesstrafe vollstreckt wird, kann sich die Seele an den Punkt bringen, an dem die Gesellschaft ihre Existenz beendet. Ohne dieses Gesetz jedoch würde diese Seele, wenn die Menschheit sich nach spirituellen Prinzipien ausrichten würde, es übernehmen, ihre Existenz in der Welt des Körperlichen selbst zu beenden.

M: Sie sprechen von Selbstmord eines solchen Menschen?

Y: Wir sprechen von dem, was Sie Unfälle nennen.

M: Trägt derjenige, der eine Exekution ausführt – dessen Beruf es ist, die Todesstrafe zu vollziehen und der es ohne persönlichen Groll tut, irgendwelche karmischen Folgen?

Y: Nur sehr geringe. Wir sprechen jetzt von den Richtern und Geschworenen. Diese Menschen glauben, daß das, worauf sie sich eingelassen haben, gerecht ist. Sie behaupten sogar in vielen Fällen, daß das Urteil im Namen Gottes erfolgt. Das ist selbstverständlich eine Blasphemie. Sie werden zwar keine bedeutende karmische Reaktion ernten, doch müssen sie, obwohl sie der Meinung sind, das Richtige zu tun, lernen, daß kein Mensch über einen anderen urteilen kann. Das kann nur der Vater.

M: Aber was ist mit dem Scharfrichter? Mit demjenigen, der die Tat ausführt?

Y: Auch er gehorcht nur den Gesetzen der Gesellschaft. Die Wirkung auf ihn ist dieselbe wie bei den anderen.

M: Wenn eine Mutter einen Eindringling tötet, um ihr Kind zu schützen, lädt sie dann karmische Schuld auf sich?

Y: Jedesmal wenn man Leben nimmt, zieht man natürlich karmische Energie auf sich. Die Tatsache, daß es in Ihrer Gesellschaft gerechtfertigt wird, bedeutet nicht, daß es auch auf der spirituellen Ebene Anerkennung findet.

M: Ah? Wenn ein Eindringling mich in meinem Haus bedroht und ich ihn nicht zuerst töte, soll ich dann warten, bis er mich tötet?

Y: Vielleicht würden Sie – oder die Mutter, von der wir gerade sprachen – das Karma, das Sie ernten würden, bereitwillig auf sich nehmen. Das ist eine Frage der freien Willensentscheidung. Doch wir müssen verstehen, daß der Mensch sich innerhalb eines sehr beschränkten geistigen Rahmens bewegt. Er wendet die spirituellen Kräfte, die in ihm angelegt sind, nicht an. Wenn er nur in sich hineinblicken und sich dieser Kräfte bedienen würde, dann wäre es überflüssig, einem anderen das Leben zu nehmen, um sich selbst zu verteidigen. Wenn die Menschen die spirituelle Kraft anwenden würden, die in ihnen steckt, dann könnten sie einen Eindringling mühelos entwaffnen und das Blatt wenden, ohne auf physische Gewalt zurückzugreifen. Denn solange die Menschen glauben, daß sie sich nur mit Hilfe des Verstandes und der körperlichen Kraft verteidigen können, werden sie sich selbst die Fesseln dieser Beschränkung auferlegen.

J: Wenn ich diese Kräfte entwickelt hätte, wie könnte ich sie zu meinem Schutz anwenden?

Y: Man würde die Energie, die vom Körper ausgeht, auf die Person lenken. Die hohe Spannung dieser Energie würde ihn wehrlos machen. Dann würde es nur noch Ihres Nachdenkens bedürfen, um zu entscheiden, auf welche Weise Sie den Eindringling entwaffnen wollen. Ob Sie wollen, daß er eine Waffe fallenläßt, oder ob Sie...

J: Ich würde den Wunsch haben, daß er das Haus verläßt.

Y: In diesem Fall würden Sie Ihre Energien auf ihn lenken, ihn entwaffnen und seine Geisteskräfte bezwingen. Die Ihren wären um so vieles stärker, daß Sie ihn überwältigen und dazu bringen könnten, sich Ihrem Willen zu fügen. Es wäre eine ganz einfache Sache.

J: Leben gegenwärtig Menschen, die über eine derartig stark ausgeprägte Energie verfügen und sie im Bedarfsfall anwenden können?

Y: Aber ja, aber ja. Es gibt diese Menschen. Sie werden fälschlicherweise als Meister bezeichnet. Die Menschen neigen, in Ermangelung eines besseren Wortes und weil sie nicht erkennen, daß sie selbst über solche Kräfte verfügen, dazu, andere, die sich ihrer bedienen, zu idealisieren. Diese Seelen haben sich entwickelt, sind auf dem spirituellen Pfad vorangeschritten und beherrschen diese Kräfte. Damit sich diese vorhandenen Kräfte im Innern eines Menschen entwickeln können, bedarf es seiner vollkommenen Unterwerfung unter den Willen des Vaters, der Disziplin und Selbstlosigkeit.

J: Halten Sie das Gefühl des Zorns in jedem Fall für ein negatives Gefühl, oder könnte es unter bestimmten Bedingungen auch eine positive Hilfe sein?

Y: Eine negative Handlung kann niemals und in keiner Weise positiv sein.

J: Sie betrachten also den Zorn ausnahmslos als negativ.

Y: Ja, ausnahmslos.

J: Können Sie etwas zum Begriff der Aggressivität sagen?

Y: Der Begriff ist einem Temperament zuzuordnen, das eine Person zur negativen Seite ihres Charakters hin beeinflußt. Aggressivität kann in mancher Hinsicht nützlich sein, in anderer aber eher negativ. Wenn eine Person die Aggressivität mit ihrer Entwicklung verbindet, mit dem Lebensziel und der Festigung der eigenen Überzeugungen, um sich nicht davon abbringen zu lassen, dann würde es sich um eine positive Form der Aggressivität handeln. Negativ wäre es, wenn sich die Aggression gegen einen anderen Menschen richtet.

J: Gibt es das Böse? Was ist das Böse, und woher kommt es?

Y: Der Begriff des Bösen ist von den Menschen geprägt. Auf der spirituellen Ebene gibt es keine Vorstellung vom Bösen.

Diese Vorstellung haben die Menschen durch ihr negativ bewußtes Denken geboren. Es gibt keinen anderen Grund für seine Existenz. Wenn die Menschheit oder der einzelne sein spirituelles Bewußtsein erweitert und den positiven, liebenden Zustand erreicht hat, für den er bestimmt ist, hat das Böse, und damit das negative Denken, die negative Erfahrung, keinen Bestand mehr.

J: Es hat in der Geschichte immer wieder furchtbare Katastrophen gegeben – Kriege, Schlachten, die vorsätzliche Vernichtung einer Vielzahl von Menschenleben. Gibt es so etwas wie ein Massenkarma? Ist dieser Begriff anzuwenden auf die entsetzlichen Völkermorde an den Armeniern, Russen, Zigeunern, Juden, Chinesen, Kambodschanern und Afrikanern in unserem Jahrhundert?

Y: Das Karma hat nicht nur für den einzelnen Menschen Bedeutung. Es bezieht sich auch auf ein Staatswesen und die Einzelpersonen, aus denen es sich zusammensetzt.

J: Dann erklären Sie uns bitte, wie das geschehen konnte. Wenn wir zum Beispiel all jene nehmen, die ihr Leben in einem Völkermord verloren haben: Haben sich diese Seelen im Jenseits – vor ihrer Geburt – entschlossen, eine Inkarnation zu wählen, die ein so qualvolles Ende findet? Hat jede Seele für sich diese Entscheidung getroffen?

Y: Die Antwort darauf wird schwer zu verstehen sein und sicherlich nicht gern gehört werden. Aber sie lautet, ja, jede Seele, die den Übergang erlebt – in welcher Form auch immer –, hat die Entscheidung selbst getroffen, das materielle Leben auf diese Weise zu verlassen. Die Entscheidung liegt bei ihr allein.

J: Danke, Yan Su Lu. Können wir also annehmen, daß es sich, so absurd das auch klingen mag, folgendermaßen verhält: Wir sprechen von Millionen Menschen, die sich entschlossen haben, innerhalb eines kurzen Zeitabschnitts kollektiv den Tod zu finden. Haben all diese Seelen im Jenseits als Gruppe zusammengefunden und sich dafür entschieden, zu diesem Zeitpunkt geboren zu werden und unter diesen Umständen zu sterben?

Y: Sie haben sich nicht, um Ihren Begriff aufzugreifen, zusammengefunden. Aber jede der Seelen wurde vor die Wahl gestellt, ein solches materielles Leben zu akzeptieren oder nicht. Die Seelen, die es akzeptieren, haben erkannt, daß sie, um den Teil ihres Karmas auszulöschen, den sie in vergangenen Inkarnationen erworben haben, ein so gestaltetes materielles Leben durchmachen müssen, so negativ das auch erscheinen mag. So geschieht es auch. Es mag verwirrend und schwierig erscheinen, zu begreifen, auf welche Weise diese vielen Seelen betroffen sind, aber es macht keinen Unterschied zu den Millionen Seelen, die auf diesem Planeten alltäglich wiedergeboren werden und den Übergang vollziehen.

J: Noch eine Frage zum Thema Massensterben... bei einem Flugzeugabsturz beispielsweise, oder bei irgendeinem anderen schweren Unfall. Die betroffenen Menschen sind zu verschiedenen Zeiten, unter verschiedenen Umständen und vielleicht in verschiedenen Ländern geboren. Was verbindet sie mit diesem Ereignis, bei dem sie alle gemeinsam den Tod finden?

Y: Dafür gibt es viele Erklärungen. Eine davon wäre das Auftreten von Missionsseelen. Nicht alle Seelen, die eine solche physische Zerstörung wählen, tun es um der karmischen Erfahrung willen; es gibt Seelen, die anderen Beistand leisten, wenn sich ein derartiges Unglück ereignet hat. Wir haben es also auf der einen Seite mit einer Seele zu tun, die bereitwillig und liebevoll diese Erfahrung auf sich nimmt, um ihren Brüdern und Schwestern in ihrem Leid beizustehen und auf der anderen Seite mit einer Seele, die die Prüfung erdulden muß, um daraus zu lernen. Wenn wir nun die Seelen nehmen, von denen Sie gesprochen haben, und das Wesensmuster Ihres Planeten betrachten, dann erkennen wir, daß zahlreiche Katastrophen stattfinden müssen und stattfinden werden.

Es scheinen tatsächlich viele, viele komplizierte Muster durch, und viele Faktoren spielen zusammen, wenn eine Seele wiedergeboren wird. Der Stoff, der gelernt werden muß, der Ort, an dem das Lernen stattfindet, die Nationalität, philosophische Lehren, Mentalität, Eltern, genetische Beschaffenheit, Umgebung . . . vielerlei. Es ist ein von Liebe geprägtes Unterfangen, jedoch auch ein sehr kompliziertes, wenn das zum Leben erweckt wird. Aber der Mensch ist nicht nur von seinem persönlichen Karma beeinflußt, sondern auch vom Karma anderer Momente.

J: Gibt es so etwas wie karmisch unverdientes Unglück?

Y: Wenn man vom Karma als unverdient spricht, so wäre das eine nur vom persönlichen Bewußtsein geprägte Interpretation und Erfahrung ohne Bezug zur spirituellen Ebene. Denn was Sie als unverdient betrachten, wäre sehr wahrscheinlich eine Erfahrung, die notwendig ist für das Wachstum der Seele, der Persönlichkeit.

J: Was sind die Gründe für den Tod?

Y: Es gibt zwei Gründe für den Tod. Erstens die Erkenntnis der Seele, daß sie im gegenwärtigen Leben ihre Aufgabe nicht mehr erfüllen oder ihr Wachstum nicht mehr vorantreiben kann; zweitens die Erfüllung der Mission. Es ist nicht notwendig, hundert Jahre zu leben, um den

Zustand des Todes zu rechtfertigen, denn wir sprechen vom Übergang von einer Dimension in die andere. Für diesen Wechsel gibt es immer positive Gründe. Der Tod darf nicht als etwas Negatives oder Furchteinflößendes betrachtet werden. Er ist nur eine Reise in eine andere Dimension.

J: Man sagt, daß in jedem Menschen ein göttlicher Funke ist. Ist es möglich, daß diese Annahme auch auf Tyrannen und Mörder zutrifft?

Y: Es stimmt, daß der göttliche Funke in allen wohnt. Was man aus diesem Funken macht, ist von Mensch zu Mensch verschieden. Manch einer beschließt in einem sehr frühen Stadium seines Lebens, sich nicht mit spirituellen Belangen zu befassen, und geht vollkommen auf in seinen intellektuellen und/oder materiellen Bedürfnissen. An dieser Stelle sehen wir, daß ein solcherart geprägtes Bewußtsein, das für sich das Unspirituelle in Anspruch nimmt und dessen Lebensziel in der Erfüllung seiner materiellen und intellektuellen Bedürfnisse besteht, zwar nicht notwendigerweise die Seele oder das Leben in eine sehr negative Bahn drängt, doch verhält es sich so, daß manche Menschen sich nicht damit zufriedengeben, ihr Ziel nur teilweise zu verwirklichen. In diesem Fall müssen sie sich Macht aneignen.

Die Macht beinhaltet außerordentlich negative Aspekte. Denn das Bedürfnis nach Macht bringt nicht nur den Wunsch mit sich, das eigene Schicksal, sondern auch das anderer Menschen zu beherrschen. Das wird zum zentralen Bedürfnis eines solchen Menschen, was ihn immer weiter von dem göttlichen Funken entfernt, von dem Sie gesprochen haben. Der Funke ist noch immer vorhanden, aber es kann keine Verbindung mit ihm aufgenommen werden, weil zu diesem Zeitpunkt die Ichbezogenheit und das materielle Bewußtsein so sehr Besitz von dem Menschen ergriffen haben, daß er spirituellen Dingen keinen Gedanken und keinen Austausch mehr einräumt. Ein solcher Mensch verstrickt sich so sehr in sein Verlangen nach persönlicher Befriedigung und Macht, daß er verloren ist.

Daher führt die Seele, die erkennt, daß dieser Mensch seine Aufgabe auf der Erde nicht mehr erfüllen kann, das Ende der körperlichen Existenz herbei. Denn es gibt, wie wir schon an früherer Stelle sagten, nur zwei Gründe für das Verlassen der körperlichen Welt. Entweder hat man die Aufgabe auf der Erde erfüllt, oder es besteht keine Möglichkeit mehr, sie zu vollenden.

J: Kürzlich wurde hier ein Mörder verurteilt, der mehr als 20 Kinder mißbraucht und auf entsetzliche Weise gequält hat. Ist auch in einem solchen menschlichen Ungeheuer ein göttlicher Funke, und steht diesem Mörder das Paradies irgendwann einmal offen?

Y: Ja, tatsächlich wohnt auch in dieser Seele der göttliche Funke. Ein Teil des Vaters ist in uns allen. Der erwähnte Mensch hat offenbar jegliche Kontrolle über sich verloren und aufgrund von Erfahrungen aus seinen jungen Jahren und eines gestörten Bewußtseins beschlossen, diese abscheulichen Verbrechen zu begehen. Vergessen Sie nicht, daß auch diejenigen, die durch die Hand dieses Mannes zu leiden hatten, dieses Schicksal auf sich nahmen, wenn auch selbstverständlich nicht bewußt. Doch es gibt keine Zufälle in diesem Universum. Denn wenn ein Mensch dahin gelangt, daß sein Körper mißhandelt, verstümmelt und gepeinigt wird, gibt es auch dafür einen Grund. Das bedeutet nicht, daß der Mörder weniger Verantwortung trägt. Er hat ein Karma auf sich geladen, das bewirkt, daß er in seiner zukünftigen Existenz ungeheure Schmerzen erleiden wird. Schließlich wird er begreifen, was er getan hat, und er wird es auch fühlen. Das ist die Gesetzmäßigkeit. Wenn er die Erde verläßt, wird ihm jede erdenkliche Gelegenheit gegeben, seine Fehler zu erkennen und in der ätherischen Welt aus ihnen zu lernen.

Was nun Ihre Frage nach dem Paradies betrifft: Selbstverständlich entwickeln sich alle Seelen mit der Zeit bis zu dem Punkt, an dem sie ihr Paradies erreichen, und ich möchte betonen, daß das Paradies nicht bedeutet, daß sie an einem Ort – Himmel, wie Sie es benennen – verweilen und ewig leben, denn das wäre Stillstand, und es gibt keinen Stillstand im Universum. Gottes Gesetze und Gottes Liebe rufen uns auf, uns beständig zu entwickeln und unsere Ziele zu erfüllen. Aber diese Seele, die furchtbare Verbrechen begangen hat, wird jede erdenkliche Möglichkeit erhalten, aus ihren Fehlern zu lernen. Irgendwann wird sie das, was sie getan hat, an sich selbst erfahren.

J: Wenn es das gibt, was wir Gott, den Allmächtigen, nennen, warum hebt er dann nicht alles Leiden und alles Böse auf und schafft jetzt gleich ein Paradies?

Y: Weil Gott in seiner Liebe und Weisheit einem jeden von uns einen freien Willen gegeben hat, und es ist an uns, die Chancen, die er uns gibt, zu unserer Rettung zu nutzen. Wenn wir nur alle verstehen würden, daß der Vater in uns allen ruht, und wenn wir alle Verbindung mit ihm aufnehmen würden, so würde sich unser Leben grundlegend verändern. Es würde kein Leiden und keinen Schmerz mehr geben. Sie würden überflüssig werden. Denn um unser eigenes spirituelles Selbst zu erlangen, müssen wir die spirituellen Kräfte, die in uns allen wohnen, entwickeln und erreichen.

Doch der Mensch bedient sich in seiner Unwissenheit nur einer Bewußtseinsebene. Er gesteht sich nicht zu, in sich selbst das Gott-Selbst, das Gott-Bewußtsein zu erreichen. Und aufgrund dieser Unwissenheit, die er über sich gebracht hat, muß er im Unglück leben, bis er begriffen hat, daß es nur des Wunsches zur Verständigung bedarf. Wenn er eine Verständigung mit dem Vater herstellt, würde sich sein Leben augenblicklich verändern.

J: Wenn wir aber mit unserem freien Willen nur Böses erzeugen, warum hat uns der Vater dann überhaupt einen freien Willen gegeben? Warum hilft er uns dann nicht einfach mit seinem göttlichen Willen und nimmt den freien Willen von uns? Dann wären wir um so vieles glücklicher.

Y: Es wäre sinnlos, denn dann wären wir wie Roboter. Zu wessen Zeitvertreib würden wir existieren? Des Vaters? Ohne die Notwendigkeit zu lernen, nur um zu gehorchen – so wäre es nicht richtig. Der Vater hat uns einen freien Willen gegeben, so daß wir handeln können, wie es uns gefällt, ohne jedoch das eigentliche Ziel aus den Augen zu verlieren. Den Seelen, die am Anfang hier waren, fehlte dieses negative Bewußtsein. Doch durch die zwanghafte Fixierung auf ihr Ego, die Macht und die Habgier haben sie sich in den entwürdigenden Zustand gebracht, in dem sie jetzt leben. Es ist ihre Aufgabe, wieder zu dem zu werden, was sie einmal waren. Es ist jedem gegeben, das zu tun.

J: Über wieviel freien Willen verfügen wir Menschen tatsächlich, und wieviel davon ist vorbestimmt?

Y: Das Maß an freiem Willen unterliegt keiner Beschränkung. Denn jeder Seele steht es frei, sich auf dem Pfad der Entwicklung Hindernisse in den Weg zu legen, und sie kann das unbegrenzt so fortsetzen. Es ist die Entscheidung der Seele, wann sie ihre geistige Entwicklung vorantreiben will. Irgendwann wird das Gott-Bewußtsein das materielle Bewußtsein, das die Entwicklung der Seele behindert, ablösen. Doch der Anwendung des freien

Willens sind keine Grenzen gesetzt. Es ist ein Geschenk vom Vater und unser Geburtsrecht.

Der richtige Meister und die Suche nach Gott

J: Wo finden wir den Meister, und gibt es deren viele?

Y: Es wäre schwierig, eine Zahl zu nennen. Ich kann sagen, daß diese Personen aufgrund ihrer spirituellen Entwicklung die mühevolle Aufgabe übernommen haben, durch ihr Beispiel anderen eine Lehre zu sein. Sie sind über viele Gebiete der Erde verstreut. Gewöhnlich sind es, ihrem Verhalten nach, einfache Menschen, denn sie wollen keine Aufmerksamkeit auf sich lenken. Diese Seelen lehren diejenigen, deren Schwingungen ihnen entgegenschlagen. Wir würden gerne sagen können, daß viele es tun, aber leider gibt es nur wenige, die bereit sind, sich einer solchen Schulung, einer solchen Anleitung zu unterwerfen. Dennoch erreichen diese Lehren viele Seelen. In dem Maße, in dem immer mehr Seelen sich entwickeln und sich der Kräfte bewußt werden, die ihnen innewohnen, werden auch mehr Lehrer auf den Plan treten. Das Erscheinen eines solchen Lehrers wird dann ein wesentlich vertrauteres Ereignis sein.

Yan Su Lus Worte weckten in mir die Erinnerung an einen Mann, dem ich einmal in Europa begegnet war. Sein Name ist Swami Omkarananda, und ich betrachte ihn als den Inbegriff des Heiligen, der durch sein Beispiel lehrt. Er strahlt Licht, Güte und Liebe aus, Energien, die in unserer heutigen Welt so dringend vonnöten sind. Als ich ihn fragte, warum Heilige so viel Mühsal erdulden müssen, antwortete er mir: »Das ganze Leben eines Heiligen ist ein Geheimnis. Es kann nur von einem verstanden werden, der ebenfalls ein Heiliger ist.« Das brachte mich zu meiner nächsten Frage an Yan Su Lu, die lautete:

J: Jesus Christus war ein Meister, der über all diese Kräfte verfügte. Doch in seiner schwersten Stunde bediente er sich ihrer nicht. Warum tat er es nicht?

Y: Wenn Sie das Leben des Meisters Jesus betrachten, werden Sie feststellen, daß er sich dieser Kräfte im täglichen Leben bediente. Er war ein großer Lehrer, der durch beispielhaftes Leben seine Lehren vermittelte. Zum Zeitpunkt seiner Kreuzigung bediente er sich seiner Kraft nicht, sondern legte seinen Willen liebevoll in die Hände des Vaters. Das war die große Botschaft, die diese Seele der Menschheit überbrachte, durch ihr Beispiel die unfehlbare Liebe und das unerschütterliche Vertrauen in den Willen des Vaters zu zeigen. Wenn Jesus gewollt hätte, so hätte er ohne weiteres Heerscharen himmlischer Wesen herbeirufen können, ihm zu Hilfe zu eilen. Er unterwarf sich bereitwillig der grausamen Marter, um die Heilige Schrift zu erfüllen.

J: Gott hat die Welt so sehr geliebt, daß er seinen einzigen Sohn für sie hingab. Meine Frage an Sie, Yan Su Lu, ist: Es heißt, daß Jesus die Sünden der Welt auf sich genommen hat. Wie würden Sie das interpretieren?

Y: Als der Meister Jesus auf der Erde weilte, schienen seine Wunderkräfte tatsächlich göttlich zu sein; die Ausübung des gesamten Potentials, das jedem Menschenwesen innewohnt, muß göttlich erscheinen. Da die meisten Menschen nicht verstehen und glauben wollten, was Jesus gelehrt hatte, übernahmen es nach seinem Tode seine Jünger, es durch Schriften zu verbreiten. Sie waren überzeugt, daß die Menschheit auf diese Weise an ihrem Glauben würde teilhaben können. Die Schriften waren durchsetzt von Mythen und Symbolik, die häufig mißgedeutet wurden. Es waren die Jünger Jesu, die die christliche Kirche begründeten. Und eine der Vorstellungen dieser Kirche besteht darin, daß Christus die Sünden der Welt auf sich nimmt, wenn er darum gebeten wird. Das ist ein Trugschluß. Kein Meister würde etwas Derartiges versprechen. Um sein Karma zu entwickeln, muß der Mensch lernen. Eine Einmischung in dieses Prinzip wäre eine Mißachtung der kosmischen Gesetze. Jesus lehrt die Verantwortlichkeit des Menschen und gibt der Welt Hoffnung, indem er uns seine Hand zum Geleit reicht. Am Kreuz verkündete er seine bedingungslose Liebe und seine Bereitschaft, durch sein Beispiel das Bewußtsein der Jünger zu erheben, damit sie den Heiligen Geist zu empfangen im Stande waren. Dieses Christ-Bewußtsein half ihnen in den kommenden Jahren, die Kraft zu entwickeln, die es ihnen ermöglichte, die ihnen auferlegten Opfer bringen zu können.

Y: Wenn ein Meister kein Karma mehr zu tragen hat, dann besteht für ihn keine Notwendigkeit mehr, Krankheit zu erdulden. Wie führt er dann aber seinen Übergang herbei? Warum sollte er ihn überhaupt herbeiführen? Gibt es Menschen, die ewig leben?

Y: Vor allem müssen Sie wissen, daß wir, wenn wir von einem Meister sprechen, eine Energie meinen, die von den meisten Menschen auf diesem Planeten nicht erkannt wird. Die Energie, die von der Seele eines Meisters ausstrahlt, ist so stark, daß der Meister unmöglich auf diesen Planeten kommen kann, ohne notwendigerweise rückwärts gerichtete Schritte zu unternehmen, um die menschlichen Energien des Planeten anzunehmen. Das ist geschehen – wir sprechen hier von Jesus und anderen. Aber nur darum, weil die Seele die Aufgabe zu erfüllen hatte, den Planeten auf seinem spirituellen Weg zu ermutigen. Eine solche Seele kann sich selbst nicht lange erhalten. Sie kann das Eingebundensein in einen materiellen Körper nicht lange aufrechterhalten und muß ihn daher in häufigen Abständen verlassen, um auf der Ebene, zu der sie gehört, neue Energie zu schöpfen. Wenn ein Meister auf diesem Planeten ins Leben tritt, kann er seinen Körper zu jedem Zeitpunkt, auch ohne die Notwendigkeit einer Krankheit, verlassen. Die Kraft, die dieser Seele innewohnt, befähigt sie, den Körper, den sie sich geschaffen hat, nach Belieben zu verlassen.

J: Können Sie uns erklären, was geschah? Wurde Jesus tatsächlich körperlich gepeinigt, oder ist das alles symbolisch zu verstehen?

Y: Wir wissen, daß die Lehren der westlichen Welt dem Leiden und dem Tod Christi große Bedeutung zumessen. An diesem Punkt möchten wir betonen, daß alles, was durch diesen Channel vermittelt wird, unsere Sicht und Interpretation der Dinge ist. Wir wollen uns mit keinem Glaubenssystem anlegen und wiederholen: Es ist ausschließlich unser Standpunkt. Die Jünger waren der Überzeugung, daß die Überlieferung vom Leiden und Sterben Christi stets in der Erinnerung der Menschheit fortbestehen und so die Fundamente der neuen Religion stärken würde. Zur Zeit der irdischen Existenz des Meisters war Kreuzigung die übliche Strafe für Schwerverbrecher und Menschen, die die Herrschaft des Römischen Reiches in Frage stellten.

Christus selbst hatte beschlossen, daß seine Mission auf der Erde vor der Erfüllung stand. Seine letzte Botschaft an die Menschheit bestand in der Verkündigung der Wiederauferstehung, des ewigen Lebens der Seele, die den Körper verläßt und in der Lage ist, wiederzukehren.

Wiederzukehren, bis sie frei ist von Karma und mit dem Gott-Bewußtsein verschmelzen kann.

Das Symbol des Kreuzes hat seine tiefe Bedeutung für die Religion dadurch erlangt, daß Christus es zugelassen hat, ans Kreuz geschlagen zu werden. Sein Leib war grausamen Mißhandlungen ausgesetzt, und nach drei Tagen am Kreuz trat sein Bewußtsein den Übergang ins Reich des Ätherischen an. Doch Heilige, geläuterte Heilige, leiden nicht in der Weise, wie es die Menschheit begreift. Die Überlieferungen dieser Ereignisse legen großes Gewicht auf die Leiden dieses Mannes, und unwissende Menschen sind der Überzeugung, daß sie ebenfalls leiden müssen, daß das Leben ein einziges Leiden sein muß, daß das der Weg sei, der zur Erlösung führt. Das aber lag nicht in der Absicht des Großen Lehrers. Er kam nicht auf die Erde, um die Notwendigkeit des Leidens zu verkünden. Er kam, um die Liebe und die Überwindung der Finsternis zu lehren. Er kam als strahlender spiritueller Leitstern, dem die Menschheit folgen soll. Er kam nicht, um die Leiden des sterblichen Körpers zu verkünden, sondern die Erleuchtung der Seele.

J: Wird Jesus in seiner körperlichen Erscheinungsform wiederkehren? Wo befindet Er sich jetzt?

Y: Das Bewußtsein, das Jesus ist, wird nicht in der Form, die es einmal innehatte, wiederkehren.

Dieses Bewußtsein weilt auf Ihrem Planeten und wird es immer tun, um seine liebenden Schwingungen und Energien auszusenden und durch göttliche Macht die spirituelle Entwicklung der Menschheit zu erleichtern. Um Ihre Frage also zu beantworten: Das Bewußtsein ist stets gegenwärtig, doch eine Wiederkehr der körperlichen Erscheinung wird es nicht geben.

J: Erstand er in materieller Gestalt wieder auf, oder war es eine astrale Erscheinung?

Y: Er erstand in der astralen Dimension wieder auf und bediente sich seiner körperlichen Gestalt.

J: Wo war Jesus in den Jahren der Verborgenheit?

Y: In den Jahren, aus denen es keine Überlieferungen aus seinem Leben gibt, hatte er sich zurückgezogen und die Welt bereist, um die Bräuche anderer Kulturen kennenzulernen. Für einige Zeit zog er sich ins Himalaya-Gebirge zurück. Das war eine Phase des Lernens und Wachsens, eine Phase, in der er die Schwingungskraft, die er erreichen und werden sollte, festigte. Schon als Kind begriff er in vollem Maße, welches seine Aufgabe auf diesem Planeten war.

J: Gab es karmisches Wissen, das er sich aneignen mußte, oder hatte er bereits bei seiner Geburt Vollkommenheit erlangt?

Y: Die Vervollkommnung dieser Seele war bereits abgeschlossen. Sein Leben auf der Erde war ausschließlich eine göttliche Mission. Eine Inkarnation war für ihn nicht mehr erforderlich. Er traf diese Entscheidung aus Liebe.

J: Wie erklären Sie sich das Phänomen des heiligen Leichentuchs?

Y: Das genannte Phänomen ist Ausdruck einer Energie, die, wie Ihre Wissenschaftler bald herausfinden werden, in der ätherischen Welt existiert. Das Ereignis fand vor nunmehr fast zweitausend Jahren statt, um der Menschheit zu zeigen, daß es Vorgänge gibt, die sich ihrem Begriffsvermögen entziehen.

J: Kann Gott menschliche Gestalt annehmen?

Y: Der Vater kann nur in dem Sinn menschliche Form annehmen, indem in dieser Gestalt, wie Sie es jetzt bewohnen, er selbst – ein Teil seiner selbst – seinen Ausdruck findet. Denn Gott, derjenige, den wir Vater nennen, ist das allumfassende Bewußtsein. Es äußert sich nicht nur auf einem Gebiet, sondern es existiert in allem und in jedem. Es kann nicht in einer einzigen Gestalt eingeschlossen sein.

J: Was meint Sathya Sai Baba, der große indische Weise, wenn er sagt: »Ich bin Gott«?

Y: Damit drückt er aus, daß Sie alle Gott sind. Denn Gott lebt in jedem von Ihnen. Das ist Ihr wahres spirituelles Wesen. Der einzige Unterschied besteht darin, daß ein großer Meister die Verwirklichung Gottes ist, Sie dagegen nicht.

J: Was ist ein Avatara?

Y: Ein Avatara ist eine Seele, die die drei Wesenszüge des Menschen ins Gleichgewicht gebracht hat und ihre spirituelle Aufgabe nun auf einer viel höheren Ebene fortsetzen kann. Nicht unbedingt auf der allumfassenden Ebene, doch unterliegen einem Avatara Verantwortungen, die zum gegenwärtigen Zeitpunkt nur schwer zu erklären wären. Um es noch einmal zu verdeutlichen: Ein Avatara ist eine Seele, die in ihrer spirituellen Entwicklung eine sehr hohe Ebene erreicht hat und ein außerordentlich großer Lehrer ist, dessen Verantwortlichkeit nicht nur einen Planeten, sondern viele umfaßt.

J: Was ist mit »Hingabe an den Herrn« gemeint?

Y: Hingabe an den Herrn ist eine Bezeichnung für die Bereitschaft, den spirituellen Pfad zu beschreiten, den die eigene Seele dem Menschen weist. Es gibt viele Wege, die zum Vater führen. Wenn also ein Mensch einen bestimmten Weg einschlägt, muß ihm ein anderer nicht unbedingt folgen. Jeder muß den Weisungen seiner eigenen Seele lauschen und ihnen folgen. Er muß natürlich sicher sein, daß das, worauf er hört, auch wirklich die Stimme seiner Seele ist.

J: Wie würden Sie die Bedeutung der sieben Sterne und sieben Kirchen im Buch der Offenbarung erklären?

Y: Das sind Symbole. Sie beziehen sich auf die sieben spirituellen Zentren in der Astralsäule. Jesus war mit ihrer Bedeutung vertraut und hatte seinen Jüngern ihre Existenz erklärt und sie gelehrt, wie man sie durch Meditation erhellt.

J: Warum gibt es in der Bibel so wenige Hinweise auf die Wiedergeburt?

Y: Sie müssen wissen, daß die Bibel immer wieder neu überarbeitet wurde, seit der Zeit ihrer Entstehung. Die Kirchenoberen waren der Meinung, daß es leichter wäre, die Menschen zu beeinflussen und zu lenken, wenn sie nicht mit der Lehre von der Reinkarnation vertraut wären. Jesus Christus und auch seine Jünger verbreiteten die Lehre von der Wiedergeburt. Die Kirchenoberen waren jedoch der Überzeugung, daß sie mehr Gehorsam und Ergebenheit erzwingen könnten, wenn diese Lehre in Vergessenheit geriet.

Doch indem die geistige Entwicklung fortschreitet, wird die Reinkarnation wieder zur Grundlage der spirituellen Philosophie werden; es muß so sein.

J: Können Sie den Begriff des Selbst erklären? Des inneren Selbst? Des Gott-Selbst?

Y: Man kann den Begriff, wenn er sich auf die eigene Person bezieht, zum einen psychologisch, zum anderen spirituell erklären. Die verschiedenen religiösen Glaubenssätze sprechen vom Gott-Selbst, das in Ihnen allen existiert. Die Psychiater erzählen Ihnen vom Ich-Bewußtsein. Sie dürfen Ihr körperlich-psychologisches Selbst nie mit Ihrem spirituellen Selbst verwechseln.

Indem Sie sich auf dem spirituellen Pfad weiterentwikkeln, kommt ein Zeitpunkt, zu dem Sie Ihre intellektuellen und materiellen Bedürfnisse außer acht lassen müssen. Was Sie auf diesen beiden Ebenen gelernt haben, wird für das Ergebnis des spirituellen Wachsens von beträchtlicher Bedeutung sein. Doch Sie werden schließlich diese materiellen Seiten aufgeben, um auf dem spirituellen Pfad voranzuschreiten. Dazu müssen Sie Ihre ichgeprägten Bedürfnisse hinter sich lassen. Im Laufe Ihrer Entwicklung werden Sie erkennen, daß der wichtigste Schritt darin besteht, auf das eigene Gott-Selbst zu hören, auf das Gott-Bewußtsein, das in jedem von Ihnen wohnt. Wenn Ihnen dieses Bewußtsein rät, Ihre intellektuellen und materiellen Bedürfnisse hinter sich zu lassen, wissen Sie, daß Sie sich auf den spirituellen Pfad begeben haben. Das heißt nicht, daß Sie von nun an 24 Stunden auf einem Berg sitzen und meditieren, nein. Doch Sie werden nach und nach alles hinter sich lassen, was dem Gott-Bewußt-sein im Wege steht.

J: Können Sie uns etwas über die Bedeutung von Weih-nachten sagen?

Y: Der Tag hat in unserer Welt keine Bedeutung. Wir wissen um die Tatsache, daß die Menschen diesen Tag zum Symbol bestimmt haben, um sich daran zu erinnern, daß der Große Lehrer auf Erden gewandelt ist. Leider sind seine Lehren nicht so befolgt worden, wie es hätte der Fall sein sollen. Um diesen Gedankengang fortzuführen: Seine Lehren sind immer wieder entstellt und häufig falsch ausgelegt worden. Das Weihnachtsfest ist oftmals von beträchtlichen Auswüchsen begleitet. So sollte es nicht sein. Statt diesen einen Tag zu feiern, sollten die Lehren dieses großen Mannes Sie stets begleiten.

J: Wurde Jesus an diesem Tag geboren?

Y: Das muß nicht unbedingt so sein. Da damals ein anderer Kalender gültig war, könnte es ohne weiteres ein anderer Tag gewesen sein. Dennoch sollte man den Weihnachts-tag mit großer Liebe, Dankbarkeit und Freude begehen, und die Botschaft von Frieden und Nächstenliebe sollte um die Erde hallen. Auf diese Weise sollte Weihnachten gefeiert werden.

J: Welche Bedeutung hat die Auferstehung?

Y: Die Auferstehung sollte den Menschen zeigen, daß die

Seele weiterlebt und daß es keinen Tod gibt, nur einen Übergang vom materiellen in den spirituellen Körper.

J: Wie sind Adam und Eva zu verstehen?

Y: In der Bibel steht vieles geschrieben, das seinem Wesen nach symbolischen Charakter hat. Die Geschichte von Adam und Eva verdeutlicht die Entstehung der Menschheit und zeigt auf, was sie auf ihrem Weg zurück zu Gott tun und unterlassen muß.

Diese Geschichten orientierten sich am Stand der geistigen Entwicklung der Menschen jener Tage, der nicht unbedingt dem intellektuellen Entwicklungsstand heutiger Generationen entsprechen muß.

J: Was ist die Bedeutung der Erbsünde?

Y: Sie ist Teil der Schöpfungsgeschichte und bezieht sich auf den Zeitpunkt, als der Mensch die Unschuld verlor. Das war die Saat allen folgenden Unheils, wie Habgier, Hinterlist, Betrug, Mord und Krieg. Bis zu diesem Zeitpunkt war der Mensch in der Lage, seine Verstandeskraft auf gottähnliche Weise zu nutzen. Als er zum Sklaven seiner niederen Instinkte wurde, unterwarf er sich dem Karma.

J: Ich verstehe nicht ganz Ihren Vorschlag, daß wir einfach nur Gott suchen und mit ihm in Verbindung treten sollen. Nur mit Gott zu reden, hat nicht viel Gutes bewirkt, soweit ich sehen kann.

Y: Es war beabsichtigt zu zeigen, daß es lohnend ist, um spirituelle Leitung zu bitten, und daß alle Leitung erst einmal aus einer Quelle kommt. Und darum schlagen wir vor, daß die Menschen mit Gott sprechen sollen. Wir verstehen, daß das für Sie sehr vereinfachend wirken muß. Doch vergessen Sie bitte nicht, daß spirituelle Anleitung nur aus der einen Quelle stammt, und wir würden lieber das Wort »Gott« verwenden als andere Bezeichnungen, die diesem unendlichen Geist verliehen wurden.

Es ist viel leichter für Sie zu verstehen. Wir wollen damit nicht andeuten, daß Lehrern leichtfertig unterstellt werden soll, sie hätten keine Bedeutung für die Anleitung der Menschenseelen, die um eine solche Leitung bitten. So ist es nicht.

Offensichtlich gibt es die Lehrer, weil Gott sie gesandt hat, denen zu helfen, die Beistand benötigen. Doch vom menschlichen Standpunkt aus betrachtet, wäre es einfacher, wenn das Bewußtsein zuerst zum Glauben an Gott und damit an ein spirituelles Wesen befähigt würde, um auf der Grundlage dieses Glaubens dann leichter an die Existenz eines spirituellen Freundes oder Lehrers glauben zu können. Denn wenn ein Kind ganz sicher ist, daß die Eltern letztlich da sein werden, um ihm zu helfen, wenn es sich verirrt hat, ist es vielleicht in der Lage, sich an einen Bruder, eine Schwester oder einen Freund zu wenden und zu sagen: »Ja, mein Vater hat gesagt, daß er über mich wacht und mich beschützt und daß ich mich an dich wenden soll, Bruder oder Schwester, weil du mir den besten Rat weißt.« Das mag vielleicht wiederum außerordentlich vereinfachend klingen, aber wie anders sollen wir von Gott sprechen als in den allereinfachsten Begriffen? Wir verstehen die Enttäuschung, die Sie und andere empfinden müssen, wenn Sie sagen, daß Sie mit Gott gesprochen und keine große Wirkung gesehen haben. Es ist die Stimme der Enttäuschung, die aus diesem Satz spricht, und sie tönt um den ganzen Planeten. Aber Sie müssen auch verstehen, daß das Bewußtsein – alle Personen, die heute abend hier anwesend sind, eingeschlossen – noch nicht bis zu dem Punkt entwickelt ist, an dem es eine so einfache Antwort auf eine so komplizierte Frage akzeptieren kann. Nämlich: Wer ist Gott? Gibt es einen Gott, und wenn ja, warum bin ich dann nicht glücklich, gesund, reich und vollkommen?

Um diesen Fragen auf den Grund zu gehen, die wir in der Vergangenheit gestreift haben, müßten wir uns mit allen Bereichen der Reinkarnation, allen Bereichen des Karmas und des Bewußtseinszustandes einer Seele zu einem bestimmten Zeitpunkt befassen. Denn man kann schließlich nicht einfach am Montag beispielsweise mit Gott sprechen und ihn um Hilfe bitten, damit unser Leben erträglicher wird, dann aber am Dienstag, Mittwoch, Donnerstag und Freitag die Verständigung einfach vergessen. Und wenn das Bewußtsein die intensive Ebene nicht erreichen kann, die vertrauensvolle Meditation mit sich bringt, kann der Mensch nicht erwarten, daß er die allumfassende Energie besitzt, die verfügbar ist und die sein Leben verändern kann und wird, wenn er den Wunsch dazu hat. In Ihrem Wortschatz gibt es einen Begriff hierfür, nämlich Wunder. Wir sagen Ihnen, es gibt keine Wunder. Es gibt natürlich Fähigkeiten des Bewußtseins, die mit der Energie, die von Gott ausströmt, in Verbindung stehen, und man kann diese Energie empfangen und in sein Leben lenken und dadurch gewünschte Veränderungen bewirken, doch das kann nicht geschehen, wenn man die Verbindung mit Gott als etwas Zufälliges betrachtet. Wir wollen damit nicht behaupten, daß das bei einem der hier Anwesenden der Fall ist, aber aufrichtig gesagt, jeder täte gut daran, seine Ebene der Meditation und Unterhaltung mit Gott zu erhöhen und zu vermehren.

J: Die Menschen grübeln darüber nach, wie sie die Liebe des Vaters verdienen können. Auf welche Weise könnten sie das tun, was meinen Sie dazu?

Y: Die Liebe des Vaters verdient man nicht. Die Liebe des Vaters können wir nicht in dieser Weise betrachten. Gott runzelt nicht die Stirn über negative Eigenschaften, negative Handlungen. Gott kennt nur eine Energie, die Energie der Liebe. Liebe weiß nur Liebe zu geben. Nur durch den Mißbrauch dieser Liebe vergißt der Mensch, wie er davon Gebrauch machen könnte.

Die größte Weisheit, die wir erlangen können, ist die Überzeugung, daß der Vater bedingungslos alle liebt. Wir müssen die Liebe, die der Vater uns schenkt, annehmen. Das ist sein Geschenk an uns, und er verlangt nichts weiter von uns, als daß wir diese Liebe erwidern, daß wir uns selbst und alles, was uns umgibt, lieben. Es ist keine einfache Sache, diese Liebe. Das wissen wir, aber das ist es, was Sie lernen müssen. Ich wage zu behaupten, daß es keines der Probleme, die derzeit Ihren Planeten beherrschen, gäbe, wenn es die wahre Liebe gäbe.

J: Yan Su Lu, ich möchte noch einmal nach der Bedeutung von spirituellen Lehrern fragen. Viele Menschen halten es für notwendig, einen solchen Lehrer zu suchen und Kontakt mit ihm aufzunehmen.

Y: Die spirituelle Entwicklung hängt nicht unbedingt von Lehrer und Schüler ab. Ich würde eher sagen, daß die Verbindung von Gott ausgeht, indem er durch den oder die Lehrer wirkt. Denn nur durch Gott werden die Energien und Unterweisungen übermittelt. Es hätte keinen Sinn, daß wir Ihnen sagen, wie Sie mit einem Lehrer in Verbindung treten sollen, denn das ist von Fall zu Fall unterschiedlich. Ernsthafte Meditation ist natürlich notwendig. Mit der Zeit wird Meditation der Seele ein notwendiges Bedürfnis werden. Nur durch das fortgesetzte Gespräch mit Gott kann Fortschritt erzielt werden. Lehrer sind da, wenn der Suchende bereit ist für sie. Auf bestimmten Ebenen sind Lehrer vonnöten, um Energien zu verleihen, der Seele beizustehen und sie zu leiten, wenn sie darum bittet. Aber sie sind nicht Gott. Gott ist die Quelle, und der Mensch muß sich an die Quelle wenden.

Astralleben, Seelenentwicklung, Ego und Bewußtsein, Schuld und Befreiung

Es gibt eine breitgefächerte Sammlung von Schriften, die Berichte über Visionen von anderen Existenzebenen als der unseren enthalten. Die Tatsache, daß so viele Menschen derartige Erfahrungen bezeugt haben, läßt darauf schließen, daß wahrhaftig *etwas* gesehen worden ist. Die Archive der Para-Forschungsgesellschaften in Großbritannien, den Vereinigten Staaten und anderen Ländern enthalten sorgfältig belegte Berichte von den Landschaften des »Jenseits«, über die in Trancezuständen, Visionen angesichts des nahenden Todes und anderen veränderten Bewußtseinszuständen gesprochen wurde.

In den meisten Fällen wurden diese Beschreibungen vom Blickwinkel der Körperlichkeit aus geleistet und die neue Umgebung an den Kriterien der alten gemessen. Ein Körper schien im Jenseits ebenso greifbar und normal zu sein wie in unserer Dimension. Es gab bekannte Gegenstände ebenso wie Personen, die der Betreffende im irdischen Leben kannte. Einige Berichte jedoch konnten andere, höhere Zustände beschreiben, in denen Worte nicht ausreichten, um die beobachtete Schönheit und Harmonie auszudrücken. Es scheint unendlich viele Bewußtseinszustände zu geben, unendlich viele Ebenen spiritueller Wirklichkeit, angefangen von der irdischsten hin bis zur erhabenen Verschmelzung mit dem All.

In den medialen Sitzungen schienen die Führer und die Wesen, die versuchten, uns diese Zustände zu erhellen, Schwierigkeiten zu haben, sie zu beschreiben. Sie erklärten, daß die Sprache, wiewohl der irdischen Dimension angemessen, nicht wirklich geeignet sei, genaue Beschreibungen zu liefern, daß alle inneren Welten von den verschiedenen Energieebenen gebildet würden, die ihren Bewohnern entsprechen. Es war die Rede von wunderbaren Landschaften, und die Anwesenheit von Lehrern und Helfern wurde erwähnt. Es gab Schulen, die das Verständnis dessen vermittelten, was wir auf der Erde erlebt hatten, und in denen wir unsere Fähigkeiten weiterentwickelten. Diesem himmlischen Zustand wurde der Name Sommerland gegeben, und er bezeichnete einen Ort persönlicher Freude. Je tiefer allerdings die Seele in die reineren Stadien des Bewußtseins jenseits von Sommerland eindrang, um so notwendiger wurde es, die Entwicklung voranzutreiben und Freude und Wirklichkeit neu zu bestimmen. Die Gelehrten, die das Universum als durch Gedanken geschaffen betrachteten, hatten vielleicht intuitive Erinnerungen an Erfahrungen in den Todesstadien.

Angesichts des offenbar gewaltigen Stroms möglicher Energieebenen fühlte ich mich gedrängt, Yan Su Lu zu fragen, wo er weilte. Saß er auf einem Baumstamm in einem glorreichen Wald, der aus dem geistigen Stoff des Bewußtseins selbst gemacht war? Wo war der Ursprung dieser chinesischen Stimme außerhalb von Zeit und Raum, dieser Bewußtseinsspitze, die in der Lage war, diejenigen, die sie hörten, zum Handeln zu bewegen? Ich hatte die Absicht, mir eine Vorstellung zu verschaffen, wer und was Yan Su Lu war, während dieser alte Gentleman vielleicht auf seinem Stamm saß und versuchte, die Aufmerksamkeit seines Schülers zu fesseln.

J: Yan Su Lu, ich möchte von Ihnen etwas über die astrale Existenz der Seele erfahren. Schweben die Seelen umher, sitzen sie vielleicht auf astralen Stühlen oder Baumstümpfen? Wir haben so viele unterschiedliche Dinge über die Astralwelt gelesen. Können Sie uns Näheres darüber sagen?

Y: Ich nehme an, Sie wollen wissen, auf welche Weise eine Seele ruht. Es wäre schwierig, sich vorzustellen, daß es Stühle oder Baumstümpfe in der ätherischen Welt gibt. Wir müssen uns von dem Gedanken an das, was für den materiellen Körper das Beste ist, lösen und das Bewußtsein in die geistige Welt versetzen, wo es Materie im Sinne von Stühlen oder, wie Sie sagten, Baumstümpfen nicht gibt. Die Seele verfügt noch über die Fähigkeit, sich diese Dinge vorzustellen, doch sie existieren nicht in der ätherischen Welt.

Der Zustand der Ruhe bedeutet für die Seele in der ätherischen Welt etwas anderes. Man darf sich die Ruhe nicht als Zustand der Erschöpfung vorstellen, sondern als die Fähigkeit, die Verwirrung, die in diesem Bewußtsein geherrscht hat, abzustreifen. Mit Hilfe der erforderlichen Energien, die die Seelen von Lehrern empfangen, erreichen diese Seelen einen Zustand der Meditation. Sie nehmen die Energien in sich auf und sind nach einiger Zeit fähig, alle Bindungen an das vorangegangene Leben, ob bewußter oder unbewußter Art, zu lösen. Von diesem Zeitpunkt an ist die Seele in der Lage, allein zu sein, wenn sie es will, und ihre Mission zu überdenken und zu beurteilen. Hat sie ihre Aufgabe erfüllt oder nicht, und was muß sie noch lernen, um sich auf dem spirituellen Pfad angemessen weiterzuentwickeln? Man kann diesem Vorgang keine zeitliche Größe zuordnen, denn jede Seele ist vollkommen anders. Eine Seele, die im vorangegangenen Leben weit entwickelt war, ist vielleicht in der Lage, diese Beurteilung eher abzuschließen als eine, die ein materiell orientiertes Leben geführt hat, wie beispielsweise Charles in seiner lasterhaften Existenz in Italien. Wir können also nicht sagen, daß sie innerhalb von, sagen wir, zwölf Ihrer Monate erwarten dürfen, zum Guru zu werden. Das ist unmöglich. Jeder Entwicklungsschritt auf dem spirituellen Pfad ist unabhängig von den vorangegangenen Inkarnationen einer Seele.

J: Wir haben in der Vergangenheit oft von der Entwicklung der Seele gesprochen. Sie erwähnten, daß es zwölf Aspekte der Seele gibt, die unterschiedlichen kosmischen Bereichen zuzuordnen sind. Was geschieht am Ende mit diesen Seelenerscheinungen? Vereinigen sie sich zu einer Überseele?

Y: Wir würden den Begriff »Überseele« vermeiden. Wenn wir das Thema der Vereinigung aller zwölf Aspekte anschneiden, so sprechen wir von der Zeitspanne, bevor man eine solche Vereinigung überhaupt annehmen kann. Wie wir schon erklärt haben, gibt es in diesem Universum keinen Stillstand, nur Entwicklung. Doch wenn wir hypothetisch über die zwölf Aspekte nachdenken und die Frage näher betrachten, was geschehen könnte und was nicht, dann ist es nur richtig, daß wir eine Antwort geben. Nach unserer Kenntnis und Wahrnehmung trennen sich die zwölf Seelenaspekte, wenn sie sich erst vereinigt haben, nie wieder voneinander. Sie bleiben zusammen. Und indem sie zusammenbleiben, erreicht ihre Existenz eine so dynamische Form positiver, liebender Energie, daß sie die gesamte positive Energie, die von diesem Planeten ausgehen könnte, umfaßt – wenn Sie sich vorstellen können, was gemeint ist. Die Energie, die durch die Vereinigung einer Seele entsteht, wäre zehnmal so stark wie die der Erde.

Wenn dieser Planet sein Bewußtsein zu einer einzigen liebenden Energie verschmelzen läßt, dann haben wir es mit einer Energie zu tun, die so stark ist, so gewaltig und positiv, daß sie sich Ihrem Begriffsvermögen entziehen würde. Diese wunderbare, starke Seele würde den Weg fortsetzen, den sie ganz am Anfang für sich festgelegt hat, und sie würde den Bereich des Universums auswählen, der ihres Beistands bedarf, und so wirkt ihre wundervolle liebende Energie auf alles, was sie berührt. Und jene, die sie berührt, gehen aus dieser Berührung mit einer Energie hervor, die wir nicht annähernd erklären können. Ganz einfach ausgedrückt, ist es ein wunderbarer Zustand, um daraus zu schöpfen.

Ich glaube, daß es wichtig ist, näher auf den Bereich des spirituellen Bewußtseins einzugehen, da wir sehen, daß es vielen Menschen aus den verschiedensten Gründen schwerfällt, dem spirituellen Pfad zu folgen. Wenn wir die Wolke zur Verdeutlichung nehmen, so müssen wir uns vorstellen, daß der Horizont Tag für Tag mit gewaltigen Wolkenmassen verhangen ist. Ein Mensch, der sein Leben lang unter dieser Wolke existiert, würde nie erfahren, daß es in seinem Universum eine Sonne gibt, denn er würde niemals Licht und Sonnenschein erblicken. Vielmehr würde er sein Leben in der Überzeugung verbringen, daß das Grau, das sein bewußtes Auge als alltägliche Trübnis wahrnimmt, alles ist, was es im Universum gibt. Lassen Sie uns einen anderen Menschen betrachten, der zu dem Entschluß gekommen ist, daß das erstrebenswerte Ziel in der Spiritualität liegt. Dieser Mensch würde sein Leben im Angesicht des Sonnenscheins verbringen und in seinem alltäglichen Dasein nur sehr selten Wolken wahrnehmen. Die Wahrnehmung dieses Menschen würde also darin bestehen, daß Sonnenschein und Licht gegenwärtig und wunderbar sind. Dagegen würde jene andere Person, da sie stets nur das Grau wahrnimmt, niemals begreifen, was hinter den Wolken liegt. So verhält es sich mit denen, die sich bemühen, auf dem spirituellen Pfad emporzustreben: Sie werden Sonnenschein und Licht in ihrem Leben erblicken. Jene aber, die ihrem spirituellen Bewußtsein nicht die Pforte öffnen wollen, werden ihr Leben lang unter einer Wolke leben.

Warum sollte jemand ein so trostloses Leben wählen? Dafür gibt es viele Gründe. Wenn beispielsweise in einer bestimmten Inkarnation die Bedürfnisse eines Menschen auf alle anderen Bereiche als auf die Spiritualität konzentriert werden müssen, dann nimmt es die Seele auf sich, den menschlichen Körper in ein Leben unter wolkenverhangenem Horizont zu führen. Das wäre karmische Bestimmung. Wenn die Gründe nicht karmischer Natur sind, dann liegt es daran, daß das Bewußtsein des Menschen seinen freien Willen ausgeübt hat und sich weigert, auf seine Seele zu hören und spirituelle Anleitung anzunehmen. Wenn letzteres der Fall ist, sterben die Betroffenen oftmals vor der Zeit. Denn die Seele muß das körperliche Leben beenden, wenn ihre Mission nicht erfüllt werden kann oder wird. Wir wollen damit nicht sagen, daß der Selbstmord einen Ausweg bietet. Keineswegs. Wenn ich sage, daß die Seele das körperliche Leben beendet, dann liegt es nur an der Weigerung des Bewußtseins, dem eigenen Weg zu folgen. Dann kommt der Begriff »Unfall« ins Spiel, und die Seele wird darauf bestehen, den Körper in die Lage zu versetzen, in der ihn der »Unfalltod«, wie Sie es nennen, treffen kann. Es gibt keine Zufälle im Leben. Man erfüllt seine Aufgabe, und wenn man das nicht kann, dann endet das Leben, und es setzt sich in der Wiederkehr fort.

J: Wir haben über die Spiritualität gesprochen, und ich möchte Sie fragen, Yan Su Lu, ob wir das Ego benötigen, um in unserer irdischen Existenz materiell bestehen zu können. Vielleicht können Sie uns als erstes erklären, was Sie unter dem Begriff Ego verstehen.

M: Und wie wir erkennen, ob das Ego uns dient oder ob wir dem Ego dienen.

Y: Um die letzte Frage zu beantworten: Die Seele weiß immer, wer wem dient. Es ist das vernünftige Bewußtsein, das sich so weit zu entwickeln in der Lage ist, daß es auf die Weisungen der Seele hört, und wenn wir die Art dieser Beziehung erklären wollen, müssen wir sagen, daß es besser ist, dem Ego nicht zu dienen, wenn Sie sich auf dem spirituellen Pfad fortbewegen wollen.

In Beantwortung der ersten Frage müssen wir uns darüber klar sein, daß die Menschheit sich, als sie vom Vater abfiel, physisch, geistig und spirituell auf eine so niedrige Stufe begab, daß sie nur durch größte Beharrlichkeit den Schwingungen widerstehen konnte, die beinahe das Ende der Menschheit bedeutet hätten. Diese Beharrlichkeit bekam im Laufe der Entwicklung der Menschheit eine andere Bedeutung. Das Ego war unbedingt notwendig, um das Überleben der Spezies zu sichern. Denn während dieser Zeit galt die Entwicklung dem materiellen und intellektuellen, nicht aber dem spirituellen Fortschritt. Daher wurde den Menschen das Ego gleich zu Beginn eingeimpft. Doch mit der Weiterentwicklung der Menschheit hat sich gezeigt, daß das Ego für die spirituelle Entwicklung nicht erforderlich, sondern daß es im Gegenteil eher ein Hindernis auf dem spirituellen Pfad ist. Indem wir uns entwickeln, stellen wir uns auf die Schwingungen des positiven Universums ein. Wir stellen uns auf die Schwingungen Gottes ein und nehmen ihn damit in uns auf und versetzen uns in ihn. Mit dem Erlangen der Einheit mit Gott verlieren wir die Notwendigkeit des Ego. Das Ego steht dem spirituellen Fortschritt im Wege. Beide können nicht im selben Bewußtsein nebeneinander existieren. Denn entweder ist ein Mensch auf den Vater eingestellt und handelt im spirituellen Sinne, oder er hört auf das Bewußtsein, das eher die intellektuellen und materiellen Eigenschaften für sich in Anspruch nimmt. Man kann nicht beides in sich vereinigen und behaupten, sich auf dem spirituellen Pfad weiterentwickelt zu haben. Wer das für sich in Anspruch nimmt, spricht doppelzüngig.

J: Ist zwischen Ego und Selbstbewußtsein ein Unterschied zu machen?

Y: Ein gewaltiger. Das Ego mag am Anfang der spirituellen Entwicklung notwendig sein, doch wir nehmen an, daß die Seelen auf diesem Planeten zum gegenwärtigen Zeitpunkt viele, viele Male wiedergeboren sind und daß ihnen bewußt ist, daß sie, um zum Ziel zu gelangen und die fesselnden, einschränkenden Schwingungen des Planeten hinter sich zu lassen, das Ego abstreifen müssen. Selbstbewußtsein ist eine Eigenschaft derjenigen, die weder sich selbst noch anderen die Großartigkeit ihrer Existenz beweisen müssen. Sie erkennen, daß sie Teil ihrer selbst ist. Das ist Selbstbewußtsein. Es sind die Menschen mit geringerem Selbstvertrauen, die vom Ego abhängig sind.

D: Ich weiß immer noch nicht recht, was genau das Ego ist. Gibt es eine Möglichkeit, es anders zu erklären?

Y: Nehmen wir einen Teil des Bewußtseins, vorausgesetzt natürlich, daß wir uns darüber einig sind, daß das Bewußtsein nur existieren kann, wenn es eine Seele gibt. Das müssen wir als Tatsache voraussetzen. Ausgangspunkt ist also die Seele. Die Entwicklung der Seele in immer neuen Inkarnationen ist von ihrem Hauptziel bestimmt: den Seinszustand und das Bewußtsein vergangener Meister – Jesus beispielsweise – zu erlangen. Damit die Seele in der Lage ist, sich auf dem komplizierten Planeten namens Erde zu orientieren und alles zu meistern, was im irdischen Leben erforderlich ist, sind dem menschlichen Körper Fähigkeiten und Möglichkeiten gegeben worden, die sich von den Existenzvoraussetzungen auf anderen Planeten wesentlich unterscheiden. Sie verfügen über den Verstand und damit die Fähigkeit der

Wahrnehmung, und diese Wahrnehmung versetzt Sie in die Lage, Ihr Leben zu bestimmen. Das nennt man das Bewußtsein. Es ist eine Frage der persönlichen Lebensführung. Entweder hört man auf die Seele, oder man lebt auf der Ebene physischer Schwingungen, hört auf die physischen Sinne und damit auf das eigene physische Bewußtsein.

Diesem Bewußtsein wohnt die Energie inne, die jeden Menschen vom anderen unterscheidet. Und nun kommen wir zu dem Begriff Ego. Denn ohne bestimmte Formen des Ego würde die Persönlichkeit des einzelnen mit allen anderen Persönlichkeiten verschmelzen. Das Ego ist der bestimmende Faktor, der eine Persönlichkeit von der anderen unterscheidet. Es trägt dazu bei, die Art zu bestimmen, in der die Mission der gegenwärtigen Inkarnation erfüllt wird, und es unterstützt die Persönlichkeit in der Erfüllung der Mission, indem es sie resolut und energisch oder das Gegenteil macht. Das Ego ist von großer Wichtigkeit in den frühen Jahren der physischen Entwicklung, verliert aber mit zunehmender Reife an Bedeutung. Das Ego ist jedoch eine Form der Energie, die von der Seele ausgeht und die die Voraussetzung für das Leben ist.

Wir wissen, daß es nicht einfach zu verstehen ist, aber Sie müssen uns glauben, daß es zahlreiche Schwingungsebenen der Energie und des Lebens in der Persönlichkeit, der Seele eines Menschen gibt. Ego ist nur eine Energieebene. Haben wir Verwirrung gestiftet, oder haben Sie das verstanden?

D: Es war sehr verständlich für mich.

J: Wir haben schon oft über das Bewußtsein gesprochen. Würden Sie uns die Bewußtseinsentwicklung so beschreiben, daß es für jedermann verständlich ist?

Y: Die Bedeutung des Begriffes Bewußtsein ist sehr unklar.

Denn jeder von Ihnen hat andere Vorstellungen und Empfindungen, wenn es darum geht, was das eigene Bewußtsein für Sie bedeutet. Die Verschiedenheit des Bewußtseins zu erforschen, wäre nicht sinnvoll für diejenigen, die den spirituellen Weg suchen. Für diejenigen, deren Suche dem psychologischen Weg gilt, durchaus. Aber das hier ist nicht unsere Absicht. Wir werden uns mit dem Wort »Bewußtsein« befassen und Fragen beantworten, die das spirituelle Bewußtsein betreffen und damit die spirituellen, geistigen Energien, die in jedem von uns wirken.

Bewußtsein ist eine Energie, die mit Hilfe der Seele entsteht, die von der Seele genährt wird und in das Nervensystem und den Verstand des Menschen einfließt. Bewußtsein ist ein lebendiger Seinszustand. Um nun zwischen denjenigen, die den spirituellen Weg suchen, und denjenigen, die das nicht tun, zu unterscheiden, werden wir den Begriff Bewußtsein für das Letztere und spirituelles Bewußtsein für das Erstere verwenden.

M: Wenn man in einen Wald geht oder in einen Steinbruch, oder wenn man an einem fließenden Gewässer sitzt, dann hat man den Eindruck, daß all diese Dinge ein eigenes Bewußtsein haben, das seine Energie in diese Umgebung eingehen läßt.

Y: Wenn Sie die grundlegende Frage stellen wollen, ob die Steine, Bäume und Pflanzen über ein eigenes Bewußtsein verfügen, so lautet die Antwort ja. Denn allem Lebendigen auf diesem Planeten wohnt eine eigene Energie inne, und wenn ich das Wort »Energie« benutze, so will ich damit Ihren Begriff »Bewußtsein« ersetzen. Doch es ist höchst angenehm, sich in einer solchen Umgebung aufzuhalten, nicht wahr?

J: Können Sie uns den Unterschied zwischen dem irdischen Bewußtsein und dem Seelenbewußtsein verdeutlichen?

Y: Das irdische Bewußtsein bewirkt eine Auseinandersetzung vorhergegangener Inkarnationen, um so ein intensives Lernen im gegenwärtigen Leben zu ermöglichen. Je weiter unsere Entwicklung fortschreitet, um so mehr verliert das irdische Bewußtsein an Bedeutung, und das Seelenbewußtsein tritt an seine Stelle. Damit gewinnen Erinnerungen an vergangene Inkarnationen, Beziehungen und Vorstellungen für den Menschen an Durchschaubarkeit und Bedeutung, und er ist in der Lage, diese Inkarnationen heranzuziehen, wenn sie etwas mit seinem gegenwärtigen Leben zu tun haben. Doch um diese Öffnung des Seelenbewußtseins zu erreichen, muß der Mensch den spirituellen Pfad einschlagen und eine Ebene erreicht haben, auf der dieses Bewußtsein erwacht.

J: Haben Sie, Yan Su Lu, ein tieferes Verständnis von Gott als wir?

Y: Ja, auf dieser Ebene wird Gott viel deutlicher in seiner Größe, als man es in der menschlichen Gestalt erfahren kann. Denn wie wir schon sagten, gibt es im täglichen Leben so vieles zu bedenken; die Ernährung des Körpers, die Verfolgung der Lebensziele, das Vorantreiben des Lebens von einem Tag zum nächsten, all das nimmt mehr Energie in Anspruch, als wir auch nur annähernd erklären können. Offenkundig bedeutet das Leben an sich eine unermeßlich mühevolle Aufgabe. Aus diesem Grund ist die Vorstellung von Gott anders als auf unserer Ebene. Denn wir verbringen unsere Zeit in einer anderen Energie als Sie, unsere Hingabe gilt der Intelligenz mit Namen Gott, während es sich bei Ihnen offensichtlich anders verhält. Man kann also sagen, ja, es gibt einen Unterschied, und, ja, es ist eine wunderbare Erfahrung, und es ist großartig, sich dieser Energie bewußt zu sein. Ich bin überzeugt, daß es etwas ist, dem Sie alle freudig entgegensehen.

D: Wissenschaftler behaupten, daß die erste Gestalt, in der Menschen auftraten, große Ähnlichkeit mit den Affen hatte. Ist das wahr?

Y: Ja, das stimmt. Es gab eine Zeit in der Entwicklungsgeschichte der Menschheit, in der man, hätte man Affe und Mensch nebeneinandergestellt, eine große Übereinstimmung der physischen Erscheinungsform festgestellt hätte. Denn der Mensch glich auf der niedrigsten Stufe der körperlichen Entwicklung dem Affen auf der höchsten Stufe seiner Entwicklung.

M: Leben wir im Laufe unserer Entwicklung von Inkarnation zu Inkarnation – und zwischen den Inkarnationen – auf verschiedenen Planeten? Kommen wir an Orte, die sich auf einer anderen Bewußtseinsebene befinden?

Y: Ja, es kommt sehr häufig vor, denn in diesem gewaltigen Universum gibt es zahlreiche Beispiele anderer Lebensformen, die Sie erleben. Dieser Planet ist nur ein winziger Stecknadelkopf. Auf diejenigen, die höhere spirituelle Ebenen erreichen, warten viele Erfahrungen.

D: Nach unseren wissenschaftlichen Erkenntnissen ist die Erde sehr alt. Doch Sie haben gesagt, daß es möglich ist, tausend Inkarnationen auf der Erde durchlaufen zu haben. Das scheint, selbst bei dem beträchtlichen Alter der Erde, nicht möglich zu sein.

Y: Die wissenschaftlichen Erkenntnisse sind völlig unbedeutend, verglichen mit dem, was die Wissenschaftler in Zukunft bezüglich des wahren Alters des Planeten erfahren werden. Wenn die Forschung der Wahrheit immer näher kommt, wird man begreifen, daß die Erde tatsächlich sehr, sehr alt ist. Daher kann die Anzahl von Inkarnationen, die ein Mensch auf diesem Planeten lebt, durchaus in die Tausende gehen. Das soll keineswegs heißen, daß dies eine vorgeschriebene Zahl von Inkarnationen für eine Seele wäre. Wir haben diese Zahl lediglich benutzt, um Ihnen zu verdeutlichen, daß die Aufgabe, die hier auf diesem Planeten erfüllt werden muß, keineswegs einfach ist und daß nur durch mannigfache Inkarnationen, die ohne weiteres die Zahl tausend erreichen können, ein Fortschritt, das heißt die vollkommene Entwicklung und die uneingeschränkte Herrschaft über die Kräfte, die dem menschlichen Körper innewohnen, erzielt werden kann. Was nun die Lebensformen betrifft, in denen sich die Reinkarnation vor Millionen von Jahren vollzog, so befassen wir uns nicht mit der körperlichen Gestalt, denn wie wir schon in anderen Sitzungen ausführten, waren die Lebensformen, die auf diesem Planeten früher existierten, eine Verbindung von Spiritualität und Intellekt ohne physische Ausprägung; dennoch gab es bereits eine intellektuelle Entwicklung und damit das Einsetzen von Schritten hin zur Entwicklung des Menschen in seiner physischen Gestalt.

J: Wenn man sein Karma auf der Erde erfüllt hat und nicht mehr reinkarnieren muß, wohin gelangt dann die befreite Seele, nachdem sie die irdische Existenz beendet hat?

Y: Wenn ein Mensch alles im irdischen Leben gelernt hat, so ist die Seele an einem Punkt der Entwicklung angelangt, an dem das spirituelle Wachstum auf einer höheren Ebene des Lernens fortgesetzt werden muß. Die Seele ist dann von einer höheren Ebene der Energie umgeben. Die Erde ist nur ein kleiner Teilbereich des Lernens, den die Menschen durchlaufen müssen, um in andere Sphären des Lernens vorzudringen. Für eine entwickelte Seele ist es nicht mehr nötig, zu den irdischen Schwingungen zurückzukehren, doch es gibt andere Ebenen des Lernens, die sich jede Seele erschließen muß. Mit jedem Entwicklungszyklus gewinnt die Seele an Erleuchtung, und sie nähert sich dem Vater in Übereinstimmung mit seinem alles umfassenden Sein.

Aber vergessen Sie nicht, daß wir von einem langen Zeitraum der Entwicklung sprechen. Es ist kein einfacher Schritt von der Erde in die Bereiche hochentwickelter Meister – auf dieser Ebene können wir nämlich den Begriff »Meister« verwenden. Seelen, die alle irdischen Probleme erfaßt haben, die gelernt haben, den Körper zu beherrschen, und die höheren Energieebenen erreicht haben, auf denen spirituelle Kräfte ebenso selbstverständlich sind wie für Sie das Sehen und Hören, vereinigen in sich ein ungeheures Maß an Wissen. In diesem Universum gilt es, mehr zu begreifen als nur das Erdendasein, meine Freunde, sehr viel mehr.

J: Wenn eine Seele nicht mehr auf der Erde wiedergeboren werden muß und höhere Ebenen erreicht, welche Aufgaben und Verantwortungen muß sie dann übernehmen? Können Sie uns das genauer beschreiben?

Y: Sie müssen wissen, daß es viele Energieebenen gibt, die denen Ihres Erdplaneten ähneln, deren Schwingungsintensität aber stärker oder geringer ist. Wenn wir von der Entwicklung sprechen, meinen wir Lebensformen, die der Ihren ähneln, jedoch eine Stufe höher angesiedelt sind. Das schließt die neu erlernten Fähigkeiten Ihres telepathischen Bewußtseins, Ihres medialen Bewußtseins ein. Alles, was Ihre Psyche ausmacht, wird sich dann dieser Ebene angleichen. Eine Verständigung würde eher auf geistiger als auf verbaler Ebene stattfinden. Die Energieebene wird verstärkt. Die Lebensspanne innerhalb einer Inkarnation verlängert sich erheblich. Auch der Übergang würde sich verändern, denn der Körper ist dann der vollkommen reine Träger der Seele, deren Entwicklung an diesem Punkt angelangt ist. Aber man kommt hierher, um verschiedene Formen der Energie begreifen zu lernen, die alles umschließen, was mit den Naturwissenschaften, der Mathematik und der Reinigung und Erhöhung des spirituellen Bewußtseins zu tun hatte, das aus dem Planeten Erde entstanden ist. Und so treffen die Seelen aus verschiedenen Bereichen des Universums auf einer höheren Ebene aufeinander.

J: Sie haben in einer früheren Sitzung erklärt, daß unser eigentliches Ziel auf Erden darin besteht, unser Leben so zu meistern, wie Jesus das seine gemeistert hat. Das verstehen wir. Aber wohin gelangen wir, wenn wir nicht mehr auf dieser Erde wiedergeboren werden müssen? Sie sagen, es gibt keinen Stillstand; was geschieht aber, wenn wir erst mit dem Vater vereinigt sind?

Y: Mit dem Vater vereinigt zu sein, ist nicht so einfach, wie es vielleicht klingt. Denn obwohl wir stets beim Vater sind, in jeder Sekunde unseres Lebens, bis wir die spirituelle Stufe unserer Entwicklung erreicht haben, können wir doch nicht völlig verstehen, was der Vater ist. Und während wir uns auf diesem spirituellen Pfad voranbewegen, uns in immer neuen Inkarnationen weiterentwikkeln und das lernen, was wir auf verschiedenen Energieebenen und in verschiedenen Bereichen des Universums zu lernen haben, kommen wir dem Vater näher und entwickeln ein tieferes Verständnis. Es ist nicht einfach, die Vielschichtigkeit, Intelligenz und Absolutheit des Vaters zu erklären. Doch das ist es, meine Freunde, das zu erreichen wir uns bemühen müssen – die Nähe zum Vater, das Einssein mit ihm.

Sie werden feststellen, daß Sie mit jedem Schritt, der Sie ihm näher bringt, begreifen, daß er nicht so nah ist, wie Sie glaubten, denn es bleibt noch viel zu lernen. Und so muß es sein. Die Vielschichtigkeit des Wissens und der Absolutheit dieses Universums ist so überwältigend, daß wir sie nicht nach Ihren Vorstellungen vereinfachen können. Doch indem sich die Seelen entwickeln, weitet sich auch ihr Bewußtsein aus und entwickelt das aufrichtige und liebende Gefühl, eins mit dem Vater zu sein. Diese Entwicklung endet niemals. Mit fortschreitender Entwicklung findet man größeres Glück. Wir lernen, immer mehr Bürden hinter uns zu lassen, und jeder Schritt auf der Leiter der spirituellen Entwicklung bringt noch größeres Glück als der vorangegangene.

M: Verschmelzen wir am Ende unserer Entwicklung mit dem kosmischen Bewußtsein, mit der Glückseligkeit? Hören wir auf zu existieren? Gehen wir ein in das kosmische Bewußtsein, aus dem heraus wir wiedergeboren werden, oder bewegen wir uns weiter in der Hülle unserer individuellen Persönlichkeit?

Y: Diese Hülle der individuellen Persönlichkeit, wie Sie es nennen, wird sich allmählich mit dem höheren Bewußtsein verbinden, das dann zu anderen Bereichen des Lernens überleitet. Doch Ihre persönliche Identität bleibt immer erhalten, denn so ist es vom Vater gewollt.

M: Ist sie dann nur ein Aspekt des Vaters, ein kleiner Strahl seiner Persönlichkeit?

Y: Ja, so ist es.

M: Die meisten von uns verzögern ihren Entwicklungsprozeß, indem sie die falschen Entscheidungen treffen. Ich möchte Sie folgendes fragen: Wenn wir meinen, wir hätten eine bestimmte Entscheidung treffen können oder sollen, tun aber in einem unbeherrschten Augenblick das Gegenteil davon, müssen wir diesen Weg dann weiter verfolgen, oder können wir irgendwie zum Ausgangspunkt zurückkehren und unsere Entscheidung korrigieren?

Y: Selbstverständlich. Man kann immer umkehren und seine Entscheidung revidieren. Man muß immer dem inneren Gefühl folgen, das dem Bewußtsein den Weg zeigt, den man einschlagen muß. Darin besteht das wahre Wissen, das von der Seele ausgeht. Man muß auf diese

Stimme hören. Wenn man sich entschließt, sie zu ignorieren und dieser unbeherrschten Eingebung zu folgen, dann aber spürt, daß man umkehren muß – dann muß man wahrhaftig zu der Quelle zurückkehren, die am Anfang die Wahrheit bedeutete.

M: Selbst wenn man unterdessen einige Menschen tief verletzt hat? Kann man Unrecht, das man begangen hat, wiedergutmachen, selbst wenn die betreffenden Menschen inzwischen gestorben sind? Wie wird man mit einer solchen Schuld fertig?

Y: Die karmische Schuld wird in zukünftige Inkarnationen eingehen. Wenn Sie das Unrecht, das Sie begangen haben, nicht im selben Leben wiedergutmachen können, werden Sie sich wiederbegegnen, bis Sie diese Fehler wiedergutgemacht haben. Wenn die betreffenden Menschen noch am Leben sind, muß die Seele, die einsieht, daß sie einem anderen ein Unrecht zugefügt hat, alles daransetzen, dieses Unrecht wiedergutzumachen. Man kann nicht mehr tun, als es zu versuchen. Doch der Versuch setzt bereits die positive Handlung in Gang, und auf diese Weise wird das negative Karma ausgelöscht.

Lassen Sie mich wiederholen: Schuldgefühle entstehen nicht durch Erfahrungen des gegenwärtigen Lebens, sondern auch aus der Erinnerung an Fehler in vorausgegangenen Inkarnationen. Man kann nicht einfach sagen, daß durch Meditation und den wahren Glauben diese Probleme gelöst werden können. Ganz und gar nicht. Das Schuldgefühl ist eine sehr beherrschende Energie. Es begleitet die Menschen durch viele Inkarnationen. Zwei Seelen, die sich vielleicht seit Hunderten von Jahren nicht begegnet sind, würden sich erkennen: Und dann wecken die Erfahrungen in den Personen die Erinnerung an das Unrecht, das sie der anderen Seele zugefügt haben – und damit das Schuldgefühl.

Wenn Ihnen dieses Gefühl bei einem Menschen wider-
fährt, zu dem Sie lange Zeit keine Verbindung hatten,
dann ist es das beste, Sie begegnen ihm mit äußerster
Liebe und der Bitte um Vergebung und stellen eine harmonische Beziehung her, durch die das vor Hunderten
von Jahren begangene Unrecht aufgelöst wird. Wenn wir
es gegenwärtig mit Gemütszuständen zu tun haben, die
Zorn, Haß und negative Reaktionen hervorrufen, dann
erkennt die Seele vielleicht, was sie getan hat, und es
entsteht ein Schuldgefühl.

Wie können wir es vertreiben? Es ist einfacher als mit
dem Schuldgefühl, das über Jahrhunderte aus anderen
Inkarnationen herübergebracht wurde. Was Sie heute
tun, können Sie, wenn es negativ ist, schon morgen oder
im selben Augenblick korrigieren. Schuldgefühle sind
nicht notwendig. Das Schuldgefühl ist lediglich die Erinnerung an ein Unrecht, an dem der Betreffende teilhatte,
und dieses Gefühl kann nur durch Liebe und Verständnis
abgelegt werden. Und natürlich, indem man durch Verantwortung lernt.

M: Woran erkennen wir, ob wir jemandem von Nutzen sind
oder benutzt werden?

Y: Es entspricht nicht dem spirituellen Ziel, sich benutzen
zu lassen. Das ist nicht die Aufgabe des Menschen. Unsere Bestimmung ist es, unsere Mission auf spirituelle
und positive Weise zu erfüllen. Wenn man sich benutzen
läßt, gibt man seinen freien Willen auf. Das ist negativ,
und darum muß die Seele lernen, die negativen Handlungen zu korrigieren und ihr Leben nach ihrem eigenen
Willen zu führen, nicht nach dem Willen eines anderen.

M: Wie bewerkstelligt es ein Mensch, herauszufinden, was
er will und was richtig für ihn ist?

Y: Es gehört Mut dazu, sich zu entschließen, daß man bewußt keine Verwirrung mehr in seinem Leben haben will

und darum nach dem Vater sucht, nach dem Gott-Bewußtsein in sich selbst, meditiert und um Anleitung bittet. Auf diese Weise wird die Verwirrung aufgehoben. Man muß seine Gewohnheiten ändern, denn man eignet sich im täglichen Leben viele negativen Gewohnheiten an, die die Entstehung dieser Verwirrung fördern.

Um das zu vermeiden, muß man geistige Gewohnheiten ändern, berichtigen und läutern. Man muß sich in einen positiven Geisteszustand versetzen und um Führung auf dem neuen Pfad bitten.

Liebe nach dem Tod, Tierseelen und Ursprünge der Menschheit

M: Wenn die Begegnung mit einem bestimmten Menschen eine gewaltige Erschütterung auslöst, ist das dann ein hypnotisches Erlebnis, oder liegt es daran, daß in früheren Inkarnationen eine Beziehung bestand, und wie kann man die Wahrheit ermitteln?

Y: Eine solche Begegnung würde, abhängig natürlich von Ihrem Entwicklungszyklus, zwei Fragen aufwerfen: Handelt es sich um eine physische oder eine karmische Anziehung? So wie Sie die Begegnung und die erschütternde Empfindung zwischen zwei Menschen beschreiben, würde ich sagen, daß sie tatsächlich karmischer Natur ist. Allerdings ist es nicht unbedingt notwendig zu wissen, ob sie karmisch ist oder nicht. Wichtig ist vielmehr, eine liebende und spirituelle Beziehung daraus zu entwickeln.

M: Kann man und sollte man den Versuch machen, Beziehungen vergangener Inkarnationen zu ergründen?

Y: Für viele Menschen ist das eine höchst interessante Frage.

Doch solange die Entwicklung noch nicht an dem Punkt angelangt ist, an dem man die Gründe für die Beziehungen vergangener Inkarnationen bewußt verstehen kann, ist der Versuch herauszufinden, ob zwei Seelen in einem anderen Leben in Verbindung miteinander standen, einigermaßen nutzlos. Notwendig ist vielmehr zu ergründen, warum sie sich gegenwärtig begegnen, was sie in diesem Leben zu lernen haben und ob es eine karmische Schuld zu begleichen gibt. Es ist wichtig, eine positive Beziehung aufzubauen. Viele Menschen begreifen das nicht. Sie sind nicht bereit, diesen Bereich zu erforschen. In den meisten Familien und zwischen den meisten Freunden ist es so, daß in früheren Inkarnationen Beziehungen bestanden haben. Zwischen Ihnen und den meisten Menschen, denen Sie begegnen – aus welchen Gründen auch immer –, gibt es ein Karma, das aus der Vergangenheit herrührt. Darum sind Sie im gegenwärtigen Leben mit diesen Menschen, diesen Seelen, zusammen. In der Familie und im Freundeskreis gibt es nur wenige Seelen, die nicht schon zuvor zusammen waren. Sie müssen verstehen, daß sie, nach der Gesetzmäßigkeit der Reinkarnation, schon viele Male in Berührung gekommen sind.

J: Das ist ein bekannter Gedanke, Yan Su Lu. Buddha wurde einmal gefragt, warum man alle Menschen gleichermaßen lieben sollte, und er erwiderte, daß in den vielen Inkarnationen eines jeden Menschen jedes andere Geschöpf irgendwann einmal etwas für ihn bedeutet hat.

Y: So ist es.

J: Würden Sie uns den Begriff »Seelenverwandtschaft« erklären?

Y: Das sind Seelen, die viele Male miteinander wiedergeboren werden. Insbesondere zwei Seelen, die aus denselben Gründen beschließen, ihr Leben auf der Erde gemeinsam zu bestehen. Das zieht sich nicht durch alle Inkarnationen, und wir können keine bestimmte Zahl nennen, weil es für jede Seele anders ist, doch können wir sagen, daß zwei Seelen über viele Inkarnationen hinweg beschließen, gemeinsam wiederzukehren. Ihre gemeinsamen Erfahrungen und ihre Gefühle füreinander sind sehr tiefgehend. Es besteht eine seelische Verbindung zwischen ihnen, auch wenn sie in verschiedenen Teilen der Welt leben. Irgendwann begegnen sie sich und erkennen einander. Das wiederholt sich bis zu dem Zeitpunkt, an dem beide Seelen erkennen, daß sie in einem Stadium angelangt sind, in dem es nicht mehr notwendig ist, die gemeinsame Entwicklung fortzusetzen. Ein Seelenverwandter ist kein Gefährte für die Ewigkeit. Vielmehr entscheiden sich zwei Seelen freiwillig für eine gemeinsame Reinkarnation, um die karmischen Erfahrungen, die notwendig sind, zu machen. Wenn dieser Punkt erreicht ist, so lösen sie sich voneinander.

J: Hat jeder Mensch nur einen Seelenverwandten oder viele?

Y: Natürlich gibt es viele. Wenn die Beziehung zwischen zwei Seelen beendet ist, verbindet jede Seele ihre Erfahrungen mit einer anderen. Es ist also durchaus möglich, während einer Inkarnation mehr als einem Seelenverwandten zu begegnen.

J: Gibt es Zeichen, an denen man erkennt, ob man es mit einem wahren Seelenverwandten zu tun hat?

Y: Um jede Verwirrung in diesem Bereich zu vermeiden, möchte ich noch einmal folgendes erklären: Es gibt viele, viele Seelen, mit denen gemeinsam wir uns im Laufe unserer Inkarnationen entwickeln, die uns nahestehen und denen wir uns verbunden fühlen. Wenn nun in einer bestimmten Inkarnation ein Seelenverwandter beschließt, an einem anderen Ort wiedergeboren zu wer-

den, so ist es möglich, daß die andere Seele, ohne sich
bewußt darüber klar zu sein, weiß, daß ihr der Seelenverwandte fehlt. Dann würden die beiden einander suchen,
und im wahren spirituellen Sinne bedarf es keiner Zeichen. Man erkennt seinen Seelenverwandten augenblicklich. Man weiß es einfach.

J: Können Sie einem jungen Menschen raten, wie er den
richtigen Ehepartner findet?

Y: Es gibt keine »Beschränkung auf einen Ehepartner«. Jede
Seele bewirkt für sich die Notwendigkeit, verschiedene
Erfahrungen zu machen, die in Wechselbeziehung stehen
zu denen anderer Seelen. Es ist möglich, daß zwei Seelen
in einer bestimmten Inkarnation für den Rest ihres Lebens zusammenbleiben. Ebenso ist es aber möglich, daß
eine Seele es für notwendig befindet, ihre Lebensumstände zu verändern, die Ehe zu beenden, weil sie die
Aufgabe, die sie mit dem Partner verband, erfüllt hat,
und daß sie im Laufe der Zeit mehrere Ehen eingeht.
Darin liegt keine negative Erfahrung. Denn beide Seelen
gehen die Ehe freiwillig ein, und wenn die karmischen
Bindungen, die sie zusammengeführt haben, aufgelöst
sind und die Seelen sich voneinander gelöst haben, dann
kann es möglicherweise das beste sein, die Ehe ebenfalls
zu lösen. Beide Seelen werden sich dann, wenn es die
karmische Aufgabe erfordert, anderen zuwenden.

Wenn jedoch der freie Wille sich dem Bewußtsein auferlegt und von der physischen oder emotionalen Ebene aus
die Dinge diktiert, dann haben wir es mit Beziehungen zu
tun, die nicht dauerhaft sind und große Verwirrung stif-
ten und zukünftiges Karma ansammeln, wodurch diese
Seelen ihr Leben mit großem Leid belasten. Sie hören
nicht auf ihr spirituelles Bewußtsein, sondern auf das
physische und emotionale.

M: Was ist, wenn ein Mensch mehreren seiner Seelenverwandten gleichzeitig begegnet? Das kann doch geschehen, nicht wahr?

Y: Es ist möglich, aber nicht wahrscheinlich. Ja, es kann geschehen, daß mehrere Seelenverwandte zur selben Zeit inkarnieren. In diesem Fall könnten die Erfahrungen zu Verwirrungen und Komplikationen führen. Daher wird die Möglichkeit solcher Schwierigkeiten verringert, bevor die Inkarnation stattfindet. Es wäre dann ein Leben voller Einfachheit und ohne große Verwirrungen, in dem Gewicht gelegt wird auf die geistigen und empfindsamen Seiten der Seele und die Erfahrungen, die diesen Pfad begleiten: voller Liebe und Feinfühligkeit und ohne Schwierigkeiten.

J: Repräsentieren Seelenverwandte verschiedene Polaritäten? Müssen sie männlich oder weiblich sein, wenn sie sich in körperlicher Gestalt begegnen?

Y: Das ist ganz und gar nicht notwendig. Brüder können Seelenverwandte sein. Schwestern können Seelenverwandte sein. Brüder und Schwestern, Eltern, Freunde, alle können Seelenverwandte sein. Wahre Brüder, wahre Schwestern.

J: Wenn wir uns zu einer Person des anderen Geschlechts hingezogen fühlen und es wäre vom moralischen Standpunkt aus falsch, eine Beziehung mit ihr einzugehen, beispielsweise aus dem Rahmen einer Ehe heraus, welchen Rat sollte ich dann, Ihrer Meinung nach, einem Patienten geben?

Y: Es würde wahrscheinlich den ganzen Abend in Anspruch nehmen, die Bedeutungen dieser Frage zu erforschen, doch lassen Sie uns so einfach wie nur möglich erklären, daß kein Unterschied besteht zwischen einer Beziehung von Frau und Mann, Frau und Frau oder Mann und Mann. Wichtig an einer Beziehung ist die Aufrichtigkeit. In der uneingeschränkten Aufrichtigkeit drückt sich

Achtung aus, in der Achtung liegt Verständnis und im Verständnis Toleranz. All diese Begriffe sind Aspekte der Liebe. Wollen Sie, daß Ihr Partner sich Ihnen gegenüber so verhält, wie Sie ihn behandeln, ist das die eigentliche Frage. Gleichgültig, um welche Art von Beziehung oder Interaktion es sich handelt, denken Sie stets daran, sich zu fragen, ob Sie Ihren Partner so behandeln, wie Sie von ihm behandelt werden möchten.

J: Wenn ein Partner in einer Liebesbeziehung zwischen zwei Menschen stirbt und derjenige der beiden, der auf der Erde zurückgeblieben ist, glaubt, eine Verbindung zum anderen hergestellt zu haben; woher weiß er oder sie, daß es keine Einbildung ist, sondern ein wirklicher Seelenkontakt zwischen dem Lebenden und dem Verstorbenen?

Y: Eine solche Kommunikation wäre von Mensch zu Mensch verschieden. Denn wir haben es hier nicht mit einer physischen Äußerung der dahingegangenen Seele zu tun, sondern wir sprechen von der Ebene abstrakter Kommunikation, nicht wahr? Diese Form der Kommunikation kann sich verschiedener Hilfsmittel bedienen. Am häufigsten bedient sich die Seele des Verstorbenen des Traumzustandes, denn im Schlaf läßt es der bewußte Verstand zu, daß er vorübergehend außer acht gelassen wird, und das Unterbewußtsein erwacht ebenso wie das Gott-Bewußtsein und das Seelenbewußtsein. In diesem Zustand sind die meisten Menschen außerordentlich empfänglich. Daher ist das der einfachste Weg der Kommunikation, der jedoch das Problem mit sich bringt, daß die Erinnerung in den Wachzustand der Seele hinüberwirkt. Der oder die betroffene Person wäre dann vermutlich verwirrt darüber, welche Bedeutung die Ereignisse der Nacht hatten: War es eine echte Kommunikation oder reine Phantasie?

Ein direkterer Zugang, den einige dahingegangene Seelen sich zu erschließen suchen, ist die telepathische Verbindung mit der Seele im Diesseits, wenn diese Seele sich in einem Zustand der Ruhe, aber auch des Bewußtseins befindet, während der Meditation oder des ruhigen Nachdenkens. Ein weiterer Weg wäre der über ein Medium. In diesem Fall übermittelt die Seele im Jenseits durch das Medium bestimmte Kenntnisse, die nur die Seele, die noch im Diesseits lebt, verstehen kann. Eine andere Möglichkeit ist das automatische Schreiben. Auch hier ergibt sich das Problem der Echtheit, doch Menschen, die einen bestimmten Grad der Entwicklung erreicht haben, wären sicher in der Lage, auf dieser Ebene ungehindert zu kommunizieren. Es gibt so viele Wege der Kommunikation, von denen einige abstrakter sind als andere.

M: Was geschieht, wenn ein Mensch einen geliebten Verstorbenen vor sich stehen sieht, er also eine Erscheinung hat?

Y: Das wäre natürlich eine physische Offenbarung. Und das ist etwas durchaus Vorstellbares, nicht wahr?

M: Könnte nicht in diesem Fall die Phantasie dem Betreffenden einen Streich spielen?

Y: Es ist dem Verstorbenen durchaus möglich, sich auf diese Weise seinen Lieben zu offenbaren. Das geschieht relativ häufig, doch die Lebenden mißinterpretieren das Erlebte, weil sie nicht gelernt haben, daß es möglich ist. So schaltet sich in diesem Augenblick vielleicht die Vernunft ein und glaubt, daß es Einbildung war oder eine Täuschung aus der Erinnerung heraus. Für den lebenden Menschen jedoch, dessen Entwicklung fortgeschritten ist, wäre eine solche Form der Offenbarung richtig und wahr und bedeutungsvoll.

J: Wird eine Zeit kommen, in der uns der wissenschaftliche Beweis für diese Art von Kommunikation geliefert wird?

Y: Aber natürlich. Darin liegt kein Geheimnis, kein Rätsel. Wenn die Entwicklung Ihrer Zivilisation eine höhere Stufe erreicht hat, wird das, was heute als Mysterium betrachtet wird, als Tatsache hingenommen werden. Was den Zeitpunkt betrifft, zu dem das geschehen könnte, so haben wir es in dieser Frage mit einer ziemlich langen Zeitspanne zu tun.

J: Wenn zwei Seelen in Liebe verbunden sind und einer der Partner erreicht eine höhere Ebene des Bewußtseins, die sich der irdischen Ebene entzieht, könnte dann der Verstorbene immer noch eine Verbindung herstellen, und wenn ja, wie?

Y: Das ist eine Frage, die in ihren Einzelheiten nicht leicht zu beantworten ist, denn es geht dabei um die unterschiedliche Zeitspanne, in der jedes Individuum hier auf der ätherischen Seite sich entwickelt. Während die eine Seele die Umwandlungsphase des Lernens vielleicht in, sagen wir, am Begriff Ihrer Jahre gemessen, 40 Jahren erreicht, braucht eine andere, die in derselben Inkarnation gelebt hat, aufgrund ihrer Schwierigkeiten, ihrer Wünsche und der Weigerung, Verbindungen zu lösen, möglicherweise eine längere Zeitspanne dazu.

Wenn die Seele sich entschlossen hat, ihre Erdenbindung zu lösen, um sich auf einen Pfad höheren Lernens zu begeben, kann von da an keine direkte Kommunikation mehr mit ihr stattfinden. Denn in dem Augenblick, in dem die Seele sich auf diesen Pfad lenkt, beginnt sie ihre vorherige Persönlichkeit zu verlieren. Sie löscht das Bewußtsein, das vorher existierte, aus und vertieft sich gänzlich in den Bereich des Wissens, der sich mit dem befaßt, was sich in einem oder mehreren vorangegangenen Leben ereignet hat. Die Erkenntnis dieser Seele, was sie als nächstes zu lernen hat, gibt ihr das Wissen, daß eine weitere Inkarnation stattfinden wird.

Darum beginnt sie nun zu lernen, sich mit den Erfahrungen vertraut zu machen, die sie nach ihrer Wiedergeburt auf sich lenken wird. Während der Zeitspanne, von der ich gerade gesprochen habe, ist es der Seele nicht mehr möglich, als die vorangegangene Persönlichkeit mit den auf der Erde zurückgebliebenen Lieben in Verbindung zu treten. Solange die Seele jedoch noch verhältnismäßig erdgebunden ist, kann eine solche Kommunikation stattfinden.

J: Vielen Dank. Wenn ein Mann und eine Frau sich lieben und einer von beiden fühlt sich sexuell zum anderen hingezogen, der andere kann das aber nicht erwidern, was könnte dann der Grund dafür sein?

Y: Das ist ein Thema, das mit der spirituellen Bindung auf der Ebene beider Seelen nicht unbedingt etwas zu tun hat. Mit dieser Frage könnte man sich eher auf der psychologischen Ebene befassen. Warum eine Seele, ein Individuum mit einem anderen zusammenbleibt, hängt ausschließlich von seinem jeweiligen Bewußtsein ab, von seinem Gefühl des Vertrauens, der Sicherheit in sich selbst und davon, was es in dieser Beziehung lernt. Wenn die Beziehung frei von Schmerz und von beständigem Wachsen geprägt ist, dann ist sie gut. Doch es gibt keinen Grund für zwei Menschen, zusammenzubleiben, wenn das mit Schmerz verbunden ist. Das wäre nicht der spirituelle Weg, und statt zu wachsen, würde man die spirituelle Entwicklung verzögern und zukünftige karmische Erfahrungen mit dieser anderen Seele auf sich laden. Es gibt niemals irgendeine Notwendigkeit für zwei Menschen, einen solchen Schmerz zu erdulden.

M: Aber die sexuelle Anziehung kann in den spirituellen Bereich eingehen, oder nicht?

Y: Sexuelle Anziehung? Wir dürfen sie nicht mit dem Reich des Spirituellen in Verbindung bringen, denn wir haben es hierbei mit zwei vollkommen verschiedenen Dimensionen zu tun. Sexuelle Anziehung gehört zum materiellen Bewußtsein der Seele; im spirituellen Bereich müssen wir das materielle Bewußtsein abstreifen. Es wird vollkommen unwichtig. Wir dürfen diese Dinge nicht mit spirituellem Wachstum in Verbindung bringen.

J: Worin liegt die Bestimmung der Tiere hier auf der Erde?

Y: Die Erde umfaßt unterschiedliche Bewußtseinsgrade. Dieser Planet ist nicht dazu bestimmt, nur von menschlichen Wesen bewohnt zu sein. Damit seine Entwicklung auf dem spirituellen Pfad vorangehen kann, muß er alles Bewußtsein beherbergen, das der Vater für notwendig erachtet hat. Wir dürfen demnach weder das Bewußtsein Ihres Tierreiches noch das des Mineralienreiches übergehen. Ein jedes hat seine Bestimmung, alle wirken mit dem Bewußtsein der Menschheit zusammen für das eigentliche Ziel der spirituellen Entwicklung.

J: Um es präziser auszudrücken: Sind Tiere da, um als Nahrung zu dienen, oder sind sie einer höheren Bestimmung unterworfen? Beispielsweise der Beziehung zwischen Tieren und Menschen?

Y: In dem Maße, in dem sich die Menschheit fortentwickelt aus dem niedrigen materiellen Stadium, in dem sie sich augenblicklich befindet, wird das auch die Tierwelt tun. Wenn der Mensch seinen spirituellen Zielen näherkommt, werden sein Verlangen und Bedürfnis nach dem Fleisch von Tieren verschwinden. Sie werden also im Verlauf von Jahrhunderten die Veränderungen beobachten können, die sich im Tierreich vollziehen. Auch die Tiere werden auf andere Weise wachsen und nicht mehr zur freien Verfügung der Menschheit existieren. Mit anderen Worten, sie werden den Menschen nicht mehr nur Nahrung sein, sondern einer spirituellen Bestimmung dienen, indem sie in Verbindung mit ihnen stehen und so durch das eigentliche Wesen der Partnerschaft die alles umfassende spirituelle Entwicklung des Planeten näherbringen. Sie werden dann nicht mehr als Nahrung dienen.

J: Ist es möglich, daß Tiere einen heilenden Einfluß auf einen Menschen haben?

Y: Das Universum ist natürlich von einer Bewußtseinsvermischung durchdrungen. Zwischen denjenigen, deren Entwicklung fortgeschritten ist, das heißt den Menschen, kann eine Kommunikation stattfinden, die es ermöglicht, in das Tierbewußtsein vorzudringen. Von den Tieren lernen sie durch Beobachtung und Sinneserfahrung. Wenn es möglich wäre, mit den höher entwickelten Tieren telepathisch zu kommunizieren, so wäre damit eine Ebene erreicht, auf der unmittelbares Lernen möglich ist.

J: Meine Frage galt speziell dem heilenden Einfluß von Tieren.

Y: Der Begriff des »Heilens« kann natürlich, abhängig von der betroffenen Person, unterschiedliche Bedeutungszweige haben. Wenn ein Mensch einsam und krank ist und die Gesellschaft von Tieren sucht, so ist es vorstellbar, daß ihm die Tiere etwas geben, wozu kein Mensch in der Lage wäre. Und in Gesellschaft eines Tieres fühlt er sich vielleicht besser, also möglicherweise geheilt.

An diesem Punkt der Unterhaltung mußte ich lachen, denn mir fiel eine Szene ein, die sich vor kurzem in meiner Praxis abgespielt hatte und die im Zusammenhang stand mit der therapeutischen Wirkung von Tieren auf den Gesundheitszustand eines Menschen. Das vorangegangene Gespräch über Tiere hat mir folgende Episode in Erinnerung gerufen: Unter meinen Patienten ist eine kleine rotblonde Frau namens Elsbeth. Sie ist sehr unternehmungslustig, sehr geschäftig und hat weder die Zeit noch die Geduld, Kranksein zu ertragen. Ihre

Tochter hatte geheiratet und war fortgezogen, und nun war eine kleine Katze, an der sie sehr gehangen hatte, gestorben.

Plötzlich litt Elsbeth unter Erschöpfungszuständen und fühlte sich nicht wohl. Das kleine Tier fehlte ihr, und sie wünschte sich ein anderes. Ihr Mann war dagegen und riet ihr, sie solle es sich aus dem Kopf schlagen. Nachdem ich ihren Zustand eine Zeitlang beobachtet hatte, kam ich zu dem Schluß, daß ein Tier vielleicht genau das Richtige für sie sein würde. Dieser Eindruck verstärkte sich mit der Zeit, und eines Tages beschloß ich, meine Autorität einzusetzen und ihr ein Rezept zu schreiben:

rp. Eine Katze.

Elsbeth bekam ihre Katze. Cleo ist rotblond wie sie. Sie kommen großartig miteinander aus und scheinen einen wohltuenden Einfluß aufeinander auszuüben. Nicht gerade eine einmalige Geschichte, aber eine, die die gegenseitige Abhängigkeit von Mensch und Tier verdeutlicht. Ich bin der Überzeugung, daß Tiere eine Energie freisetzen, die für das Gleichgewicht der Welt, nicht nur auf der physikalischen, sondern auch auf einer tief emotionalen Ebene, notwendig ist. Wenn wir uns darüber hinwegsetzen, wenn wir grausam oder gedankenlos gegen unsere jüngeren Brüder sind, so beleidigen wir das Göttliche selbst.

J: Die nächste Frage, die ich Yan Su Lu stellte, lautete daher: Gibt es eine Rechtfertigung für die Vivisektion? Wir verwenden Tiere in der Forschung, obwohl uns häufig andere, vielleicht sogar bessere Mittel zur Verfügung stehen, Kenntnisse zu erwerben. Wie ist Ihre Meinung dazu?

Y: Im gegenwärtigen Stadium des menschlichen Bewußtseins haben sich die Tiere der Verfügungsgewalt des Menschen unterworfen. Das wird anders werden. Der Mensch wird in der Lage sein, telepathisch in seinen

Körper einzudringen und die Ursachen für seine Krankheiten zu erforschen. Dann wird die Verwendung von Tieren auf diese grausame und entwürdigende Art ein Ende haben.

J: Was wird aus den Seelen der Tiere nach ihrem Übergang?

Y: Das Bewußtsein der Tiere weilt in einer Welt, die der Ihren sehr ähnlich ist, jedoch, entsprechend dem Bewußtseinsunterschied, eine andere Schwingungsebene aufweist. Dieses Bewußtsein wird sich im Laufe der Zeit zu einer Intelligenz erweitern, die im Tierreich noch ihrer angelegten Erfüllung harrt. Dann wird es, abhängig von der Entwicklung der Menschen und der Tiere, die Fähigkeit geben, telepathisch miteinander in Verbindung zu treten. Das geschieht bereits bei manchen durch eine gewisse seelische Übereinstimmung mit Tieren. Ebenso werden die Tiere, indem sie sich weiterentwickeln, in der Lage sein, die telepathischen Zeichen der Menschen zu verstehen und darauf zu reagieren. Dabei erwarten wir keinen hohen Intelligenzgrad, sondern eher eine ganz einfache Kommunikation, ähnlich der eines Erwachsenen mit einem kleinen Kind.

J: Worin besteht dann das eigentliche Ziel einer Tierseele? Kann sie zur vollkommenen Selbsterkenntnis gelangen?

Y: Wir haben große Lehrer, die diesen Bereich des Bewußtseins im Tierreich begleiten. Es gibt viele, die ihren Teil dazu beitragen. Dann entwickelt sich das Bewußtsein des Tieres so weit, daß es Weisheit erlangt, daß es in der Lage ist, ein Leben ohne Angreifer und natürliche Feinde zu führen, sich aus den planetarischen Schwingungen zu befreien und seine Erkenntnis zu steigern. Wir wissen, daß es keinen Stillstand im Universum gibt. Daher hat auch der in seinem Bewußtsein Geringste unter Ihnen die Fähigkeit in sich, andere Bewußtseinsebenen zu finden, anzuziehen und sich mit ihnen zu verbinden.

J: Gibt es Tiere, die auf einer höheren Entwicklungsstufe stehen als andere? Steht ein Pferd beispielsweise höher als ein Hund oder eine Katze?

Y: Allgemein gesagt, würden Sie feststellen, daß bestimmte Hunde- und Katzenrassen eine höhere Intelligenz erkennen lassen, auch im Reich der Vögel gibt es viele herrliche Geschöpfe, in deren Natur eine intuitive Intelligenz liegt, die das Vorstellungsvermögen der Menschen bei weitem übersteigt. Doch die Tiere, die über größere Intelligenz verfügen als alle, mit denen Sie gegenwärtig in Verbindung stehen, finden sich in den Meeren. Das sind die Wale und Delphine. Ihnen wohnt das höchste Maß an Intelligenz inne.

J: Ich schließe daraus, daß auch Tiere Lehrer haben. Sind es menschliche Lehrer, von denen Sie sprechen?

Y: Ja.

J: Kann eine dahingegangene Seele über ein Tier in Verbindung mit einem ihr nahestehenden Lebewesen treten?

Y: Das wäre sehr unwahrscheinlich. Diese Form der Kommunikation würde auch gar nicht verstanden. Darüber hinaus wäre es unnötig, da sich die Menschen jenen Wesenheiten, die eine Verbindung herstellen wollen, recht bereitwillig überlassen. Das soll natürlich nicht heißen, daß ein Mensch die Energie eines Tieres nicht durch seine eigene Energie beeinflussen könnte, denn das ist durchaus möglich.

J: Kann das in vergangenen Inkarnationen erworbene Karma die Beziehung zwischen einem Tier und einem Menschen beeinflussen?

Y: Es gibt viele Zeitpunkte, zu denen sich ein Tier und ein Mensch gemeinsam entwickeln. Es kann geschehen.

J: Würden Sie sich zur Evolutionstheorie äußern?

Y: Vor Millionen von Jahren hatte sich die Menschheit auf diesem Planeten so weit zurückentwickelt, daß sie nicht weit über der höchsten Tierform stand. Doch es bestand keine Verbindung zwischen ihnen. Der Evolutionsprozeß war außerordentlich qualvoll, aber schließlich hatte sich die Abkehr des Menschen vom Vater über lange Zeit entwickelt. Die Zerstörung der spirituellen Werte der Menschheit hatte sich nicht über Nacht vollzogen, sondern über viele, viele Inkarnationen hinweg. Ihre Wissenschaftler werden in der Zukunft auf überraschende Knochenfunde stoßen, die ihre derzeitigen Theorien in Frage stellen.

J: Aus welchem Grund gibt es verschiedene Menschenrassen auf der Erde?

Y: Die verschiedenen Rassen entstanden, nachdem sich das Bewußtsein der Menschen von dem des Vaters getrennt und beschlossen hatte, sich nur auf sein eigenes Ego zu stützen. Auf diese Weise wurde das Karma notwendig, damit die Seelen aus ihren Erfahrungen lernen konnten, daß das, was sie getan hatten, den Lehren des Vaters zuwiderlief. Damit wurde ihnen die Möglichkeit gegeben, die unterschiedlichen Demütigungen und Erniedrigungen durchzumachen, aus denen die Menschen, die sich dem spirituellen Pfad entgegengestellt haben, lernen müssen. Denn, wie es in der Bibel geschrieben steht: »Was der Mensch gesät hat, das wird er ernten.«

Jede Schattierung der Hautfarbe bringt unterschiedliche Erfahrungen mit sich, abhängig natürlich von dem Pfad, den die betreffende Seele einschlägt, um ihren Horizont über die Grenzen ihrer Gesellschaft hinaus zu erweitern. Aufgrund der unterschiedlichen Wertmaßstäbe und Erscheinungen ebenso wie der unterschiedlichen Ausdrucksformen neigen die Rassen dazu, sich gegenseitig zu diskriminieren. Das ist außerordentlich negativ und zieht negatives Karma nach sich. Da jede Ihrer Seelen irgendwann einmal ihren Ausdruck in einem Körper anderer Hautfarbe und mit anderen Lebenserfahrungen findet, muß Verständnis und Liebe zwischen allen Menschen möglich sein, und das wird auch der Fall sein, wenn der Planet sich weiterentwickelt.

Zum Thema Channeling

Nachdem ich einiges Lehrmaterial zusammengetragen hatte, legte ich es für einige Monate beiseite, um meiner Arbeit auf anderen Gebieten nachzugehen. Ich war der Meinung, daß der Fall eine Zeitlang in Ruhe gelassen werden mußte. Ich dachte nicht an Charles, als ich eines Morgens einen Anruf bekam und seine Stimme vernahm.

»Wir müssen uns treffen«, sagte Charles drängend.

»Möchten Sie eine weitere Yan Su Lu-Sitzung?« erkundigte ich mich. Er verneinte das. Er wollte mit mir über das sprechen, was in der Welt geschah, darüber, daß das »Channeling« immer mehr in Mode kam. Er erklärte, daß er als »Channel« fungieren wolle.

Ich schlug Charles vor, daß man in der Besprechung dieser Frage Yan Su Lu selbst einbeziehen solle. Nein, erklärte er noch einmal, er wolle nur mit uns sprechen. Also arrangierten wir einen gemeinsamen Abend in meinem Haus.

Mir war sehr wohl bewußt, daß das Channeling der letzte Schrei in Südkalifornien und darüber hinaus war. Die mediale Begabung wurde dabei auf den modernen Geschmack zugeschnitten, und es ging dabei um Wesenheiten, die von sich behaupteten, erhabene Meister zu sein, Delphine, atlantische Krieger, Außerirdische – alle im Besitz eines Wissens, das unserem überlegen war, und gewillt, die Suchenden im Austausch gegen die unterschiedlichen Grade der »Weisheit« von ihrem Geld zu trennen.

Schon seit geraumer Zeit widerstrebte es mir zunehmend, Erklärungen abzugeben, die Menschen dazu ermutigen konnten, sich, auf der Suche nach metaphysischen Erscheinungen, in die Hände selbsternannter Lehrer zu begeben. Solche Gedanken gingen mir am nächsten Abend durch den Kopf, während ich auf Charles und Dorothee wartete.

Charles war nicht zu belanglosen Plaudereien aufgelegt. Er wollte sofort zur Sache kommen. Er bestand darauf, daß es für ihn der richtige Zeitpunkt sei, ein Channel für die Öffentlichkeit zu werden. Wir führten eine hitzige Diskussion darüber, bis schließlich Dorothee sich einschaltete. Sie schlug vor, Yan Su Lu zu befragen, was er wollte. Diesmal willigte Charles ein.

Nach mehreren Monaten sahen wir uns nun wieder der vertrauten Situation gegenüber: Charles bereitete sich, mit geschlossenen Augen entspannt vor mir im Sessel sitzend, auf das Eindringen von Yan Su Lu vor. Ich schaltete mein Tonbandgerät ein.

Y: Guten Abend. Können wir anfangen?

J: Yan Su Lu, könnten Sie die charakteristischen Eigenschaften eines wahren Lehrers benennen?

Y: Die charakteristischen Eigenschaften setzen sich zusammen aus (allerdings nicht unbedingt in dieser Reihenfolge): Aufrichtigkeit, Lauterkeit, dem Fehlen des Ego und dem unbedingten Bedürfnis, sein Wissen, wie er es versteht, weiterzugeben. Und zwar eingebunden in die Liebe des Vaters.

J: Danke. Woran erkennen wir, daß wir mit dem wahren Yan Su Lu sprechen?

Y: Sie stehen nun schon seit geraumer Zeit mit dem wahren Yan Su Lu in Verbindung, denn dem Kanal ist es gelungen, sich selbst zur geeigneten Kommunikationsebene zu erheben. Das war in der Vergangenheit nicht immer der

Fall, traf jedoch auf die letzten Sitzungen zu, und es wird weiterhin so sein. Wenn es irgendwelche Anzeichen dafür gäbe, daß, wie Sie sagten, der wahre Yan Su Lu nicht anwesend ist, so würde Ihnen das heute abend nicht verborgen bleiben, denn wie uns bekannt ist, haben Sie alle sich schon seit einiger Zeit auf die Schwingungen von Yan Su Lu eingestellt, so daß Sie den Unterschied rasch feststellen würden.

J: Was hält Yan Su Lu von der gegenwärtigen Begeisterung für das Channeling?

Y: Wir begrüßen das Channeling selbstverständlich, denn es ist das, was wir tun.

J: Müssen Menschen, die sich als Channel betätigen, ohne zu wissen, wer durch sie wirkt, mit negativen Folgen rechnen?

Y: In diesem Bereich gibt es ein hohes Maß negativer Auswirkungen. Aber man kann es von zwei Seiten betrachten: Für diejenigen, die schon seit vielen Jahren den spirituellen Pfad beschreiten, wäre es lächerlich, auf diese Unwissenden, die sich als sogenannte spirituelle Lehrer darstellen, zu hören oder ihnen Beachtung zu schenken. Der Geist, der aus ihnen spricht, ist spirituelle Täuschung, er beinhaltet keine Spiritualität.

In denjenigen Seelen jedoch, die nicht erleuchtet sind oder nicht den Entschluß gefaßt haben, sich auf den spirituellen Pfad zu begeben, wecken die sogenannten Lehrer oder Channels das Bewußtsein, das ihnen zum ersten Mal ermöglicht zu erkennen, daß es Alternativen gibt zu ihrer Vorstellung von Gott und/oder ihren religiösen Überzeugungen. Diesen Seelen erscheint das, was sie sehen und hören, nicht lächerlich, sondern sie begreifen es als etwas, das sich vom Gewohnten wesentlich unterscheidet.

Viele dieser Seelen werden sich mit der Zeit wieder davon abwenden und erkennen, daß es ihnen in dieser Inkarnation nicht gelungen ist, Zugang zum spirituellen Pfad zu finden. Andere Seelen werden erweckt sein und Alternativen zu dem von ihnen Gesehenen finden; oder es wird ihrem Bewußtsein eingegeben, daß das Gesehene nicht die ganze Wahrheit ist, und sie werden dann andere Wege der Erkenntnis suchen. Wir können also das, was durch diese sogenannten Channels bewirkt wird, nicht verdammen. Es ist notwendig, das Bewußtsein derjenigen zu wecken, die zum ersten Mal die spirituelle Erleuchtung suchen.

J: Sollte Yan Su Lu zum gegenwärtigen Zeitpunkt an die Öffentlichkeit treten und zu vielen Menschen sprechen?

Y: Im Augenblick erwarten wir, daß Charles sich nicht auf dieses Unternehmen einläßt. Wir verstehen seine Abneigung gegen das, was er als negativ betrachtet, und zum gegebenen Zeitpunkt werden wir vielleicht den Wunsch haben, uns seiner Person auf diese Weise zu bedienen – aber nicht im Augenblick, nein.

Als nächstes fragte Dorothee Yan Su Lu danach, ob die Erlebnisse, die sie und Charles durchgemacht hatten, um den jetzigen Entwicklungsstand zu erreichen, veröffentlicht werden sollten. Yan Su Lu antwortete, ohne zu zögern:

Y: Das finden wir unbedingt notwendig, denn wie ich schon sagte, können diejenigen, die sich zum ersten Mal diesen Channels öffnen, durch ein solches Dokument von den Irrtümern und großen Gefahren erfahren, die der Kontakt mit diesen Wesenheiten in sich birgt. Sie müssen die vielen verschiedenen und möglicherweise negativen Energien einzuordnen lernen, denen sie sich unterwerfen, und sie müssen verstehen, daß es keine Kleinigkeit ist, wenn eine Wesenheit in einen Körper eingeht und verkündet, daß sie ein großer Lehrer sei. Ein solches Dokument würde auch dazu beitragen, daß diese Menschen besser verstehen, was Charles und Dorothee an sich erfahren haben – daß es mit Gefahren verbunden ist. Das muß in einem solchen Buch erwähnt werden.

J: Ich habe noch eine Frage. Da Charles darauf bestand, sich während des Trancezustandes einen Teil seines Bewußtseins zu erhalten, und da es Ihre Stimme ist, die aus ihm spricht, wüßte ich gern, wieviel Verantwortung jeder von Ihnen beiden für das Gesagte trägt.

Y: Wir sind uns darüber klar, daß zu Beginn unserer Verbindung die Vereinbarung zwischen uns getroffen wurde, daß Charles es nicht mehr zulassen würde, in einen Zustand der völligen Bewußtlosigkeit versetzt zu werden. Er hat aus gutem Grund darauf bestanden, denn wie Dorothee Ihnen erläutern kann, haben frühere Erfahrungen mit anderen Wesenheiten großen Schmerz und viele falsche Informationen für Charles und Dorothee mit sich gebracht. Daher war es Charles nicht mehr möglich, denen, die aus ihm sprachen, zu trauen. Darum will er sich nie einem Zustand vollkommenen Unterbewußtseins ausliefern. Wir verstehen das und akzeptieren das. Es ist gut, daß er sich entschlossen hat, das, was durch ihn gesagt wird, zu übertragen, denn immerhin ist es sein Körper. Wir lassen uns gerne auf die Vereinbarung ein. Zwischen uns besteht keine Unstimmigkeit, und wir sind uns einig, daß sich Charles dem, was wir zu sagen haben, nicht in den Weg stellt. Er kann zwar anderer Meinung sein, doch in diesem Fall würde er Fragen stellen, die ihn auch noch nach der Sitzung beschäftigen können, er mischt sich aber während der Übertragung nicht ein. Das ist eine Abmachung zwischen uns.

J: Danke, das war meine letzte Frage.

D: Ich habe auch keine Frage mehr. Danke.

Y: Bitte sehr. Gute Nacht, und Gott segne Sie.

Als Charles und Dorothee gegangen waren, zog ich mich in mein Arbeitszimmer zurück, um mir Notizen zu der Unterhaltung des Abends zu machen. Ich konnte gut verstehen, daß Charles' Bewußtsein es für richtig hielt, angesichts der Begeisterung für das Channeling als Lehrer vor die Öffentlichkeit zu treten. Doch das Yan Su Lu-Bewußtsein ließ das nicht zu. Eines Tages vielleicht, hatte er gesagt. Ich hatte damit ein gutes Beispiel für die auf spiritueller Ebene wirkende Beziehung zwischen Schüler und Lehrer erfahren.

Yan Su Lu hat immer wieder über die Schwierigkeit gesprochen, mit Charles zu kommunizieren, wenn er sich nicht in einem Zustand emotionaler Ausgeglichenheit befand. Während der Sitzungen hatte er ihn gedrängt, täglich spirituelle Übungen zu praktizieren, um sich in den Zustand zu versetzen, in dem es ihm möglich war, das Yan Su Lu-Bewußtsein zu erreichen, und er hatte ihm zu verstehen gegeben, daß er nur so eine verläßliche Verbindung mit dessen höherer Energieform herstellen könne. Nur so konnte Charles dauerhaft in diesem höheren Bewußtsein weilen. Und nur so würde er in Berührung kommen mit einem gewissen Grad allumfassender Weisheit.

Er wies immer wieder auf die Unmöglichkeit hin, mit ihm zu kommunizieren, wenn die Bewußtseinsebene nicht erreicht war, da in diesem Fall die Verbindung nicht konstant und die Information verzerrt wäre.

Ich bin überzeugt, daß Charles, wenn er seine spirituellen Übungen fortsetzt und in enger Verbindung mit dem Weisen in ihm bleibt, zum gegebenen Zeitpunkt die richtige Entscheidung treffen wird. Ich selbst kann keinen Einfluß auf Charles' Handlungen nehmen. Die Verantwortung liegt bei ihm. Es ist sein Leben, seine Zukunft und die Zukunft seiner Familie. Wie Yan Su Lu sagte: »Jeder verfügt über einen

freien Willen, und jeder ist für seine Taten verantwortlich.«
Es wird die richtige Entscheidung getroffen werden, wie
immer sie auch aussehen mag.

Wichtig ist, daß Charles sich um diesen höheren Aspekt
bemüht hat, um diesen Teil seiner selbst, den C. G. Jung als
den weisen alten Mann bezeichnet hat, der in jedem von uns
weilt, in den meisten jedoch schlummert. Charles hat ihn,
nach vielen Jahren des Kampfes gegen niedere Energien,
geweckt. Einmal geweckt, wird dieser höhere Aspekt in
Charles wirken und ihm helfen, die Stufen seines Ego-Bewußtseins zu überwinden, bis er das Gleichgewicht erlangt
hat, das für ein glückliches Leben erforderlich ist – *wenn* er
seine spirituellen Bemühungen nicht einstellt. Eines allerdings steht fest: Nachdem er Yan Su Lu in sich entdeckt hat,
wird Charles nie wieder derselbe sein.

Mein Lehrer der psychosomatischen Medizin in Studen-
tentagen, Professor Gustav Schmaltz, hat einmal geschrieben: Jenseits des Bewußtseins im dunklen Reich der Seele –
dem Unbewußten – existiert etwas, das unabhängig denkt
und meditiert, das auf das Bewußtsein einwirkt und zusammen mit ihm die Wahrheit macht.

Während ich das schreibe, erinnere ich mich, wie ich mit
meinem alten Lehrer in seiner Bibliothek im Frankfurter
Westend saß. Es war kurz nach dem Krieg, und ich war
Assistenzarzt an der Frankfurter Universitätsklinik, nach-
dem ich gerade meine Studien über die psychosomatischen
Ursachen von Magengeschwüren abgeschlossen hatte.

Wir blickten aus dem Fenster und sahen die ausgebombten
Häuserruinen, doch er sah die menschliche Natur und die
Zukunft nicht in pessimistischem Licht. Er hatte eine breitere
Sicht der Geschichte, als die Zeit des Schreckens, die wir über
uns persönlich und über unser Volk brachten.

Mein Lehrer saß in einem wuchtigen, bequemen Sessel wie
ein gewaltiger Buddha. Er interessierte sich für das, was wir

heute als »Channeling« bezeichnen, und er war der Letzte, den paraphysische Phänomene und vorübergehende Massenfaszination beeindruckt hätten. Er war ein Bewunderer des zeitgenössischen amerikanischen Philosophen und Metaphysikers Manly P. Hall, dessen Gedanken über den langen Strom der menschlichen Entwicklung mit den seinen übereinstimmten.

Er begann, mit mir über das alte Griechenland zu sprechen, über eine Zeit, in der das Orakel von Delphi tief verehrt und von vielen zu Rate gezogen wurde. Manchmal fiel den Priestern die schwierige Aufgabe zu, eine neue Pythia auszuwählen, die Priesterin, die die Botschaften des Apoll übermittelte. Ihr durfte nicht die geringste Unreinheit anhaften, und sie mußte über ein außergewöhnliches Maß geistiger Vollkommenheit und eine sorgfältige Ausbildung verfügen.

Daraufhin schlug Professor Schmaltz eine Zeitschrift auf, die einen von Manly Hall verfaßten Artikel enthielt, in dem das Auswahlverfahren beschrieben wurde. Der Artikel, den mir mein Lehrer damals in die Hand drückte, befindet sich noch immer in meinem Besitz. Heute verstehe ich die Bedeutung unserer behaglichen Unterhaltung an jenem Tag in Frankfurt viel klarer als damals. Hall schrieb: »Höchstwahrscheinlich sind unsere Kommunikationsschwierigkeiten und unsere Probleme, eine Botschaft richtig zu verstehen, vor allem auf die Tatsache zurückzuführen, daß wir uns die alten Überlieferungen nicht zu Herzen genommen und weder unsere Mittler noch uns selbst vorbereitet haben, die Offenbarung in vollkommener Form aufzunehmen. Daher ist das, was durch uns übermittelt wird, vielleicht nicht die Stimme Gottes, sondern das Spiegelbild unserer eigenen Gesinnung, denn es zeigt einen bestimmten Bereich oder Abschnitt, mit dem unser Geist im allgemeinen verbunden ist. Wenn es also unserer Gewohnheit entspricht, ein wenig zu schwindeln, so stellen wir genau die richtige Schwingung her, um einen

Geist zu übermitteln, der ebenfalls gerne ein wenig schwindelt. Die meisten von uns sind unverbesserliche Egoisten, und so ziehen wir unausweichlich jene an, die von egoistischem Wesen sind. Im Altertum glaubten die Menschen daran, daß die Engel durch die vollkommenen Seelen der Gerechten und Rechtschaffenen sprechen und daß durch die Sündigen und diejenigen, die vom rechten Pfad abgewichen sind, nur der Teufel sich mitteilt.«

Mein Lehrer sprach mit mir über die ewige Suche nach der Erkenntnis.

Heute, 30 Jahre später, sehe ich so viele Menschen, die versuchen, das Universum in einem weiteren Sinne zu verstehen und dieses Verstehen zu einem Teil ihrer selbst machen. Es sind nicht nur die Naturwissenschaftler, die Philosophen, die religiösen Menschen oder die Psychologen, die nach höherem Wissen streben. Es ist der Durchschnittsmensch, der von dem weltweiten Wissensdurst nach den Ursachen des Lebens selbst profitiert – oder, je nach seinem Standpunkt, sein Opfer ist. Welche Rolle spielt das menschliche Bewußtsein im Strom des Lebens? Was wären angemessene Ziele menschlicher Bemühung, angesichts des außerordentlich großen Drucks der Erfahrungen in der gegenwärtigen Zeit? Wie wird unser unfertiges Ich aussehen, wenn wir seine harten Kanten abgefeilt haben?

Die Entwicklung dessen, was wir heute als »Channeling« bezeichnen, ist so alt wie die Menschheit. Propheten, Seher, Weise, überlegene und untergeordnete Lehrer haben darum zu allen Zeiten so große Beliebtheit genossen, weil wir Menschen wissen wollen, wohin unser Weg führt, nicht nur als ein einzelner, persönlicher Partikel des Lebens, sondern als Teil der Familie der Menschen. Wir blicken zu den Planeten und Galaxien auf und spüren, wie der kühle Atem der Ewigkeit unser kleines Individuum streift, und klammern uns an die Wärme unserer bescheidenen Sonne. Oftmals gibt es in unserem Innern einen ebenso grenzenlosen Raum – ein inneres Universum, in dem die widerstreitenden Ängste, Hoffnungen, Bestrebungen, Möglichkeiten und Wahrscheinlichkeiten wie eine eigene Galaxie einander umschweben. Worauf sollen wir im Hier und Jetzt unsere Aufmerksamkeit richten? Und wo befindet sich das Sonnenzentrum unseres eigenen Innenlebens?

Wie tröstlich wäre es doch, könnte uns ein Seher versichern, daß ein Teil unseres inneren Selbst wahrhaftig verläßlich und stabil ist und sich um die labilen Teile unseres komplizierten Wesens sorgt. Die Welt scheint verrückt, und vielleicht sind wir selbst auch ein wenig verrückt. Das System unseres Lebens beinhaltet die Selbstzerstörung, aber wir spüren, daß wir auch selbstschöpferisch sind. In der letzten Zeit liegt eine Dringlichkeit in der Luft, die vielleicht ihre Ursache in der nicht enden wollenden Gewalttätigkeit und den Kriegen hat, in den furchtbaren Bildern, die Zerstörung und Vergeltung vor uns entstehen lassen. Zum ersten Mal muß die Menschheit zu Recht befürchten, daß unsere solide Erde und ihr empfindliches Gleichgewicht sich jeden Moment verschieben oder gar ganz zerstört werden können.

Und darum sehen wir uns nach Hilfe um. Viele, viele Stimmen erteilen uns Ratschläge. Auf wen sollen wir hören? Gibt es nicht irgend einen, ein außerirdisches Wesen oder eines von der anderen Seite des Todes, uns zu erleuchten?

Aus diesem großen Verlangen des menschlichen Geistes sind uns Entscheidungen erwachsen, die wir treffen müssen zwischen den Gurus, den Heiligen, den Medien, die mit dem Strom schwimmen, und einigen wenigen Menschen mit vollkommenem Bewußtsein, die Gottes Bestimmungen nahezu erlangt haben und unserem Geist wie ein Leitstern vorausgehen. Gegenwärtig können wir aus einer erstaunlichen Sammlung körperloser Stimmen wählen. Das Channeling von Gedanken durch Medien ist eine außerordentlich erfolgreiche Angelegenheit. Überall gibt es Lehrer, die uns Weisheiten geben und die Schmerzen unseres Lebens finden wollen – gegen Bezahlung. Ist das der Weg, auf dem uns die Weisheit erreichen kann? Es gab Leute, die mir sagten, es sei eine edle Sache, sich dem Trancezustand zu überlassen, damit eine »Wesenheit« den Körper übernehmen und das Bewußtsein (und manchmal auch das Gewissen) des Channels überschatten kann. Ich glaube dagegen, daß es nichts Edleres gibt, als die Integrität des Geistes zu erhalten und zu pflegen und auf diese Weise die Kraft der spirituellen Entscheidung zu würdigen und sich nicht zum Spielball irgendwelcher »Wesenheiten« zu machen.

Die größten Lehrer haben uns stets den Rat gegeben, uns in unseren Handlungen von den besten Eigenschaften leiten zu lassen – Güte, Reinheit, Mitgefühl und Selbstlosigkeit. Wenn wir diese Eigenschaften in den durch Medien übertragenen Stimmen und der Begeisterung ihrer zahlreichen Anhängerschaft suchen, sind wir nicht von unserem höchsten Pfad abgekommen. Und wir werden die Kontrolle über die Werkzeuge in unseren Händen behalten, so daß das Selbst, das wir schaffen, dem Licht ähnelt, nicht dem Schatten.

Das Geheimnis veränderter Bewußtseinszustände

Die Wahrnehmungen, die von demjenigen, der sich Yan Su Lu nennt, übermittelt wurden, stimmen zum größten Teil mit den Aussagen anderer bedeutender Lehrer überein, deren Worte in Niederschriften erhalten sind. Es wäre ein leichtes, einfach zu sagen, das Yan Su Lu-Phänomen sei ein weiteres Beispiel eines veränderten Bewußtseins, und es dabei zu belassen. Aber was ist ein verändertes Bewußtsein? Und warum ist dieses eine in der Gestalt eines spirituellen Lehrers aufgetreten?

Auf diese spirituelle Dimension wollte ich meinen Blick lenken, auf etwas, von dem ich glaube, daß es um uns und in uns existiert, jedoch nur selten als Bestandteil unseres Lebens wahrgenommen wird. Wenn es dieser spirituellen Dimension möglich war, sich eine Bahn zu schaffen in das Bewußtsein meines Patienten, welche Wege mag sie wählen, um sich uns anderen zu erschließen?

Wir alle haben, da wir Menschen sind, veränderte Bewußtseinszustände erlebt. Das klingt vielleicht übertrieben, aber wer von uns war nicht irgendwann einmal so wütend, daß er in seinem Zorn fast ein anderer Mensch zu sein schien, oder so verliebt, daß die Welt um ihn herum eine Herrlichkeit und Bedeutung erhielt, die er noch nie zuvor wahrgenommen hatte. Was hat es zu bedeuten, wenn wir uns schlafen legen und uns in merkwürdig fremder Landschaft wiederfinden? Was steht hinter dem schöpferischen Prozeß, in dem ein Teil des Geistes fähig ist, eine Tiefe der Gedanken zu erreichen, die uns gewöhnlich nicht zugänglich ist?

Es gibt Redensarten wie »Ich war außer mir« oder »verrückt« vor Angst, Wut usw. Alles Ausdruck einer verschobenen Wahrnehmung oder eines verschobenen Bewußtseins. Wenn wir in Andacht versinken oder meditieren, oder wenn wir ehrfürchtig ein Fleckchen Erde oder etwas Sprießendes berühren, fühlen wir die aufsteigenden Energien in uns eindringen. Das sind ganz normale Ereignisse für uns, doch sie zeigen deutlich, wie facettenreich wir sind, wie leicht wir von einem Zustand in den anderen hinübergleiten.

Das alles und mehr ist in uns. In manchen Fällen bereitet es einem Menschen Schwierigkeiten, aus einem solchen Zustand zurückzukehren, oder er gleitet ohne Vorwarnung in einen Zustand extremer »Entrücktheit«. Menschen, deren mediale Begabung nicht unter Kontrolle ist, haben oftmals beängstigende Visionen und hören Stimmen, die mit der gegenwärtigen Situation in keinem Zusammenhang stehen. Charles war, in seinen frühen Erfahrungen mit parapsychischen Phänomenen, ein solcher Fall.

Zum Teil haben mich seine Erfahrungen bewegt, meine Forschung über die Kompliziertheit der Psyche, insbesondere losgelöste Bewußtseinszustände, in denen das normale Wachbewußtsein und Wertsystem gegen ein anderes Wertgebäude ausgetauscht wird, fortzusetzen.

Zwei der scharfsinnigsten Geister des letzten Jahrhunderts, der französische Arzt und Philosoph Pierre Janet und der amerikanische Philosoph William James, haben diese Persönlichkeitsveränderungen untersucht. James widmete diesem Phänomen und seiner Bedeutung für die Psychologie eine wichtige Vorlesungsreihe. In den Anmerkungen zu den 1896 gehaltenen Vorlesungen über psychische Ausnahmezustände erklärte er, daß Zustände der Dissoziation im Geist Bedingungen schaffen, unter denen »höhere Dimensionen, die dem wachen Bewußtsein für gewöhnlich nicht zugänglich sind, dauerhaft« hervortreten.

Diese Auffassung war vielleicht einer der Grundpfeiler für die späteren Entwicklungen zum Verständnis der Psyche, geriet aber in der neuen, psychoanalytisch ausgerichteten Lehre Freuds und seiner Abkehr von der Hypnose völlig ins Abseits. Eine Zeitlang verhinderte der gewaltige Schatten, den Freuds Lehre auf diesem Gebiet warf, daß andere wichtige Arbeiten Anerkennung fanden, und in der Vorstellung der Öffentlichkeit wurden keine Anstrengungen unternommen, einen verbindenden Faden zu finden zwischen mystisch-ekstatischen Zuständen, Meditationen, Träumen, Halluzinationen, Kreativität und anderen Seelenzuständen, in denen die normalen psychischen Verhaltensmuster außer Kraft treten.

Die bahnbrechende Arbeit von Janet und anderen wurde

glücklicherweise wiederentdeckt, als Ernest Hilgard von der Universität Stanford seine Forschungen über die »vielfältigen Kontrollmechanismen im menschlichen Denken und Handeln« anstellte und seine Theorie des »*Neo-Dissoziationisten*« erläuterte. Er zeigte überzeugend auf, daß es die, wie er es nannte, »verborgenen Beobachter« gibt, übergreifende Bewußtseinsströme, die parallel zum normalen Erleben verlaufen.

Während Janet erklärt hatte, daß die Dissoziation nicht unbedingt Teil der gesunden Psyche ist, stellen neuere Forschungen fest, daß dieses seelische *Co-Bewußtsein* eine wichtige Rolle im täglichen Leben spielen kann. Vielleicht ist es sogar unabdingbar für unsere Kreativität, den Gesundungsprozeß und andere außergewöhnliche Fähigkeiten. Vielleicht haben wir in uns vielfältige Möglichkeiten, die Realität wahrzunehmen, und möglicherweise gibt es vielerlei Realitäten. Ganz sicher erfährt der Mystiker eine andere Realität als, sagen wir, ein Hochleistungssportler, der sein Hauptaugenmerk darauf richtet, seinen Körper auf den sportlichen Wettkampf vorzubereiten.

Für Hilgard gibt es zwei Interpretationen des dissoziativen Zustandes: den natürlichen (oder normalen) und den übernatürlichen (oder paranormalen). Er legt besonders Wert auf den ersteren, doch heutzutage ist es der zweite, der übernatürliche, der größere Aufmerksamkeit erfordert. In der zweiten Kategorie finden wir die mystischen, außersensorischen Wahrnehmungen, die erstaunlichen Fähigkeiten einer Psyche, mit Dingen in Verbindung zu treten, die schwer zu erklären sind und die sich vielleicht auf das Spirituelle beziehen.

Ein zeitgenössischer Forscher, der die übernatürliche/paranormale Interpretation bevorzugt, ist der Psychiater Dr. Ralph Allison, der von Fällen berichtet, in denen Patienten, die er »Veränderte« (Menschen mit veränderter Persönlichkeit) nennt, offensichtlich von »Geistern« besessen waren. Doch solche immateriellen Besucher treten nicht nur bei »Veränderten« auf. Allison beschreibt die Existenz von »gütigen Geistführern« bei Patienten, die keine wirklich veränderten Persönlichkeiten sind.

In meiner eigenen Praxis benutze ich den Begriff »Beschützer-Ich«, wenn ich bei bestimmten Patienten die Hypnosetherapie anwende. Ob diese »Beschützer« nun als eigenständige Wesenheiten auftreten oder nicht, in jedem Fall haben sie aktiv Teil am Gesundungsprozeß – beinahe wie konsultierte Ärzte, die mir zu wertvollen Einsichten in die Probleme meiner Patienten verholfen haben.

Wie wir aus Dorothees Tagebüchern erfahren haben, brachten Charles' frühe Experimente nicht diese gütigen Geistführer hervor, sondern vielmehr das Gegenteil. Sie beschreibt, daß die Wesenheiten, die von seinem Körper Besitz ergriffen, ohne Vorwarnung kamen. Aus der verständlichen Furcht heraus, diese unerfreulichen Erlebnisse zu wiederholen, verschloß Charles klugerweise die Tür, durch die diese Wesenheiten hatten eindringen können. In den Jahren, die auf die Geburt ihrer Tochter Jennifer folgten, erlebte Charles diese veränderten Bewußtseinszustände nicht mehr. Er befaßte sich jedoch weiterhin mit philosophischen und metaphysischen Schriften, in dem Bemühen, das Wesen des Universums besser verstehen zu lernen.

Erst viele Jahre später, als er sich einer Behandlung in meiner Praxis unterzog, stellte er, erstmals in einer Hypnosesitzung, die Verbindung mit einem höheren Aspekt seiner selbst und schließlich mit dem Yan Su Lu-Bewußtsein her.

Warum entschloß sich Yan Su Lu, sich mir zu offenbaren? Vermutlich aus dreierlei Gründen: Erstens – es hatte sich im Verlauf der Rückführungssitzungen ein Vertrauensverhältnis zwischen uns ausgebildet; zweitens – ich forderte den Lehrer-Beschützer auf, hervorzutreten; und drittens – ich bin selbst ein Suchender auf dem schwierigen Pfad zur Selbsterkenntnis und offen für die größeren Möglichkeiten des Universums und der Seele. Diese Umstände mögen dazu beigetragen haben, Charles, dem verborgenen Wirken einer höheren Gesetzmäßigkeit entsprechend, mir zuzuführen zu haben.

Allison betont die Notwendigkeit, daß der Therapeut in Fühlung mit seinem inneren Selbst sein muß, weil zwischen diesem inneren Selbst und dem des Patienten ein beständiger Austausch stattfindet. Nur wenn das der Fall ist, kann es dem Patienten ermöglicht werden, seine Bewußtseinsebene anzuheben und die Klippen des Negativismus zu umschiffen.

In letzter Zeit stelle ich mit Freude fest, daß einige Psychiater zu derselben Erkenntnis gekommen zu sein scheinen wie Paul Brunton, der erst kürzlich in der Schweiz verstorben ist und der ein Schüler des großen indischen Yogi Ramana Maharshi war. In einem seiner letzten Bücher schrieb Brunton: »Wenn der Hypnotiseur ein großer Mystiker ist, so kann die Linderung, die er bewirkt, dauerhafter Natur sein. Die Veränderungen werden durch den Einfluß der Aura des Hypnotiseurs auf den Patienten bewirkt. Wenn das eintritt und wenn der Hypnotiseur seinen Willen und seinen Geist in seine Anleitungen legt, dann strömt seine Kraft in die Aura des Patienten über. Diese Kraft ist es, die die Veränderung bewirkt.«

Ich stimme mit Brunton in dem Punkt überein, daß die Tiefe des spirituellen Verständnisses auf seiten des Therapeuten von entscheidender Bedeutung für das Ergebnis der Behandlung ist.

Bei Charles hat der Zustand tiefer Trance, den er im Verlauf seiner Regressionen mit mir erlebte, vielleicht dazu beigetragen, ihn auf die Verbindung mit dem Yan Su Lu-Bewußtsein vorzubereiten, die er zuvor offensichtlich nicht hatte herstellen können. Nach Hilgard können in tiefer

Trance Zustände erreicht werden, die mystischen Erfahrungen ähnlich sind.

Heute begegnet die Öffentlichkeit den Forschern auf diesem Gebiet nicht mehr so feindselig wie zu Janets und James' Zeiten. Selbst Freud räumte im hohen Alter ein, daß er sich, könnte er sein Leben noch einmal leben, der Para-Forschung widmen würde.

Es gibt mittlerweile ein wachsendes Vokabular auf dem Gebiet der Psychologie, das zum Ziel hat, einige dieser Bewußtseinszustände zu benennen. Wir finden Worte wie *Dissoziation, spontane Trance*, sogar das, was man einen *verborgenen Beobachter* nennt – so etwas wie ein unsichtbarer Zeuge, auf den man bei leicht hypnotisierbaren Menschen trifft, der Erfahrungen und Gefühle beschreiben kann, von denen der Hypnotisierte keine Kenntnis hat.

Es ist die Rede von *Co-Präsenzen*, Teilen einer Persönlichkeit, die in der Lage sind, das Verhalten anderer Teile zu beeinflussen. Es hat sich in manchen Fällen erwiesen, daß *veränderte Persönlichkeiten* die dominante Persönlichkeit wesentlich beeinflußten und eine ausgeprägte eigene, von der dominanten Persönlichkeit getrennte Lebensgeschichte haben. Und es gibt *Helfer des inneren Selbst*, die vernunftbegabt zu sein scheinen und als von höherer Weisheit durchdrungene Führer dienen. Es gibt Forscher, die davon überzeugt sind, daß sie sich im Rahmen einer spirituellen Hierarchie bewegen. Vielleicht entspricht das der Vorstellung von einem höheren Selbst, das in den metaphysischen Lehren vieler Kulturen zu finden ist. Es ist die Seite unserer Persönlichkeit, die eine größere spirituelle Reife erlangt hat und ihre Anregungen direkt vom Göttlichen erhält und gleichzeitig versucht, unser Bewußtsein dafür zu stärken.

Die meisten Definitionen des Bewußtseins finden sich bereits in den alten Vorstellungen des Selbst, die jahrtausendelang Gültigkeit hatten. Die vielen Teile im Selbst wurden bereits von den alten Ägyptern erkannt und benannt, und ähnliche Elemente des Selbst finden wir heute in der äußerst komplizierten Praxis der buddhistischen Psychologie.

Wir hier sind nur ein wenig schwerfällig in der Benennung der Feinheiten und spirituellen Dimensionen der Psyche. Schwarzweiße Antworten reichen nicht aus in diesen bewegten Zeiten. Ich habe eine Ahnung, daß die Wissenschaftler, wenn sie den beschwerlichen Aufstieg auf den Gipfel der Forschung bewältigt haben, dort bereits von den Philosophen erwartet werden, wie Einstein es einst voraussagte. Naturwissenschaft und Philosophie gehören zusammen und beflügeln einander, indem sie die physikalische Beobachtung mit der intuitiven Wahrnehmung verbinden. Doch bis zu jenem goldenen Tag der Vereinigung des menschlichen Denkens müssen wir uns damit begnügen, das Puzzle der menschlichen Realität zusammenzufügen, unsere objektiven und subjektiven Beobachtungen weiterzugeben und zu hoffen, daß wir aufklärend wirken und nicht verwirrend.

Die gegenwärtige Flut von Para-Phänomenen und außersinnlichen Wahrnehmungen muß in ihrer eigenen Gesetzmäßigkeit und an dem Ort betrachtet werden, an dem sie auftritt – im komplizierten Wirken unserer Seele. Wir dürfen dabei weder die Kritikfähigkeit verlieren noch die Möglichkeit ausschließen, daß es im Bewußtsein des Menschen schlummernde Kräfte gibt, die uns befähigen, zu anderen Bewußtseinsebenen vorzudringen.

Aber wie sollten wir beispielsweise die unsichtbaren Geister und durch Medien vermittelten Lehrer einordnen, die das spirituelle Vakuum der modernen Gesellschaft überfluten? Wenn eine Stimme überzeugend klingt, wenn sie uns versichert, daß wir geliebt werden, wenn sie Ereignisse vorhersagt, die tatsächlich eintreten – kann man ihr dann glauben? Haben alle Stimmen teil an der Weisheit, nur weil sie von sich behaupten, auf »der anderen Seite« des Lebens zu stehen? Wir tragen gemeinsam an einer neuen Verantwortung, indem wir eine Dimension zu beurteilen haben, die sich der Beurteilung eigentlich entzieht. Jedoch erhalten wir immer weiter reichende Informationen, mit deren Hilfe wir die Mysterien, die uns umgeben, erfassen zu können glauben.

Lange Zeit wurden Menschen, die »Stimmen hörten«, Beruhigungsmittel verabreicht, um diese Bereiche auszuschließen. Sie wurden behandelt, als wären sie erklärtermaßen anormal. Die Folge war, daß sehr viele der Menschen, die Dinge außerhalb des Normalen wahrnahmen, sich darüber ausschwiegen.

Beispielsweise ist das Phänomen der Vision im Augenblick des nahenden Todes zum Gegenstand medizinischer Forschung geworden, nachdem Psychiater wie Elisabeth Kübler-Ross und Raymond Moody mit ihrer mutigen Arbeit gezeigt haben, daß es gute Gründe dafür gibt, den zahlreichen Berichten von Patienten nachzugehen, die in der Zeit, in der sie klinisch »tot«* waren, Visionen vom Leben danach hatten.

Seither haben Ärzte, vor allem in den USA, in zahlreichen Publikationen über diese Ereignisse in anderen Daseinsebenen berichtet. Dr. Michael Sabom, ein anerkannter Herzspezialist, der Moodys Forschungsergebnisse auf dem Gebiet der Visionen angesichts des nahen Todes ursprünglich äußerst kritisch gegenüberstand, ist einer von ihnen. Er hatte eine sehr traditionelle medizinische Laufbahn begonnen und viel Zeit auf Intensivstationen verbracht, ohne *jemals* einem

---

* Dieser Zustand ist gekennzeichnet durch das Fehlen von Herzschlag, Atemtätigkeit und anderen Lebenszeichen, einschließlich dem Hirntod, der als Stillstand der Aktivitätsströme im Hirn definiert wird, festgestellt durch tiefe Bewußtlosigkeit und elektroenzephalographische Messungen, die über eine längere Zeitspanne hinweg keine Hirntätigkeit über zwei Mikrovolt ergeben.

Patienten begegnet zu sein, der ihm von derartigen Visionen berichtet hätte. Eines Tages wurde er gebeten, Moodys bahnbrechendes Buch *Leben nach dem Tod* vor einer großen Versammlung von Laienvertretern der Kirche vorzustellen. Dr. Sabom machte sich daran, eigene Forschungen zu dem Thema anzustellen, in der Erwartung, Moodys Thesen vor der Zuhörerschaft widerlegen zu können.

Sehr bald entdeckte er, daß eine beträchtliche Anzahl von Menschen, die sich in todesnahem oder klinisch totem Zustand befunden hatten, Visionen von einem Nachleben erfahren hatte. Die meisten von ihnen sprachen nur ungern über ihre Erlebnisse und leiteten ihre Antwort mit den Worten »Sie werden mich für verrückt halten, aber...« und ähnlichen Bemerkungen ein. Diese veränderten Bewußtseinszustände glichen sich nicht nur in bestimmten Einzelheiten, im allgemeinen Inhalt und emotionalen Eindruck, fast alle Patienten hatten auch übereinstimmend das Gefühl, daß ihr Erlebnis sie in ein spirituelles Reich geführt hatte. Sie hatten keine Angst mehr vor dem Tod und sahen in ihrem Leben einen neuen Sinn und ein neues Ziel. In allen Fällen hatte sich das Bewußtsein der Patienten vom Körper gelöst, und ihre Wahrnehmungsfähigkeit hatte sich weit über das normale Maß hinaus gesteigert. Unter dem Material, das mittlerweile von den Forschern zusammengetragen worden ist, befinden sich auch Berichte von Menschen, deren Visionen keine glücklichen, himmlischen waren, sondern vielmehr die Einsicht in ein Höllendasein. Das stimmt mit sehr viel mystischen und außersinnlichen Erfahrungen überein – ganz sicher auch mit durch Drogen hervorgerufenen Visionen –, bei denen, je nach der Zusammensetzung der Elemente in uns selbst, die wir nicht unter Kontrolle haben, negative wie positive Wirkungen auftreten können.

Dr. Sabom ist überzeugt, daß die Theorie der Todesvision nicht leichtfertig als Hirngespinst abgetan werden kann. Obwohl er äußerst vorsichtig darin ist, irgendwelche Schlüsse zu ziehen, stellt er sich die Frage, ob die genannte Erfahrung der religiösen Vorstellung entspricht, daß die Seele den Körper im Augenblick des Todes verläßt. Der Schlußsatz in Dr. Saboms Buch *Erinnerungen an den Tod* zeigt, welch tiefen Eindruck seine Forschungsarbeit in seinem eigenen Leben hinterlassen hat: »Die Beschäftigung mit dem Leben und Tod der Menschen in diesem Buch hat mich demütig gemacht vor den Wegen des Universums.«

Es wird immer offenkundiger, daß wir das ganze Ausmaß der Wirklichkeit nicht mit dem Verstand erfassen können. Jahrhundertelang haben Mystiker im Westen wie im Osten betont, daß das Wesen der Wirklichkeit so beschaffen ist, daß man ihm nicht durch vernunftgesteuerte Erkenntnis beikommen kann. Es kann nur durch unmittelbares Erleben begriffen werden.

Patienten im Zustand des nahen Todes, die spirituelle Begegnungen erlebten, während sie sich außerhalb ihres materiellen Körpers befanden, ebenso wie Menschen, die tief mystische Erlebnisse hatten, berichten von einem Seinszustand, der nichts zu tun hatte mit unserer normalen Definition von Wirklichkeit.

Aber was ist dieser Seinszustand, der uns zu solchen Erlebnissen befähigt? Er scheint in keinem Zusammenhang mit unseren fünf Sinnen zu stehen. Er wird durch eine Bewußtseinserweiterung erlebt, die nicht durch das Gehirn erzeugt zu sein scheint, da EEG-Messungen bei klinisch toten Personen keine meßbare Tätigkeit im Augenblick ihres Erlebnisses ergeben haben.

Geschah dasselbe bei Menschen, die mystische Erlebnisse hatten oder sich in lebensbedrohlichem oder klinisch totem Zustand befanden? Wäre es möglich, daß auch diese Menschen vorübergehend ihre fünf Sinne ausgeschaltet hatten und daß ein erweitertes Bewußtsein, das in keinem Zusammenhang mit dem Gehirn steht, an ihre Stelle trat? Ich habe noch nie etwas von Experimenten in dieser Richtung gehört.

Allerdings ist es interessant, die Berichte von großen Yogis zu lesen, die ähnliche Zustände erfahren haben. In diesen Berichten heißt es übereinstimmend, daß das Körperbewußtsein außer Kraft und ein anderes Bewußtsein an seine Stelle trat.

Paramahansa Yogananda, der lange Zeit im Westen gelebt hat und Tausende in die Yogatechnik einführte, schrieb darüber, wie er einmal unvermittelt in einen mystischen Bewußtseinszustand versetzt wurde: »Mein Körper war plötzlich unverrückbar festgewurzelt; der Atem wurde mir von einem gewaltigen Magneten aus der Lunge gesogen. Seele und Geist verloren augenblicklich ihre physischen Fesseln und strömten wie ein durchdringendes flüssiges Licht durch jede Pore aus. Der Leib war wie tot, doch in meiner Klarheit wußte ich, daß ich noch nie zuvor lebendiger gewesen war. Meine Identität war nicht mehr durch die Grenzen eines Körpers eingeengt, sondern umfaßte die umeinander kreisenden Atome ...

Meine gewohnte, auf eine Richtung beschränkte Sicht wich einer umfassenden Rundsicht, die gleichzeitig alles wahrnahm. Die Wurzeln der Pflanzen und Bäume wurden durch den durchscheinenden Boden hindurch sichtbar; ich erkannte den inneren Fluß ihres Saftes ... Das vereinigende Licht stand im Wechselspiel mit der Entstehung von Formen, und die Metamorphosen offenbarten das Gesetz von Ursache und Wirkung in der Schöpfung.

Eine gewaltige Freude überschwemmte die endlosen Ufer meiner Seele. Der ganze Kosmos glühte, sanft schimmernd wie eine von weitem geschaute Stadt in der Nacht, in der Unermeßlichkeit meines Seins. Strahlender Glanz strömte aus meinem Mittelpunkt in jeden Winkel des Weltgefüges ...

Plötzlich kehrte der Atem in meine Lunge zurück. Mit

kaum zu ertragender Enttäuschung stellte ich fest, daß meine unendliche Größe verloren war. Erneut war ich an den erniedrigenden Käfig meines Körpers gebunden, der so schwer mit dem Geist in Einklang zu bringen ist.«

Die Enttäuschung, die ihn überkam, als er wieder in sein Körper-Bewußtsein eintauchte, ähnelt dem Gefühl vieler sterbender Patienten, die berichtet haben, daß sie den erweiterten Zustand, den sie erreicht hatten, während sie außerhalb ihres Körpers weilten, nicht wieder verlassen wollten. Das sind nur zwei Beispiele für die Geheimnisse des veränderten Bewußtseinszustandes.

Es gibt zahlreiche Ärzte, die sich bemühen, mehr Licht auf einen Bereich zu werfen, der viel zu lange in den Wolken der Mythologie und des Unwissens verhüllt lag. Doch es gibt andere Vertreter der medizinischen Berufe, denen selbst eine Diskussion über derartige Phänomene Unbehagen bereitet. Sie befürchten das Überhandnehmen wissenschaftlicher Schlußfolgerungen in Bereichen, die nicht in Laborversuchen zu beweisen sind. Natürlich haben sie bis zu einem gewissen Grad recht mit ihrer vorsichtigen Haltung. Auf jedes Beispiel ernsthafter Arbeit, wie sie in der Sterbeforschung geleistet wird, und auf jeden ehrwürdigen spirituellen Lehrer, wie Yogananda es ist, kommt ein Heer von Scharlatanen, die Kräfte für sich in Anspruch nehmen, deren Existenz nicht bewiesen oder überprüft werden kann. Dennoch muß es möglich sein, das Phänomen in ernsthaften Kreisen zu diskutieren.

Dr. Samuel Sandweiss, ein Psychiater aus San Diego, beschäftigt sich in seinen Büchern eingehend mit den Bewußtseinserhebungen, die durch die außergewöhnliche Persönlichkeit des indischen Meisters, Sathya Sai Baba aus Putthaparti, einem kleinen Dorf in Südindien, ausgelöst werden. Ich selbst habe mich in Gesprächen mit Hunderten von Menschen aus den verschiedensten Schichten der Gesellschaft und unterschiedlichen Nationalitäten von deren Bewußtseinserfahrungen, die auch Heilungen einschließen, überzeugen können. Der Psychologe und Parapsychologe Erlender Haraldson, Universität Reykjavik, Island, der eine Vielzahl der paranormalen Fähigkeiten Sathya Sai Babas untersuchte, kommt zu dem Schluß, daß es sich um einen der bemerkenswertesten Männer unseres Jahrhunderts handelt. Meine eigenen Erfahrungen mit Sathya Sai Baba haben mich von der Existenz einer erweiterten Realität überzeugt.

Der amerikanische Kritiker und Naturforscher Joseph Wood Krutch nimmt die traditionelle Naturwissenschaft wegen ihres beschränkten Blickwinkels bei der Wahrheitsfindung ins Gebet: »Wenn man den Menschen mit Hilfe von Methoden erforscht, die für die Chemie angemessen sind«, schreibt er in *Die Grenzen des Menschen*, »oder auch, wenn man ihn unter dem Gesichtspunkt dessen betrachtet, was man über Ratten und Hunde herausgefunden hat, dann wird man mit Sicherheit das entdecken, was Chemie und Tierverhalten uns lehren. Aber es ist weder überraschend noch wesentlich, wenn man mit diesen Methoden nichts anderes herausfindet.«

Würde ein Mensch wie der Apostel Johannes heute leben und seine Visionen der Offenbarung einem Therapeuten anvertrauen, so würde man ihn vielleicht als Psychoten abtun. Und würde der Therapeut versuchen, *die* Subpersonalität zu erkennen, die Johannes' geistige Kräfte zeitweise übernahm? Würde man ihm Drogen verabreichen, um die verwirrenden Visionen zu unterdrücken?

In unserem Leben zählen nicht die weltlichen Überlegungen allein. Das Geheimnis veränderten Bewußtseins ist in Wirklichkeit das Mysterium des Menschen in seinem Bemühen, die gewaltigen Kräfte um ihn herum zu begreifen, die ihn zu höherem spirituellen Verstehen und Wachsen drängen. Sicherlich sind wir mehr als nur das alltägliche

Individuum, das mit seinen kleinen Wünschen und Erkenntnissen umhergeht. Aber leider ist es dieser alltägliche Teil unseres Selbst, der in der Regel das Geschehen beurteilt. Wenn es höhere Wahrnehmungsebenen gibt, täten wir nicht gut daran, unser alltägliches Ich durch Lernen und Nachdenken – und in Anlehnung an die verehrtesten Lehrmeister – zu stärken, um so eine Brücke zu diesen höheren Gefilden zu bauen?

Die Wirklichkeit und die Hoffnung

Ich habe das erste Buch mit Yan Su Lus Definition vom Ziel der Menschheit beendet: das Leben so zu meistern, wie Jesus es getan hat. Wie viele Wege aber gibt es, um das Leben von Jesus von Nazareth zu erreichen? Es ist so außerordentlich schwer, einen großen spirituellen Lehrer in einer Weise zu erklären, die eine tiefgreifende Wirkung auf unser eigenes Leben hat. Das menschliche Wesen ist im besten Fall ein widersprüchliches Geschöpf, ein Sprechender mit vielen Stimmen, ein Beobachter mit vielen Augen. Ich weiß heute, daß Charles Roberts und Yan Su Lu eine Allegorie für uns alle sind.

Die Verwirrung der menschlichen Psyche zum gegenwärtigen Punkt ihrer irdischen Entwicklung ist groß, und wenn wir uns auf die Suche nach dem wahren Geist, dem wahren Lehrer begeben, müssen wir eine Möglichkeit finden, diejenigen, die uns im Gewand des Lehrers entgegentreten, kritisch zu betrachten.

Das Wesen des höheren Selbst hängt ausschließlich von der spirituellen Entwicklung eines Menschen ab, von der Beschaffenheit des Wunderdinges, das wir Gewissen nennen. Wir müssen lernen, das zu bewerten, was unsere Gedanken bewegt, und uns fragen, ob es des wahren höheren Selbst würdig ist. Mehr denn je müssen wir die vielen Stimmen und Anregungen, die sich in uns melden, beachten. Wohin führen sie uns – zur Weisheit oder zur Befriedigung der kindlichen persönlichen Vorstellung?

Vielleicht sind wir alle medial begabt und strömen ununterbrochen Bruchstücke der negativen und positiven Anstöße in unserem geschäftigen Innern aus.

Wenn die Wiedergeburt der eigentliche Plan irdischen Wachsens ist, dann muß ihr Ziel darin bestehen, ein wahrhaft erwecktes, individualisiertes höheres Selbst zu fördern, das sich bemüht, den Pfad einer geläuterten Seele zu beschreiten. Viele Menschen sind in der Lage, gute Antworten zu geben und weise Ratschläge zu erteilen, doch dann stehen sie vor der Schwierigkeit, ihre eigenen guten Ratschläge zu befolgen, und sitzen in der Klemme, weil das Wissen nicht immer eine angenehme Sache ist. Der Reife- und Wachstumsprozeß ist eine schmerzhafte Angelegenheit.

Daher halten viele von uns Ausschau nach einem Wesen außerhalb von uns selbst, das uns veranschaulicht, was gut ist, und verspricht, unsere ruhelosen persönlichen Bedürfnisse zu erfüllen. Unser Verlangen richtet sich vielleicht auf inneren Frieden, auf Seligkeit oder das Nirwana – aber was meinen wir wirklich mit diesen Worten?

Da wir der westlichen Kultur entstammen, hätten wir es gern schnell und stürzen uns in Techniken, die uns das Gefühl geben, uns der Erleuchtung zu nähern. In vielen Fällen bescheren uns die Techniken die falschen Perlen, die wir dann in unser Gedankengebäude einfügen, weil wir glauben wollen, daß sie echt sind, und vielleicht nicht einmal begreifen, daß sie es nicht sind, bis irgendwelche Umstände uns zwingen, den Wert dessen, was wir für Weisheit gehalten haben, neu zu überdenken. Wo ist die dauerhafte Kraft dieser Technik oder des Lehrers, der uns helfen sollte, diese Dinge ohne Schmerzen zu durchlaufen? In diesem Augenblick erkennen wir, daß wir nicht im Besitz der echten Perle waren.

Indem ich über den Fluß von Ursache und Wirkung im Leben und über den starken Einfluß von gewohnten Einstellungen und Entscheidungen nachdenke, erkenne ich, daß uns die inneren Gesetzmäßigkeiten der spirituellen Entwicklung drängen, diese wahre, kostbare Perle zu finden – den reinen und gütigen Geist des wahren höheren Selbst. Das geschieht nicht, indem wir unterwürfig dem Rat eines Geistwesens folgen, noch können Geistererscheinungen uns dazu verhelfen. Es ist notwendig, daß wir den uralten Pfad beschreiten und Wege finden, die trügerischen Stimmen unseres niedrigeren Selbst auszuschalten, dieses lärmende Drängen, das wir so lange genährt haben und nun zu läutern gewillt sind.

Vor vielen Jahren habe ich die wunderbare Ermahnung Buddhas gelesen, in der es heißt: »Glaube nichts, nur weil es dir gesagt wird oder weil es der Tradition entspricht, oder weil du selbst es dir so vorgestellt hast. Glaube nicht an das, was dein Lehrer dir sagt, nur weil du Ehrfurcht für ihn empfindest. Aber was immer du, nach sorgfältiger Erwägung und Untersuchung, dem Guten und dem Wohle aller Lebewesen zugänglich findest – daran glaube, halte daran fest, und mach es dir zu deinem Führer.«

Sathya Sai Baba hat diese Tradition der Selbsterforschung bis zum heutigen Tage fortgeführt. Er beharrt darauf, daß das Infragestellen ein wesentlicher Bestandteil der spirituellen Entwicklung ist. »Befolgt die Regeln, und prüft euch selbst«, sagt er. »Begleitet mich, und erlebt meine Gesellschaft und die Unterhaltung mit mir. Hört mir zu und beobachtet mich, und zieht dann eure Schlüsse.«

Glücklicherweise leben wir in einer Zeit, in der Wissenschaft und spirituelles Forschen einander zögernd die Hand reichen und vielleicht eines Tages herausfinden, daß es ein gemeinsames Ziel gibt, einen Ort, an dem beide vereint auf dem hohen Gipfel der Weisheit stehen können. Einige der berühmten Naturforscher unserer Zeit glauben an die Fähigkeit des menschlichen Geistes, höhere Realitäten zu begreifen, ganz im Gegensatz zu den lange verkündeten Vereinigungen der konventionellen Naturwissenschaft. In unserem Universum halten sich innerer und äußerer Raum die Waage. Unser geistiges Erbe als Menschenwesen verlangt von uns, daß wir uns eines höheren Wissens des Ganzen würdig erweisen.

Mit der Forschung über das Wesen des Lebens und des Bewußtseins liegt ein beschwerlicher Weg vor uns. Es müssen neue Methoden, bestimmte Phänomene zu bewerten, angewandt werden, die Geister werden sich scheiden, Theorien dürfen nicht in Stein gemeißelt werden. Ein gewaltiges, herrliches Universum wartet darauf, von unserer trüben Wahrnehmung erkannt zu werden. Einstein schrieb 1932, als er über den Weg nachgrübelte, der vor ihm lag: »Mir genügt es, diese Geheimnisse zu bestaunen und den bescheidenen Versuch zu machen, mit meinem Geist ein bloßes Bild des erhabenen Gebäudes all dessen, was da ist, zu erfassen.«

Ich persönlich stehe im Einklang mit Sir John Eccles, dem bekannten australischen Neurophysiologen, der das menschliche Gehirn erforschte und feststellte, daß es Teil eines weitaus größeren Komplexes von Geist und Verstand ist. »Ich will nicht behaupten, daß mir irgendeine außergewöhnliche Offenbarung die Antwort gibt«, schreibt er. »Ich lasse alles offen. Ich lasse so viele Türen offen, weil ich, wie die Dinge liegen, eine verlorene Seele bin, die sich in das Unbekannte vorwagt.«

Und wo nun hat das Yan Su Lu-Phänomen seinen Platz? Möglicherweise stellt es einen der Wege dar, auf denen sich die Suche des Menschen nach Weisheit offenbart. Es ist ein Teil des Wachstumsprozesses, der dem Verständnis von Charles und seiner Familie dient. Sie wollten, daß ihre Geschichte erzählt wird als hoffnungsvolles Versprechen und auch als Warnung für diejenigen, die sich auf die Suche nach der Erleuchtung begeben.

Charles, Dorothee und ihrer Tochter Jennifer wünsche ich einen gemeinsamen freudvollen Weg in die Zukunft. Allen Menschen wünsche ich eine Reise ins Innere, die Stimme zu finden, die die wahrhaftige ist. Vielleicht gibt es auf dem Weg dahin auch äußere Lehrer, doch die ehrenhaftesten unter ihnen werden Sie immer wieder auf Ihr Inneres zurückverweisen, wo das Licht für Ihren spirituellen Weg verborgen liegt.

Natürlich gibt es so etwas wie Innen und Außen im eigentlichen Sinne nicht – denn sie sind eins. Der heilige Augustin kleidete dieses Einssein in poetische Worte, als er schrieb:

GOTT IST EIN KREIS
DESSEN MITTELPUNKT ÜBERALL IST
UND DESSEN UMFANG NIRGENDS IST.

Anhang:
Charles Roberts' Inkarnationen

Im letzten Buch über Charles Roberts berichtete ich ausführlich über zwei seiner vergangenen Existenzen, die während der hypnotischen Rückführungssitzungen in meiner Praxis zutage getreten waren – ein Leben in Irland und ein Leben in Northampton, England. Ich habe ausführliche Zitate dazu gebracht und möchte hier keine Wiederholungen liefern. Doch gab es noch andere Inkarnationen, die Charles unter Hypnose beschrieb, von denen einige interessant sein dürften.

Die eine trat gleich während der ersten Hypnosesitzung mit Charles hervor. Er hatte gerade über sein Leben als irischer Rebell berichtet, und ich forderte ihn auf, weiter zurück in die Vergangenheit zu gehen. Er begann, undeutlich und stockend zu sprechen, und ich fragte mich, ob das Chinesisch sei?

Ein Leben in China

C: (klingt wie) Yong Sin Chant.

J: Haben Sie Schwierigkeiten mit der Sprache? In welchem Land befinden wir uns?

C: In China.

J: Wie ist Ihr Name?

C: Chang Lou.

J: Wo leben Sie?

C: In einem kleinen Dorf, hoch oben in den Bergen . . . Es ist ein Weiler. (Der Patient spricht mit verzerrtem Mund,

die Worte kommen langsam, und es scheint ihm große
Mühe zu bereiten.)

J: Haben Sie eine Mundverletzung?

C: Es ist schwer, die Worte in die englische Sprache zu
übersetzen.

J: Würden Sie lieber chinesisch sprechen?

C: (Laute, die chinesisch klingen, fließend und mühelos gesprochen. Wir können nichts verstehen.)

J: Sind Sie verheiratet?

C: Ja.

J: Kinder?

C: Ja.

J: Sie leben in einem Dorf; wie ist der chinesische Name?

C: (es klingt wie) Tan Gi.

J: Was tun Sie, sind Sie Bauer?

C: Nein.

J: Haben Sie einen Beruf? Möchten Sie chinesisch sprechen
und uns sagen, was Sie tun?

C: Kümmere mich um das Haus der Priester.

J: Sie kümmern sich um das Haus der Priester?

C: Ja.

J: Dann sind Sie so etwas wie ein Priester?

C: Nein.

J: Sie sind ein Verwalter?

C: Ja.

J: Wie viele Priester leben dort?

C: (langsam, leise, als zählte er sie an den Fingern seiner zwei
Hände ab) . . . Neun Priester.

J: Was ist Ihre Aufgabe?

C: Die (klingt wie) Chout beaufsichtigen.

J: Sind Sie ein gläubiger Mensch?

C: Ja.

J: In welchem Jahrhundert befinden wir uns, wissen Sie
das? In welchem Jahr sind Sie geboren?

C: Vierzehn... zw... zw... zwei... zwei...

J: Wie alt sind Sie?

J: Alt... alt.

J: Woran glauben Sie?

C: ... An ein Leben nach dem Tode... Geist stirbt nicht... stirbt nicht. Leben geht weiter.

J: Wie fühlen Sie sich?

C: Ich bin krank. Das Herz.

J: Schmerzen im Herz?

C: Sehr krank.

J: In welchem Jahr befinden wir uns jetzt?

C: 1464.

J: Wie alt sind Sie jetzt?

C: 42.

J: Wir wollen die Zeit ein Stück weiterdrehen. Sie sind in den Seelenzustand übergegangen.

C: Mein Leichnam ist verbrannt worden. Ich hatte um eine besondere Verbrennung gebeten.

J: Wo sind Sie begraben?

C: Auf einem kleinen Gelände hinter dem Tempel...

J: Haben Sie gesehen – sind Sie verweilt und haben bei Ihrem Begräbnis zugesehen?

C: Ich hatte nicht den Wunsch zu bleiben... zu meinem Freund und Lehrer.

J: Ist er auch Chinese?

C: Er war bei mir...

J: Ist es jemand, den Sie in Ihrem letzten Leben gekannt haben?

C: Er war in früheren Inkarnationen bei mir.

J: Wie ist sein Name?

C: Wir benutzen keine Namen.

J: Können Sie ihn beschreiben?

C: Er ist sehr weise... aber nicht alt.

J: Er ist also jung?

C: Ja.

J: Sie sprechen von einem Freund auf der anderen Seite des Lebens. Einem Geistfreund?

C: Ja.

J: Was tun Sie auf der Geistebene? Können Sie uns das sagen? Wie sind Sie Ihrem Freund begegnet?

C: Da ich im letzten Leben keine traumatischen Erlebnisse hatte... keine besondere Not... war ich in der Lage, den Körper ohne Reue und Bedauern zu verlassen. Gleich beim Übergang vom materiellen in den spirituellen Zustand erwartete mich mein Freund. Es geschah augenblicklich, da ich friedlich in meinem Bett gestorben bin. Ich wußte bereits, daß er auf mich warten würde, darum war der Übergang für mich ganz leicht. Nachdem wir uns getroffen hatten, begannen wir, über meine Erfahrungen im zurückliegenden Leben zu sprechen... Er erzählte mir vom Sinn des Lebens.

(Hier fehlt ein beträchtliches Stück des Bandes.)

... Man kann 1000 Jahre lang im Jenseits bleiben, wenn man es wünscht. Wenn die Seele bereit ist und wieder Energie gesammelt hat, rufe ich nach meinem Lehrer. Er kommt, und wir setzen uns zusammen und besprechen die vielen Möglichkeiten, die vor mir liegen, und die Erfahrungen, die ich am dringendsten machen muß, um daraus zu lernen... Mir werden vielfältige Möglichkeiten gegeben... die letzte Entscheidung darüber, ob ich wiedergeboren werden will oder nicht, liegt bei mir. Das geschieht erst nach einer langen Phase des Lernens auf dieser Seite.

Die Verbindung wird immer sofort hergestellt... Auf dieser Ebene des Lebens bedarf es der Sinne nicht... telepathisch... Familienmitglieder erkennen sich... die Gruppe meiner Lehrer... Sie sind es, die mir die verschiedenen Möglichkeiten vor Augen führen. Sie stehen mir zur Verfügung. Wenn ich es will. Es ist nicht notwendig, sofort in eine Inkarnation einzutreten, denn das geschieht mit meiner Zustimmung. Wir wissen, daß wir nur durch Inkarnationen... Fortschritte machen...

Ein Leben im alten Rom

C: Ja.

J: Wo sind Sie?

C: Ich bin in einer kleinen... Ich bin auf dem Lande.

J: Wie ist Ihr Name?

C: Oktavian.

J: Oktavian?

C: Ja.

J: In welchem Land leben Sie?

C: Ich bin ein Bürger von Rom.

J: Rom?

C: Römischer Soldat.

J: In welchem Jahr befinden wir uns?

C: Ungefähr im Jahr 300 nach Christus.

J: Wie alt sind Sie?

C: Ich bin 26 Jahre alt.

J: Welche Sprache sprechen Sie?

C: Unsere Sprache ist Römisch.

J: Welchen Beruf haben Sie?

C: Ich bin ein Tribun.

J: Welches Amt haben Sie inne?

C: Ich bin Offizier. Im römischen Heer.

J: Untersteht es Cäsar?

C: Nein... dem Kaiser.

J: Dem Kaiser. Wie ist der Name dieses Kaisers?

C: Konstantin.

J: Sind Sie verheiratet?

C: Ja.

J: Wie ist der Name Ihrer Frau?

C: Ophelia.

J: Befinden Sie sich im Augenblick in Rom?

C: Ich bin gegenwärtig nicht in Rom.

J: Wo sind Sie?

C: Unsere Stellung ist... Wir sind weit fort von der Stadt und werden von den Barbaren angegriffen.

J: Wer sind die Barbaren?

C: Sie kommen aus dem Norden.

J: Haben sie noch einen anderen Namen?

C: Wir nennen sie nur die Barbaren.

J: Befinden Sie sich im Augenblick in der Schlacht?

C: Ja.

J: Nehmen Sie Feinde gefangen?

C: Ja, viele.

J: Was tun Sie mit ihnen?

C: Wir foltern sie, töten viele, foltern sie...

J: Beteiligen Sie selbst sich auch an der Folter?

C: O ja!

J: Warum tun Sie das? Müssen Sie es tun?

C: Wir brauchen Informationen von ihnen über ihre Anführer, ihre Pläne, darüber, ob sie einen Angriff planen...

J: Bekommen Sie diese Informationen aus ihnen heraus?

C: Ziemlich leicht.

J: Welche Foltermethoden wenden Sie an?

C: Glühende Eisen... das Schwert. Wenn es nötig ist, kastrieren wir sie, schneiden ihnen die Zunge ab, stechen ihnen die Augen aus, hacken ihnen Gliedmaßen ab... Es gibt viele Methoden...

J: Schließen Sie je mit einem dieser Barbaren Freundschaft?

C: O nein!

J: Haben Sie Kinder?

C: Wir haben kein Glück gehabt. Nein.

J: Führen Sie ein glückliches Familienleben? Was tun die Ehefrauen? Bleiben sie zu Hause? Sie folgen Ihnen nicht, wenn Sie in den Krieg ziehen?

C: Nein. Sie ist in der Stadt bei ihren Eltern.

J: In welcher Stadt?

C: In Rom.

J: Wir drehen die Zeit weiter. Führen Sie ein erfülltes Leben?

C: ...Ja... Ich liebe meinen Beruf. Ich bin für meine Tapferkeit ausgezeichnet worden. Ich habe ein gutes Leben. Ich habe Spaß an den Spielen... der Gesellschaft meiner Freunde... Ich genieße das Leben. Ich bin stolz, ein Römer zu sein.

J: Haben Sie als Tribun öffentliche Verpflichtungen?

C: O ja. Ich spreche auch vor der Schlacht zu den Soldaten.

J: Was sagen Sie ihnen?

C: Daß sie tapfer sein müssen im Angesicht des Todes. Daß sie für Rom und den Kaiser sterben und daß sie stolz darauf sein müssen, Römer und römische Soldaten zu sein.

J: Sie sind jetzt älter. Nehmen Sie immer noch aktiv am Krieg teil?

C: Nein. Ich bin nach Hause zurückgeschickt worden. Ich wurde in der Schlacht verwundet und war nicht mehr in der Lage zu kämpfen.

J: Welcher Art war die Verwundung, die Sie erlitten?

C: Ich erhielt einen sehr tiefen Schnitt ins Bein und kann infolgedessen mein linkes Bein nicht mehr voll gebrauchen.

J: Wie alt waren Sie, als das geschah?

C: Über 30... weiß nicht genau...

J: Haben Sie viele Freunde?

C: Die meisten meiner Freunde sind in den Schlachten gefallen.

J: Wie heißt Ihr bester Freund?

C: Ich habe ihn ebenfalls verloren. Benito...

J: Können Sie mir etwas über die Waffen sagen, die Sie im Kampf benutzten?

C: Wir haben Pfeilschleudern, Armbrüste, Sturmböcke und Katapulte. Wir...

J: Können Sie mir etwas über Rom erzählen?

C: Soldaten und Politiker haben ein gutes Leben. Es ist eine sehr schöne Stadt.

J: Können Sie mir Rom beschreiben?

C: Es ist eine moderne Stadt. Wir haben herrliche Bauwerke. Wir haben wunderbare Skulpturen und Gemälde. Wir haben gute Straßen, Tempel, die Arena.

J: Wie sind Ihre Straßen gebaut?

C: Aus Stein. Schotter und Stein. Sie durchziehen das ganze Reich. Außerdem haben wir Bäder...

J: Gehen Sie oft dorthin?

C: O ja, sehr oft.

J: Haben Sie neben Ihrer Ehefrau noch andere Frauen?

C: Ja. Sie werden uns zur Verfügung gestellt. Viele der Sklavinnen in der Stadt... Wir können uns aussuchen, mit wem wir am Abend das Lager teilen wollen...

J: Weiß Ihre Frau davon?

C: Das versteht sich von selbst.

J: Gibt es bei Ihnen viele Krankheiten?

C: Ja.

J: Können Sie eine nennen?

C: Die Pest.

J: Gibt es in Rom viele Ärzte?

C: Nein... Nur sehr wenige.

J: Gibt es in Rom Krankenhäuser?

C: Wir haben Krankenhäuser in den Kampfgebieten, nicht in der Stadt.

J: Welche Medikamente benutzen die Ärzte?

C: Kräuter und Salben.
J: Führen die Ärzte bei Ihnen Operationen aus?
C: Manchmal. Wenn sie Pfeilspitzen entfernen.
J: Wie tun sie das?
C: Sie benutzen eine Art Löffel...
J: Wie behandeln sie ein schwerverletztes Bein?
C: In der Regel wird es amputiert.
J: Welches Instrument wird dazu benutzt?
C: Messer.
J: Woraus sind die Messer gemacht?
C: Ich weiß nicht... Bronze, glaube ich. Bronze.
J: Sie werden jetzt älter. Über 40.
C: Ich bin krank. Ich bekomme keine Luft. Etwas stimmt
   nicht mit meiner Lunge. Ich glaube, ich sterbe...
J: Glauben Sie an Gott?
C: Wir haben viele Götter. Ich glaube nicht an sie. Wir haben
   sogar eine neue Religion. Aber daran glaube ich nicht.
J: Wir bewegen uns wieder in der Zeit voran. Sie haben den
   Übergang vollzogen. Sie haben jetzt die Seelenebene er-
   reicht. Was geschieht?
C: Ich bin verwirrt.

Ein Leben in Mexiko

Der Patient spricht jetzt mit hoher, mädchenhafter Stimme.
Später, als er lächelt, nimmt sein Gesicht die Sanftheit und die
schüchternen Züge eines jungen Mädchens an.

C: ...ja...
J: Wo sind Sie?
C: Zu Hause.
J: Wo ist Ihr Zuhause?
C: Wir leben am Wasser.

J: Hat Ihre Stadt einen Namen? Ist es ein Dorf?

C: Yanchin... Yacintha. Yacinta.

J: Sind Sie indianisch?

C: Mein Vater sagt, daß unser Volk von einem anderen Planeten hierhergekommen ist... von weit her.

J: Wie heißen Sie? Wie alt sind Sie?

C: Ich bin 15 Jahre alt. Aliena.

J: Was tun Sie?

C: Ich bereite den Fisch für das Mittagessen.

J: Haben Sie ihn gefangen?

C: Mein Vater... mein Bruder...

J: Was tut Ihre Mutter?

C: Ich helfe meiner Mutter im Haus. Ich bin noch nicht verheiratet.

J: Arbeitet Ihr Vater?

C: Mein Vater hilft dem Häuptling unseres Stammes.

J: Haben Sie Schwestern und Brüder?

C: Ich habe einen Bruder. Er begleitet meinen Vater. Sie gehen auf die Jagd und fischen. Bei uns gibt es wilde Tiere. Wir bauen Getreide an. Am Abend sitzen die Männer immer zusammen...

J: Leben Sie in den Bergen?

C: Nein. Auf dem flachen Land. Unser Haus ist aus Erde gebaut... Lehm.

J: Am Meer?

C: Es ist ein See. Ein großer See.

J: Hat er einen Namen?

C: Nein, er hat keinen Namen. Nein.

J: Welche Sprache sprechen Sie?

C: Unsere Sprache. Nur unser Volk kann sie verstehen.

J: Singen Sie gern?

C: (singt ein Lied in einer spanisch klingenden Sprache)

J: Das war hübsch. Können Sie uns noch ein Lied vorsingen?

C: (ziert sich, möchte gebeten werden)
Yama Ontro.
Mein Vater fischt, o ja.
Die Fische sind klein, der See ist groß.
Viele Menschen gibt es in unserem Dorf.
Sie leben in Strohhütten.

J: Haben Sie Boote?

C: Wir bauen sie aus Tierhäuten. Vom Hirsch.

J: Wie fangen Sie die Tiere?

C: Gronchen. Pfeile.

J: Was sind Ihre Lieblingsbeschäftigungen?

C: Singen. Mit Miena spazierengehen – sie ist meine Freundin. Wir feiern ein Fest. Wir feiern die Jahreszeiten. Alle feiern mit... Es macht Spaß. Die Jungen sehen zu uns herüber. Wir sehen zu den Jungen hinüber...

J: Haben Sie einen Freund?

C: Ontrigo. Er ist 15. Wir werden heiraten.

J: Schön. Wir gehen jetzt weiter in der Zeit. Sie sind 17. Wie heißen Ihre Eltern?

C: Meine Mutter heißt Marina, mein Vater Conchito. Ich gehe jetzt zum See.

J: An dessen Ufer Sie leben?

C: Nein. Zum kleinen See. Ich gehe gern dorthin.

J: Wann werden Sie heiraten?

C: Ich gehe unter! Ich ertrinke...

J: Wer ist bei Ihnen?

C: Es ist niemand in der Nähe. Ich bin allein...

J: Sie sind jetzt auf der anderen Seite. Hatten Sie Angst vor dem Sterben?

C: Ich hatte keine Angst vor dem Sterben. Ich wußte, daß ich bald würde gehen müssen.

J: Wußten Sie vom Leben nach dem Tod?

C: Ja.

J: Was geschah nach Ihrem Tod mit Ihrer Seele?

C: Mein wunderbarer Freund erwartete mich. Ich kenne seinen Namen nicht. Er ist alterslos. Er begegnet mir nicht in allen Inkarnationen. Aber in den meisten. Er hilft mir auf meinem spirituellen Weg.

J: Was lehrt Sie Ihr Freund?

C: Gleich nach dem Tod, dem Übergang, sprechen wir über meine Erfahrungen im vorangegangenen Leben und das, was ich darin gelernt habe. Wir sprechen auch über das Karma, das ich auf mich gelenkt habe, und die Fehler, die ich begangen habe.

J: Haben Sie ihn nach Gott gefragt?

C: Die Antwort ist immer dieselbe... daß Gott unendlich ist.

Ein Leben in Atlantis

J: Was ist los? Können Sie sprechen?

C: Ich sterbe. Die Erde...

J: Sind Sie verletzt? Haben Sie Schmerzen?

C: Die Erde öffnet sich. Alles stürzt zusammen.

J: Sind Sie unter einem Felsen?

C: Ja.

J: Liegen Sie im Sterben?

C: Ja.

J: Wissen Sie, was geschehen ist?

C: Ja... Explosionen, überall Explosionen.

J: Ist es wie ein Erdbeben?

C: Ja.

J: Ist es wie eine atomare Reaktion?

C: Nein. Im Innern – im Innern – im Innern, IM INNERN –

J: Haben Sie im Augenblick große Schmerzen?

C: Ja.

J: Lassen Sie uns zurückgehen zu einer Zeit, bevor das alles geschah. Als es Ihnen gutging. Sie fühlen sich jetzt sehr wohl. Was tun Sie. Wo sind Sie?

C: In einem Labor.

J: Wissen Sie, in welchem Land Sie sich befinden?

C: *Atlantia.*

J: Und Sie sind in einem Labor. Sind Sie als Arbeiter dort?

C: Nein.

J: Was tun Sie? Sind Sie ein Priester? Welchen Beruf haben Sie?

C: Ich beschäftige mich mit Dingen . . . Formen –

J: So etwas wie Experimente?

C: Ja.

J: Können Sie mir etwas darüber sagen? Einzelheiten nennen?

C: Wir versuchen, die niedrigeren unserer Lebewesen mit Tierarten zusammenzubringen – zu vereinigen.

J: Sie nehmen an einem Experiment teil, in dem Menschen mit Tieren gekreuzt werden?

C: Ja.

J: Warum? Was erhoffen Sie sich davon? Eine Umgestaltung?

C: Es wird uns in die Lage versetzen, die Tiere für die Arbeit einzusetzen und auf diese Weise die Menschen von den Dienstleistungen zu befreien. Das werden die Tiere übernehmen.

J: Welche Fortschritte machen die Experimente? Haben Sie eine Tierart mit menschlichen Eigenschaften erzeugt? Ist das möglich?

C: Es ist eine Kreuzung.

J: Ist das Experiment erfolgreich?

C: Das kann man noch nicht definitiv sagen. Wir arbeiten noch daran. Es ist uns gelungen, etwas hervorzubringen, wir sind uns aber noch nicht sicher, was es ist. Es ist ziemlich grotesk. Es ist gerade aus dem Brutkasten gekommen und beginnt jetzt zu wachsen. Wir sind uns über das Ergebnis nicht im klaren, es wird sich erst mit der Zeit erweisen . . .

J: Interessieren Sie sich für spirituelle Fragen? Religion?

C: Es gibt zur Zeit bei uns zwei Denkrichtungen. Wissenschaftliches und spirituelles Denken haben keine Gemeinsamkeiten. Wir liegen im Streit miteinander.

J: Auf welcher Seite stehen Sie?

C: Eine Zeitlang war ich hin- und hergerissen zwischen der Pflichterfüllung gegen die Regierung und der Pflicht mir selbst gegenüber. Ich bin nicht glücklich mit dem, was ich hier tue. Ich bin zu dem Schluß gekommen, daß es falsch ist, die Experimente fortzusetzen. Aber ich bin meinem Land und meiner Prämie (?) verpflichtet, also mache ich weiter.

J: Sie sprachen von der anderen Seite. Welche Überzeugung haben diese Menschen?

C: Seite zwei – Sie glauben, daß das, was wir tun, falsch ist. Sie glauben an das Spirituelle. Sie würden am liebsten alles vernichten, was wir auf wissenschaftlichem Gebiet entwickelt haben. Sie verstehen nicht, daß sie ohne Wissenschaft nicht die Freiheit der Gedanken und Worte genießen würden, die sie jetzt haben.

J: Wie sehen Sie die Zukunft? Haben Sie eine Vorstellung?

C: Die Propheten haben gesagt, daß die Menschen, die an die Wissenschaft glauben, verdammt sein werden. Und daß diejenigen, die an das Spirituelle glauben, das Land verlassen werden. Wir beobachten seit einiger Zeit einen Exodus dieser Menschen. Ich weiß nicht, ob man an solche Dinge glauben sollte oder nicht. Ich fühle mich ganz zerrissen.

J: Können Sie mir sagen, an welchen anderen Entdeckungen Ihr Land arbeitet?

C: Es ist uns gelungen, uns die Teleportation zunutze zu

machen. Wir benutzen die Energie von Sonne und Mond. Und wir sind in der Lage, die Kraft des Ozeans zu bändigen.

J: Das ist interessant. Können Sie mir mehr darüber sagen?

C: Es befindet sich im Mittelpunkt der Stadt – auf der Bergspitze. Mit Hilfe dieser kristallenen Formen fangen wir die Sonnenenergie ein und wandeln sie für unsere Zwecke um in Licht und Energie an den Stellen, an denen sie benötigt werden. Wir verwenden diese Energiequelle für unsere Schiffe, so daß sie ferne Gebiete des Planeten erreichen können. Wir können auch mit Hilfe dieser Energie unter Wasser mit großen Geschwindigkeiten reisen.

J: Gibt es bei Ihnen Flugzeuge?

C: Wir haben fliegende Schiffe.

J: Und diese fliegenden Schiffe werden mit Sonnenenergie angetrieben?

C: Ja.

J: Wie heißen Sie?

C: Andrew.

J: Welche Sprache sprechen Sie?

C: Atlantisch.

J: Leben Sie in einer Stadt? Wie heißt sie?

C: Atlantia.

J: Ist das auch der Name Ihres Landes?

C: Nur der Stadt. Das Land heißt Atlantis.

J: Wie leben Sie? Wohnen Sie beispielsweise in Steinhäusern, Zelten oder Holzhäusern?

C: Wir haben geschützte Bereiche mit Dächern und Wänden und Türen, durch die wir eintreten.

J: Sie sind ein Mann?

C: Ja.

J: Und ein Wissenschaftler?

C: Ja.

J: Beteiligen sich die Menschen, mit denen Sie experimentieren, aus denen Sie andere Formen züchten wollen, freiwillig an den Versuchen, oder müssen sie gezwungen werden?

C: Sie werden gezwungen.

J: Auf welche Weise zwingen Sie die Menschen? Foltern Sie sie?

C: Das ist nicht nötig. Wir sind viel weiter.

J: Aber wie stellen Sie es an? Wie bringen Sie sie dazu, sich zu fügen?

C: Indem wir ihren Geist durch unseren überlagern.

J: Es ist also nicht schmerzhaft?

C: Nein.

J: Und Sie nehmen als Assistent an diesen Experimenten teil. Finden Sie es richtig?

C: Manchmal komme ich mir schlecht dabei vor, aber ich weiß auch, daß es dem Fortschritt der Wissenschaft dient.

J: Geben Sie den Menschen, außer daß Sie ihren Willen beeinflussen, auch Drogen, Medikamente oder Gift?

C: Wenn sie das Labor betreten, werden sie in die Energiekammer gebracht. Dort werden sie auf diese Apparatur gesetzt, von einem unsichtbaren Energiekreis umschlossen. Dadurch entspannen sie sich vollkommen und werden in einen willenlosen, hypnotischen Zustand versetzt. Nach einer gewissen Zeitspanne gehen wir zu ihnen und überlagern ihren geschwächten Geist mit unseren Gedanken und erklären ihnen, was sie als nächstes zu tun haben. Bisher hat es in dieser Beziehung noch nie Schwierigkeiten gegeben.

J: Wenn sie mit Tieren gekreuzt werden – werden sie gezwungen, mit den Tieren Verkehr zu haben?

C: Ja.

J: Was sind die Resultate?

C: Bis jetzt noch keine.

J: Sie arbeiten schon seit einigen Jahren auf diesem Gebiet. Können Sie mir die Erfolgsrate nennen?

C: Wir nehmen Eier und Spermien und pflanzen sie in die Tiere ein. Wir erzeugen so eine kräftigere Rasse.

J: Was ist das für eine Spezies? Ein Affe?

C: Physisch stehen sie den Menschen nahe, aber sie sind ihnen nicht ähnlich. Sie sehen zwar grotesk aus, sind aber sehr stark. In Verbindung mit der Intelligenz eines niedrigen Lebewesens macht sie das sehr nützlich für alle Arten von Schwerarbeit.

J: Glauben Sie an Gott?

C: Ich bin schwankend in meinen Überzeugungen. Ich glaube noch an ihn.

J: Sie sprachen von der spirituellen Seite. Glauben deren Anhänger an Gott?

C: Ja. Aber wir, die Vertreter der Wissenschaft, glauben nicht an ihn.

J: Sie nähern sich der Vollendung Ihres Lebens. Was wissen Sie über die Geschichte von Atlantis?

C: Viele Jahrhunderte vor meiner Geburt ereigneten sich mehrere gewaltige Explosionen. Wir glaubten, daß es sich um Verschiebungen des Meeresbodens handelte. Alle Propheten sagten uns, daß Atlantis vernichtet und im Meer versinken würde. Niemand nahm ihre Worte ernst, das geht schon seit Jahrhunderten so. Aber in letzter Zeit gab es Explosionen in der Stadt, im ganzen Land, große Erdmassen spalten sich ab – und...

J: Haben Sie Karten, auf denen die Lage von Atlantis verzeichnet ist?

C: Alles, was ich besaß, ist beim Einsturz meines Hauses vernichtet worden. Ich bin unter gewaltigen Erdmassen verschüttet. Aber viele sind geflohen, und sie haben Karten und Aufzeichnungen mitgenommen.

J: Ich verstehe. Lassen Sie uns die Zeit vorandrehen. Sie

sind unter einem Felsen und Erdmassen eingeklemmt. Sie liegen im Sterben. Ich zähle jetzt rückwärts von zehn bis eins. Während ich zähle, werden Sie den Übergang vollziehen. Zehn... neun... acht... Was sehen Sie? Wie fühlen Sie sich?

C: Es ist dunkel... Müde.

J: Sind Sie bei Bewußtsein?

C: Ja.

J: Was tun Sie?

C: Ausruhen. Ausruhen.

J: Blicken Sie zurück. Können Sie sehen, was mit Atlantis geschehen ist?

C: Nein. Nein –

J: Erinnern Sie sich an irgend etwas?

C: Nein.

J: Ist jemand bei Ihnen? Haben Sie das Gefühl, daß jemand in Ihrer Nähe ist?

C: Nein.

J: Haben Sie das Gefühl, daß Sie sich noch auf der Erde befinden?

C: Ich... dunkel. Dunkelheit.

J: Ich möchte, daß Sie tiefer eintauchen. Ihre Seele wird mit jemandem Verbindung aufnehmen. Ich zähle von zehn bis eins.

C: Ich bin allein.

J: Wo sind Sie?

C: Ich weiß es nicht.

J: Fühlen Sie sich jetzt besser?

C: Ja.

J: Was sehen Sie?

C: Licht. Ich bin von Licht umgeben.

Ein Leben im Harz

C: Ich befinde mich in einem bewaldeten Gebiet. Ich wandere allein. Mein Haus liegt unter mir. Es hat ein Strohdach, eine kleine Hütte, sehr klein, viele Tiere. Schweine, Hühner und zwei Kühe... Hunde. Ich habe eine Familie, eine Frau und zwei Kinder. Jonathan Mikter. Mitte 30.

J: Sind Sie Bauer?

C: Ja.

J: Bestellen Sie Ihre Felder?

C: Ja.

J: An welchem Ort?

C: Deutschland.

J: In einem Dorf?

C: Wir leben allein. Es gibt viele Berge hier. Es liegt sehr hoch.

J: Liegt im Winter bei Ihnen Schnee?

C: Ja.

J: Ihr Haus liegt im Hochgebirge?

C: Ja, sehr hoch. Wälder.

J: Und Ihre Kinder?

C: Maria und ein Sohn Dolf... Mikter.

J: Und Ihre Frau?

C: Eva.

J: Kennen Sie ihren Mädchennamen?

C: Steiler.

J: Sprechen Sie deutsch?

C: Ich weiß nicht. Nein.

J: In welcher Zeit leben Sie? Erinnern Sie sich, ob es im Laufe Ihres Lebens einen Krieg gegeben hat?

C: Nein. Wir treffen nicht mit vielen Menschen zusammen.

J: Sie leben also im Gebirge?

C: Ja.

J: Und Sie sind praktisch völlig isoliert?

C: Ja.

J: Gibt es ein Dorf in der Nähe, in dem Sie einkaufen können?

C: Wildemann.*

J: Hören Sie die Leute manchmal von einer größeren Stadt in der Nähe reden?

C: Nein. Unser Gebiet hier ist sehr klein.

J: Gut. Sie liegen jetzt im Sterben. Wie alt sind Sie?

C: Anfang 50. Ich bin krank.

J: Haben Sie Schmerzen?

C: Ja.

J: Lebt Ihre Frau noch?

C: Nein, sie ist schon gestorben.

J: Sie sind jetzt tot. Sie befinden sich auf der anderen Seite. Sehen Sie irgendwelche Menschen, die Sie erwarten?

C: Ja.

J: Wer ist es?

C: Ich sehe ein sehr helles Licht, und man sagt mir, ich brauche keine Angst zu haben, und man wird sich meiner annehmen.

J: Wer sagt Ihnen das?

C: Dieser Freund.

J: Wie ist sein Name?

C: Ich weiß es nicht.

J: Er ist bei Ihnen?

C: Ja. Er hilft mir. Eva ebenfalls. Sie ist auch da.

J: Was tun Sie dort? Bleiben Sie mit ihnen zusammen?

C: Ja. Wir reden miteinander.

---

* Wildemann. Es gibt ein Dorf dieses Namens im Oberharz, umgeben von hohen Berggipfeln und Tannenwäldern. Es gilt als Kurort, liegt sehr einsam und ist wenig bekannt.

Literatur

Allison, Ralph: Minds in Many Pieces, Rawson Wade, 1980.

Bohm, David: Die implizierte Ordnung, Goldmann, München, 1987.

Bowers, Kenneth und Meichelbaum, Donald (Hrsg.): The Unconscious Reconsidered, John Wiley and Sons, New York, 1984.

Brown, Barbara: Stress and the Art of Biofeedback, New York, 1977.

Brown, Barbara: New Mind, New Body, Bantam Books, New York, 1974.

Brunton, Paul: Yogis. Wolfgang Krüger Verlag, Berlin, 1937.

Brunton, Paul: Augenblicke der Wahrheit, O. W. Barth, Bern, 1987.

David-Neel, Alexandra: Meister und Schüler, Brockhaus, Leipzig, 1934.

David-Neel, Alexandra: Heilige und Hexer, Brockhaus, Leipzig, 1931. Neuausgabe Brockhaus, Wiesbaden, 1981.

David-Neel, Alexandra: Unsterblichkeit und Wiedergeburt, Brockhaus, Wiesbaden, 1962.

Eccles, John C.: Das Gehirn des Menschen, Piper, München, 1990.

Gris, Henry, und Williams, Dick: PSI als Staatsgeheimnis, Moewig, Rastatt, 1981.

Haraldson, Erlunder: Sai Baba: ein modernes Wunder, Esotera Taschenbücherei, Bauer, Freiburg, 1986.

Hilgard, Ernest: Divided Consciousness: Multiple Controls in Human Thought and Action, John Wiley and Sons, New York, 1977.

Jacobson, E.: Lassen Sie sich Zeit! Das Geheimnis der Entspannung, Taylorix, 1977.

Jung, Carl Gustav: Psychologische Betrachtungen. Eine Auslese aus den Schriften von Carl Gustav Jung, zusammengestellt und herausgegeben von Jolande Jacobi, Piper, Zürich, 1982.

Jung, Carl Gustav: Erinnerungen, Träume, Gedanken, Freiburg, 1984.

Kübler-Ross, Elisabeth: Über den Tod und das Leben danach, Silberschnur, 1984.

Kroger, William S.: Clinical and Experimental Hypnosis, Lippincott Co., Philadelphia und Montreal, 1963.

Krutch, Joseph Wood: The Measure of Man, Gosset and Dunlap, New York, 1968.

Kübler-Ross, Elisabeth: Kinder und Tod, Kreuz, Zürich, 1984.

MacLaine, Shirley: Tanz im Licht, Goldmann, München, 1986.

MacLaine, Shirley: Zwischenleben, Goldmann, München, 1984.

Moody, Raymond A.: Leben nach dem Tod, Rowohlt, Reinbek, 1977.

Murphet, Howard: Sai Baba Avatar, Mirapuri, Planegg, 1991.

Omkarananda, Swami: Das Licht des unendlichen Bewußtseins. Gespräche und Reden, ABC, Zürich, 1981.

Omkarananda, Swami: Friede, Freude, Kraft. Gespräche und Reden, DLZ, Winterthur, 1971.

Ornstein, Robert: Die Psychologie des Bewußtseins, Köln, 1974.

Osborn, Arthur: Ramana Maharshi and the Path of Selfknowledge, S. Weiser, New York, 1973.

Osborn, Arthur: Ramana Maharshi: Seine Lehren, herausgeben von Arthur Osborne, Hugendubel, München, 1983.

Paramedizin – Andere Wege des Heilens. Verdoppelte Lebenserwartung. Interview mit Dr. med. Carl Simonton. Esotera Taschenbücherei, Bauer, Freiburg, 1984.

Popper, Carl Raimond, und Eccles, John Carew: Das Ich und sein Gehirn, Piper, München, 1982.

Puharish, Andrija: Beyond Telepathy, Doubleday, New York, 1962.

Sabom, Michael B.: Erinnerungen an den Tod, Goldmann, München, 1982.

Sandweiss, Samuel: Der Heilige und der Psychotherapeut, Sri Sathya Sai Baba Buchzentrum Deutschland.

Schmaltz, Gustav: Das Machen der Wahrheit im eigenen Herzen (Augustinus) und die dialektische Funktion des Unbewußten im Reifungsvorgang. Stadt- und Universitätsbibliothek, Frankfurt/Main, Sonderdruck aus dem Sammelband »Meditation in Religion und Psychotherapie«, Stuttgart, 1958.

Schmaltz, Gustav: Komplexe Psychologie und körperliches Symptom, Hippokrates, Stuttgart, 1954.

Schmaltz, Gustav: Östliche Weisheit und westliche Psychotherapie, Band I, Hippokrates, Stuttgart, 1951.

Schultz, I. H., und Luthe, W.: Das autogene Training. Konzentrative Selbstentspannung, Thieme, 1982.

Serrano, Miguel: Meine Begegnung mit C. G. Jung und Hermann Hesse, Zürich, Stuttgart, 1968.

Silva, José und Miele, Philip: Silva Mind Control, Schwab Argenbühl, 1983.

Stearn, Jess: Die unsterbliche Seele, Goldmann, München, 1985.

Stevensen, Ian: Reinkarnation, Aurum, Freiburg, 1983.

Von Weizsäcker, Carl Friedrich: Der Garten des Menschlichen, Hanser, München, 1976.

Yogananda, Paramahansa: Autobiographie eines Yogi, Scherz, Bern, 1979.

Yogananda, Paramahansa: Religion und Wissenschaft, Barth, Bern, 1982.

BEGEGNUNG MIT MEDIALEN KRÄFTEN

Kathrine Vande Kieft
Die innere Quelle
12055

Wingaite Paine
Der Weg zum Selbst
11886

Die Lazaris-Botschaft
12051

Edgar Cayce
Bericht von Ursprung und
Bestimmung des Menschen
11804

Edgar Cayce
Über Sexualität und
Erleuchtung   11877

GOLDMANN

Erhard F. Freitag

Erhard F. Freitag
Hilfe aus dem
Unbewußten
11774

Der Weg
zum positiven Denken

Über eine halbe Million
begeisterte Leser.

Erhard F. Freitag
Erkenne Deine
geistige Kraft
11812

Erhard F. Freitag
Kraftzentrale
Unterbewußtsein
117400

GOLDMANN VERLAG

Dr. Joseph Murphy

11767

11757

11751

11755

11739

11734

11736

Joseph Murphy, Dr. theol., jur., rer. nat., verstorben im Dezember 1981, vermittelte seit mehr als einem Vierteljahrhundert durch persönliche Beratung und öffentliche Vorträge unzähligen Menschen in aller Welt das Vertrauen in die Kraft des menschlichen Geistes. Seine Bücher wurden in mehrere Sprachen übersetzt und erreichten Auflagenziffern von über einer Million. Sein Studium der Weltreligionen hat ihn davon überzeugt, daß allem Leben eine universelle Kraft innewohnt.